中国科协三峡科技出版资助计划

国家自然科学基金委管理科学部青年基金项目（70803050）

城市生态用地核算与管理

李 锋 著

中国科学技术出版社

·北 京·

图书在版编目（CIP）数据

城市生态用地核算与管理／李锋著 . —北京：
中国科学技术出版社，2013. 12
（中国科协三峡科技出版资助计划）
ISBN 978-7-5046-6462-4

Ⅰ. ①城⋯ Ⅱ. ①李⋯ Ⅲ. ①生态城市-土地-经济核算-中国
②生态城市-土地管理-中国 Ⅳ. ①F299. 23

中国版本图书馆 CIP 数据核字（2013）第 270421 号

总 策 划	沈爱民　林初学　刘兴平　孙志禹	责任编辑　孙卫华
项目策划	杨书宣　赵崇海	责任校对　韩 玲
出 版 人	苏青	印刷监制　李春利
编辑组组长	吕建华　许 英　赵 晖	责任印制　张建农

出　版	中国科学技术出版社
发　行	科学普及出版社发行部
地　址	北京市海淀区中关村南大街 16 号
邮　编	100081
发行电话	010-62103349
传　真	010-62103166
网　址	http://www.cspbooks.com.cn

开　本	787mm×1092mm　1/16
字　数	290 千字
印　张	13
彩　插	8 面
版　次	2013 年 12 月第 1 版
印　次	2013 年 12 月第 1 次印刷
印　刷	北京华联印刷有限公司

书　号	978-7-5046-6462-4/F・773
定　价	48. 00 元

作者简介

　　李锋，1973 年 5 月生，内蒙古人，博士，中国科学院生态环境研究中心城市与区域生态国家重点实验室副研究员。2004年在中国科学院生态环境研究中心取得生态学理学博士学位，师从我国著名城市生态与生态工程学家王如松院士。2011—2012年在美国斯坦福大学公派留学访问 1 年。自 2006 年为国家注册环评工程师。现任国际生态城市建设理事会副秘书长和常务理事，世界自然保护联盟生态系统管理委员会委员，中国生态学学会城市生态专业委员会副主任兼秘书长。主要从事城市生态、生态服务、生态规划与生态管理等方面研究。以北京、常州、扬州、淮北等不同典型城市为案例　在城市表面生态学、生态系统服务、生态用地、地表硬化、生态基础设施、社会-经济-自然复合生态规划、修复与管理等方面取得了创新性成果。主持和参加过国家自然科学基金青年项目、国家自然科学基金面上项目和国家自然科学基金重点项目；国家科技部支撑计划课题；国家环保部专项课题；中国科学院知识创新工程重要方向项目；中国工程院高端和重大咨询项目；联合国教科文组织项目以及地市级生态城市与生态文明城市建设规划研究等 30 多项课题。曾 10 余次在国际重大学术会议作特邀、大会和专题报告。获国家、省、市级科技进步奖 5 次，其中国家科技进步二等奖 1 次、海南省科技进步一等奖 1 次、扬州市科技进步三等奖 1 次、北京市规划委员会科技进步二等奖 1 次、江苏省发改委咨询成果三等奖 1 次。在国内外发表论文 70 余篇，其中国外 SCI 文章 20 余篇，出版《城市绿色空间服务功效评价与生态规划》（气象出版社，2006）和《区域城市发展的复合生态管理》（气象出版社，2010）等 3 部著作，参编著作 8 部。指导培养研究生 10 余名。

总　序

　　科技是人类智慧的伟大结晶，创新是文明进步的不竭动力。当今世界，科技日益深入影响经济社会发展和人们日常生活，科技创新发展水平深刻反映着一个国家的综合国力和核心竞争力。面对新形势、新要求，我们必须牢牢把握新的科技革命和产业变革机遇，大力实施科教兴国战略和人才强国战略，全面提高自主创新能力。

　　科技著作是科研成果和自主创新能力的重要体现形式。纵观世界科技发展历史，高水平学术论著的出版常常成为科技进步和科技创新的重要里程碑。1543 年，哥白尼的《天体运行论》在他逝世前夕出版，标志着人类在宇宙认识论上的一次革命，新的科学思想得以传遍欧洲，科学革命的序幕由此拉开。1687 年，牛顿的代表作《自然哲学的数学原理》问世，在物理学、数学、天文学和哲学等领域产生巨大影响，标志着牛顿力学三大定律和万有引力定律的诞生。1789 年，拉瓦锡出版了他的划时代名著《化学纲要》，为使化学确立为一门真正独立的学科奠定了基础，标志着化学新纪元的开端。1873 年，麦克斯韦出版的《论电和磁》标志着电磁场理论的创立，该理论将电学、磁学、光学统一起来，成为 19 世纪物理学发展的最光辉成果。

　　这些伟大的学术论著凝聚着科学巨匠们的伟大科学思想，标志着不同时代科学技术的革命性进展，成为支撑相应学科发展宽厚、坚实的奠基石。放眼全球，科技论著的出版数量和质量，集中体现了各国科技工作者的原始创新能力，一个国家但凡拥有强大的自主创新能力，无一例外也反映到其出版的科技论著数量、质量和影响力上。出版高水平、高质量的学术著作，成为科技工作者的奋斗目标和出版工作者的不懈追求。

中国科学技术协会是中国科技工作者的群众组织，是党和政府联系科技工作者的桥梁和纽带，在组织开展学术交流、科学普及、人才举荐、决策咨询等方面，具有独特的学科智力优势和组织网络优势。中国长江三峡集团公司是中国特大型国有独资企业，是推动我国经济发展、社会进步、民生改善、科技创新和国家安全的重要力量。2011 年 12 月，中国科学技术协会和中国长江三峡集团公司签订战略合作协议，联合设立"中国科协三峡科技出版资助计划"，资助全国从事基础研究、应用基础研究或技术开发、改造和产品研发的科技工作者出版高水平的科技学术著作，并向 45 岁以下青年科技工作者、中国青年科技奖获得者和全国百篇优秀博士论文获得者倾斜，重点资助科技人员出版首部学术专著。

我由衷地希望，"中国科协三峡科技出版资助计划"的实施，对更好地聚集原创科研成果，推动国家科技创新和学科发展，促进科技工作者学术成长，繁荣科技出版，打造中国科学技术出版社学术出版品牌，产生积极的、重要的作用。

是为序。

中国长江三峡集团公司董事长

2012 年 12 月

序

城市是地球表层一类具有高强度社会、经济、自然集聚效应和大尺度人口、资源、环境影响的微缩生态景观。城市生态是城市中人及其生命支持系统的生态，是人与环境、生命个体与整体间的系统耦合关系，是人类认识环境、改造环境、享受环境的一门整合性学问，一种定向、有机的进化过程，一种绿韵与红脉融合的全面、协调、可持续发展状态。

城市化包括人口城市化、产业城市化和土地城市化，是一个自然和农业生态系统向人工生态系统演化的社会、经济、自然复合生态过程。如果其资源承载力、内禀生长力、环境应变力和生态整合力能形成正向的合力，其竞生、共生、再生和自生机制能充分协调，城市会向可持续发展方向正向演化；反之，城市环境将会逆向退化，导致水华灰霾、热岛效应、资源耗竭、生态退化、气候变化、人群健康受损等生态关系失衡问题。其中人与土地间的生态胁迫、生态响应、生态服务与生态建设关系的失衡已成为城市生态学研究的焦点、社会关注的热点和政府管理的难点。

土地是人类社会经济活动赖以生存的载体，是城市化、工业化、现代化的前提。当今中国，城市发展的瓶颈似乎都是建设用地，经营城市在很多地方其实就是在经营土地，跑地、批地、用地总是新任市长施政的重中之重。土地管理问题的症结表现在城市土地利用的社会经济需求与区域、流域土地生态承载力的失衡；人的自然生态足迹与绿色空间生态服务关系的失调；城区与郊区、农业与工业、建成区与非建成区二元化管理体制的失衡；城市建设摊大饼的高经济效率与自然和人文生态退化的低社会效益的矛盾以及外部大规模强制性投入和外向型土地开发行为与内部自组织、自调节生态功能薄弱的矛盾。

城市土地具有生物质生产、自然生态服务（包括对城市生物和居民的服务）、城乡建设用地以及原住民维持生计的空间等复合生态功能，依赖水、气、生物、矿物等环境因子间生态关系的支撑，承载城市生产、流通、消费、还原等生态过程，受人类的观念、体制和行为的调控和支配，是一类社会—经济—自然复合生态系统。城市生态用地就是保障城市社会经济持续发展、生活质量持续提高以及生物多样性正向进化所必需的供给、支持、流通、调节、孕育等基本生态服务功能用地的简称。

快速城镇化进程中，城市空间急速膨胀，表现为城市土地利用的外向扩张和原有空间内城市活动密度的增加，生产生活用水挤占自然生态用水，建设用地挤占生态服务用地，化石能流及其热耗散代替自然能流及热环境，外来物种取代本地物种，过量矿物质和人工合成物在生产、流通、消费过程中于水、土、空气介质中的滞留，导致城市及其邻近区域土地生态足迹的扩大和服务功能的退化。由于认知的支离破碎、体制的条块分割、科技的还原论主导，土地的这四类功能是分而治之的：农业部门要耕地、城建部门要建设用地、环保部门要绿地、原住民则要传统社区。作为一种城市资产，土地几经转手后其所具有的生物质生产、水源涵养、环境净化、气候调节、生物多样性保育等各种不可替代的自然生态服务功能的维护和修复往往被人们所忽视，其规划管理的机制、体制、法规、标准和技术也缺乏系统的研究。《城市生态用地核算与管理》一书正是从城市生态视野切入，对城市土地利用的生态评价、规划、建设与管理方法的系统探索。

李锋博士多年来一直潜心城市生态系统特别是城市生态服务空间研究，在城市生态服务评价、规划、建设和管理领域取得了创新性成果。他在中国林业科学研究院、中国科学院生态环境研究中心、斯坦福大学的硕士、博士和访问学者学习和研究工作，都是围绕城乡密集的人类活动发展的土地生态服务理论和应用问题展开的，为他开拓城市生态用地的表面生态学研究打下了扎实的理论基础。他在北京、常州、淮北、大丰等地与当地研究、规划管理人员紧密合作，结合国家自然科学基金以及国家科技支撑项目，开展了一系列卓有成效的城市生态用地实证研究，为当地城市生态建设提供了科技支撑。《城市生态用地核算与管理》就是在他完成的一个国家自然科学基金青年项目成果的基础上，对相关理论和方法的总结和升华。当然，城市生态用地管理是一项复杂的系统工程，本书只是为该领域的系统研究揭开了序幕，书中有关研究内容还可以进一步深化、拓展和提高。但毋庸置疑的是，李锋博士在他多年孜孜追求和潜心研究的城市生态管理领域中已迈出了坚实的一步。他总结、发展和实践的理论、方法及案例将给从事城市生态用地研究、管理和教学的同行们提供一部内容丰富的案头参考书，展现出城市生态管理潜在的科学和应用价值。

中国工程院院士

2013 年 9 月

前　言

　　环境与发展是国际社会普遍关注的重大问题，生态安全已成为国家安全的重要组成部分。城市生态用地成为衡量一个城市生态建设和可持续发展能力的重要指标。城市是全球环境污染和生态破坏的源，物质、能量、信息、资金和人口的汇。据联合国预测，到2050年，世界上将有70%的人口居住在城市。城市化促进了社会经济的高速发展，同时也带来了许多严重的环境与社会问题，如资源短缺、生物多样性锐减、热岛效应、温室效应、大气污染、噪音污染、水体污染等，这些问题日益引起人们的关注。

　　城市生态问题的实质是复合生态系统的功能代谢、结构耦合及控制行为的失调，即资源代谢在时间、空间尺度上的滞留或耗竭，系统耦合在结构、功能关系上的破碎和板结以及调控机制在局部和整体关系上的短见和缺损。城市将各种社会的、经济的、环境的、文化的和系统的冲突融为一体，形成一类社会——经济——自然复合生态系统。

　　随着城市化进程的加速，建设用地需求日益增加，各类用地之间矛盾愈加严重，生态用地不断遭到侵占，导致了土地生态系统服务功能的衰退。因此，保护生态用地，开展城市生态用地的评价、核算、监测、审计、规划和管理研究，不仅能够使土地生态服务得到有效保障，而且对于城市社会经济发展，形成生态安全格局有着十分重要的作用。

　　生态系统服务是当前城市生态系统研究的热点之一。城市的扩展蔓延和强烈的人类活动明显影响着生态系统的服务功能，导致城市自然生态系统的服务功能不断降低。随着城市化进程的加速和城市环境问题的加剧，人们已越来越认识到城市生态用地对城市生态环境和可持续发展的重要性。

　　土地是人类社会经济活动赖以生存的载体，也是保障粮食安全、提供自然生态服务的基础。目前，虽然我国对基本农田实行严格的保护，但缺乏生态用地的科学管理方法，土地资源及其管理问题已成为制约城市与国家可持续发展的瓶颈之一。针对以上问题，本研究运用复合生态系统理论、生态系统服务评估方法、生态系统管理方法、遥感和 GIS 空间分析技术等多学科综合方法，以快速城市化的典型大城市常州市为例，提出城市生态用地的科学内涵和类型划分，建立土地服务功能的衡量指标体系和综合评价方法。依据土地的生态服务功能和满足程度的不同，将城市生态用地分为基本生态用地和适宜生态用地，建立城市基本生态用地和适宜生态用地的核算方法，建立城市土地在开发利用前后生态服务功能变化的监测和审计方法，提出城市生态用地管理的体制创新与政策保障措施。本研究的创新之处在于：城市用地分类体系与综合评价方法；基于生态服务功能与单元网格法的城市基本生态用地核算方法；基于最小累积阻力模型的城市适宜生态用地的核算方法；城市土地开发的生态监测与审计方法以及管理体制创新。

常州是我国快速城市化过程大城市的典型代表。随着经济的高速发展与人口增长，城市扩张迅速和土地资源的利用成为制约常州市社会经济持续发展的重要因素。本项目主要以常州市为案例进行实证研究，在项目组多年城市与区域可持续发展和城市土地生态功能管理研究的良好基础上，开展城市生态用地研究，为土地资源利用与规划、城市生态安全调控提供科学方法与决策依据，具有重要的理论、现实与示范意义。研究结果表明，常州市区基本生态用地比例为 64.5%，适宜生态用地比例为 53.8%，这为常州市提供了生态用地和建设用地的范围和规模，为城市总规修编提供了生态依据，部分成果已被常州市规划局采纳。项目研究成果获江苏省发改委和工程咨询协会咨询成果三等奖，并在常州市承载力、常州近期生态建设等后续规划管理中起到了指导作用。本研究成果能为国家土地服务功能强化与城市生态安全调控提供科学方法与决策依据。

本书得到了国家自然科学基金委管理科学部青年基金项目"城市生态用地核算与管理方法研究（70803050）"和常州等多项城市生态规划研究项

目的大力支持。

非常感谢我的导师王如松院士在项目完成和本书出版过程中给予的悉心指导与帮助。同时，对师母薛元立老师在本书出版过程中给予的热心帮助表示深深的谢意。

感谢国家自然科学基金委管理科学部对本项目的大力支持，特别感谢管理科学部处长杨列勋研究员对本项目的大力指导与支持。

感谢阳文锐、张小飞、宋博文、程琳、赵丹等研究生对项目的积极参与和帮助。感谢本书完成过程中所用到的参考文献的作者们。

感谢中科院生态环境研究中心主任江桂斌院士、副主任欧阳志云研究员、吕永龙研究员、杨敏研究员和庄绪亮研究员，城市与区域生态国家重点实验室陈利顶研究员、马克明研究员、贺纪正研究员和王效科研究员等的关心与帮助。

感谢中科院生态环境研究中心、常州市规划设计院、淮北市人民政府、宁国市人民政府等单位的相关部门在研究工作期间给予的热情帮助与支持。

感谢中国科协三峡科技出版资助计划的支持。感谢中国科学技术出版社孙卫华编辑对本书的出版所给予的帮助。

本书力求立足学科前沿，遵从理论、方法与实践并重。但由于时间和精力有限、专业知识水平有限和受技术数据的限制，对于本书可能存在的不足之处，衷心期望学术界、企业界、政府部门的前辈、专家、学者、领导以及关心本研究领域的同行们提出宝贵的批评意见和建议；同时，也殷切希望本书的出版能引起各界有关人士对城市生态用地、城市生态基础设施、城市生态环境与区域生态建设研究的更大关注和兴趣。

2013 年 12 月

目　　录

第1章 生态用地研究进展

城市的土地系统是一个自然—经济—社会复合生态系统（王如松等，2010），当前快速城市化导致的城市大规模建设和各种人类活动对土地复合生态系统影响深刻（王如松等，2004），城市中能够提供生态系统服务、维持城市生态系统平衡的用地类型被建设用地侵占，以及人类不合理的利用造成土地的生态系统服务退化。对城市土地的生态系统服务的忽视导致了城市土地利用效率低下、人居环境恶化、城市景观多样性遭到破坏等问题。

当今世界大部分城市处于快速发展期，经济快速发展带来了一系列生态环境问题（Ellen M. Brennan，1999），如城市绿地面积减少、空气质量差、水体污染等。发展中国家社会经济发展与生态环境之间的矛盾尤为突出，如何实现可持续发展成为世界各国需要解决的共同问题。随着城市的发展，城市居民在追求经济发展的同时，开始追求城市生态系统的优化，人居环境的舒适感以及身心的健康，因此对城市用地类型的研究开始由建设用地转向能够提供各种生态系统服务的生态用地的结构和功能（Gidlof-Gunnarsson A，Ohrstrom E，2007，Yu Kongjan，Li Dihua，1997，刘昕等，2010）。

1.1 生态用地的概念与内涵

国内外对于具有生态系统服务功能的土地类型的研究很多，国内以"生态用地"一词统称这些用地类型，国外学者则一般针对具有不同生态系统服务功能属性和空间结构特征的土地分别进行研究。1997年深圳市总体规划（1996—2000）将全市土地划分为生态用地和建设用地（陶松龄和刘阳恒，1997），此后，生态用地一词开始在一些官方文件以及文献中涉及，如2000年由国务院印发的《全国生态环境保护纲要》中的"土地资源开发利用的生态环境保护"一条中指出要"加强生态用地保护"。

"生态用地"一词最早是由董雅文在生态防护研究中提出的，2001年石元春院士在宁夏回族自治区考察时也提出生态用地的概念。随后石玉林院士在中国工程院咨询项目《西北地区水资源配置与生态环境保护》报告中对生态用地概念做了阐述：在西北干旱区，生态用地是指具有干旱区防治和减缓土地荒漠化加速扩展功能的土地，可以作为"缓冲剂"，以达到保护和稳定区域生态系统的目标。国内不同学者对生态用地的内涵进行了探索，并且针对研究尺度的不同，将生态用地的概念延展到区域和城市生态用地。岳健等（2003）在探讨当前中国土地分类体系的不足之处时，提出用"生态用地"来取代"未利用土地类型"，对生态用地的概念做了定性的描述，认为生态用地是指除农用地和建设用地以外的土地，包括为人类所利用但是用于农用和建设用以外的用途，或主要由除人类之外的其他生物所直接利用，或被人类或其他生物间接利用，并主要起着维护生物多样性及区域或全球的生态平衡以及保持地球原生环境作用的土地。邓小文等（2005）认为"城市生态用地是指为了改善和提高城市中人群的生活质量，保护重要的生态系统和生物栖息地，维持和改善城市中各种自然和人工生态单元，将城市生态系统稳定在一定水平所需要的土地"。他们一致认为城市中的绿带、绿廊、绿楔等公共绿地以及湿地、林草地、水域以及土地分类系统中的未利用地都是城市生态用地的范畴，认为这些用地在改善和维持城市生态平衡功能方面起着重要的作用。邓红兵等（2009）认为生态用地指的是区域或城镇土地中以提供生态系统服务功能为主的土地利用类型，即能够直接或间接改良区域生态环境，改善区域人地关系的用地类型。

近年来，由于土地生态系统的健康面临愈加严峻的威胁，对于能够提供生态系统服务功能的土地需要进行更长远的规划，而在进行生态规划时有必要明确生态用地的内涵和范围，才能够保证其在规划实践中的应用价值。当前的研究主要从三个方面对生态用地的内涵进行阐述：

（1）从生态用地范围的角度来定义其概念。早期许多研究在探索区域或城市范围内各种具有生态系统服务功能的土地类型的总体结构或变化特征时，将一定尺度下的林地、湿地、水域和城市绿地几种土地类型的整体视为生态用地（王振建和李如雪，2006；邓小文等，2005；陈婧和史培军，2005）。这种定义方式缺乏生态用地内在特征的深入探讨。

（2）从生态系统服务功能的角度来探索其内涵。该定义强调土地系统为人类提供生态系统服务功能，认为能够提供生态系统服务功能的自然或人工的土地都可以称为生态用地。不同的研究区域和范围内，各学者以研究区域土地所提供的主要生态系统服务功能为定义生态用地的依据（王振建和李如雪，2006；陈婧和史培军，2005，张红旗等，2004）。

（3）从生态用地的空间特征来探索其内涵。此类研究强调生态用地的空间属性，指出生态用地是区域或城市中一个网络状的空间体系（俞孔坚等，2009），生态用地的整体空间结构也是研究生态用地应用不可或缺的一部分。

1.2　城市生态用地

随着城市规模的快速扩张，城市中人地矛盾愈发突出，一方面，城市土地受人类干扰严重，几乎失去自我演替的能力，另一方面，城市土地不仅需要维持自然生态系统的均衡发展，而且承载着保障居民生活健康以及恢复、维持和改善城市生态系统的任务，因此针对城市的特殊性，开始有学者提出"城市生态用地"的概念（邓小文等，2005），强调在特殊的城市生态系统中，生态用地除具有保护重要自然生态系统和生物栖息地的作用之外，还具有保障城市中人群生活质量的作用。

各国学者对于城市生态用地有着不同的理解，国外相关研究主要采用绿色空间（green space）和开敞空间（open space）的概念来代表城市生态用地。在研究城市土地系统的生态系统服务时主要采用绿色空间的概念，且国外研究一般针对某一类型的城市绿地讨论其结构和功能，如生态廊道（ecological corridor）（De Araujo ALL，et al.，2011；Mürbterg and Wallentinus，2000；Asakawa et al.，2004）、城市森林（urban forest）（Escobedo and Nowak，2009；Benjamin MT，et al.，1996）、保护区（conservation area）等（Ferketic et al.，2010）。在国外城市规划中一般采用开敞空间来代表城市中提供生态系统服务的绿色空间（车生泉和王洪伦，2001），各国的定义虽有所不同，但都强调开敞空间的自然属性和公益性。

1.3　生态系统服务

由于生态用地广义上是指能够提供生态系统服务功能的土地类型，在此对生态系统服务功能的含义进行说明。生态系统服务功能的研究是当今可持续生态系统研究的热点之一，吸引了大量不同学科的学者的广泛参与。生态系统服务功能可以定义为"自然生态系统及其构成五种支持和实现人类生命活动的条件和过程"（Daily G C.，1997；王如松，2004）。最早讨论生态系统对人类服务功能的是国际环境问题研究组，该组织首次注意到环境的恶化（如气候调节、洪水控制等）与生态系统功能的降低有关（Constanza R.，1997）。Westman 第一次使用"自然的服务"一词对自然生态系统的人类服务价值做了尝试性评估。Ehrlich 第一次提出了"生态系统服务功能"的概念，并考察了物种灭绝和人工替代与生态服务功能的关系。1999 年，中国学者董全在综述生态系统研究概况时将生态系统服务定义为："自然生物过程产生和维持的环境资源方面的条件和服务"，该定义暗含了生态系统服务对人类生存的支持，同时指出生态系统服务是自然过程产生和维持的，并通过环境资源的条件和服务对人类起作用（董全，1999）。生态系统服务研究（王如松等，2004）在西方兴起的标志性著作《自然服务·

人类社会对自然生态系统的依赖》一书中 Daily 对生态系统服务给出如下定义：生态系统服务是支持和满足人类生存的自然系统及其组成物种的状况和过程。主要包括：生态系统产品的产出；生态系统多样性的发生和维持；气候和生命的维护；洪水和干旱的减缓；生物地球化学循环；生物生长所需各种养分的供给；生物授粉；自然害虫的控制；种子传播或散播，以及对人的美学和精神调剂作用。可以看出，该定义强调三点：生态系统服务对人类生存的支持，提供服务的主体是自然生态系统，自然生态系统通过状况和过程提供服务。

生态系统服务功能的变化受多种驱动力的影响，并且驱动力之间存在着复杂的相互作用。直接驱动力和间接驱动力在驱动生态系统服务功能的变化方面存在一定的功能关系性；同时，生态系统服务功能的变化反过来对导致其变化的驱动力也具有反馈作用。驱动力之间的协同结合普遍存在，而且伴随着多种全球化过程的发展，驱动力之间新的相互作用也将不断出现（王如松等，2004）。

1.4　不同类型城市生态用地研究进展

生态用地的提出主要是由于人们意识到土地不可忽视的生态系统服务功能，因此生态用地的生态系统服务功能始终是学者们的研究重点，而城市的快速发展导致人地矛盾突出，迫切需要开发出各种土地类型的生态系统服务功能潜力，构建稳定健康的城市生态系统。依据生态用地的利用类型、所在位置、结构特征以及主要发挥的生态系统服务功能不同，可以将城市生态用地的研究类型分为城区块状生态用地、城郊生态用地、区域廊道生态用地和城郊绿地三类。

1.4.1　城区块状生态用地

城区块状生态用地指城区范围内的具有生态系统服务功能的用地，不包括城市郊区的用地，主要包括城区范围内的综合性公园、古典园林、小游园、居住区绿地和街心绿地等，是与城市居民联系最紧密的生态用地。此类生态用地的特点是受人为干扰最频繁；与城市居民生活息息相关；空间结构呈斑块状，且破碎化严重；主要生态系统服务功能是提供休闲娱乐场所和改善城市人居环境。

由于城区块状生态用地与城市居民的关系最紧密，位于市区的绿地给城市中的居民提供了休憩娱乐的场所，使社会各阶层居民得到了相处交流的机会，促进并维持社会完整性（Zhao et al.，2004）。有研究表明绿色空间可以有助于居民缓解心理疲劳，减轻压力（Schipperijn et al.，2010），居住区附近的绿地还有助于减轻城市居民受到噪声的干扰（Gidlof-Gunnarsson and Ohrstrom，2007）。城区绿地还具有减少城市中悬浮颗粒物量（Yin S et al.，2007）、改善小气候（Givoni B，1991）、为鸟类提供庇护场所

（Mürbterg and Wallentinus，2004）等功能。值得注意的是，有研究表明城市的绿地也会产生一些负面效应（Benjamin et al，1996），许多种植物可以释放单萜等光化学反应物质，大规模种植会对环境造成污染，还有些树种产生的花粉会使敏感人群产生过敏反应。因此在利用城区内生态用地时，树种与植物群落的配置很重要。

　　由于城区内建设用地的主导地位，生态用地面积所占比例较低，生态用地在有限的数量下最大限度地提供生态系统服务成为各学者研究的重点。许多研究对城区内生态用地布局的合理性和生态系统服务潜力进行了评价，如曾招兵等（2007）以上海市青浦区为例，对其生态用地建设的布局状况和生态效用状况进行了评价，李晓丽等构建了城市生态用地评价指标体系（李晓丽等，2010）。还有学者构建了城市最小生态用地空间分析模型，对城市应该保留多少生态用地、保留的生态用地如何布局等问题进行了探讨（张林波等，2008）。

　　总体来看，目前对城区内的生态用地的研究主要集中于探讨城区内生态用地为城市人群提供了哪些生态系统服务功能，提供生态系统服务功能的能力和潜力评估以及如何更好地实现其应有的生态系统服务功能。城区内生态用地的主要问题是规模上受建设用地限制、受人类干扰严重、为野生生物提供栖息地的功能弱化、自我演替能力弱、人工维护费用高。这些问题造成城区内生态用地不但无法充分发挥其生态系统服务功能，而且维护成本增加，造成经济上的损失。

1.4.2　城郊生态用地

　　城郊生态用地主要指位于城市郊区的森林、城乡交界处的生态缓冲带、湿地以及城市近郊的园地、耕地等农业用地。此类生态用地的主要特点是占地面积广，结构较完整，受人为干扰较少以及正面临被建设用地侵占的处境。此类生态用地与城区内生态用地相互补充，弥补城区生态用地在涵养水源、维持生物多样性等方面生态系统服务功能的不足。对于城市来说，城郊绿地还可以起到改善城市的景观格局，维护城市的生态安全，限制城区的无序蔓延等作用（欧阳志云等，2005）。

　　对于许多水资源较为丰富的城市来说，湿地是城市生态用地不可忽视的重要组成部分。城市湿地常常可以作为工业、农业以及生活用水的水源（曹新向等，2005），对于城市小气候具有降温增湿效应，从而可以缓解城市热岛效应（侯鹏等，2010）。随着城市化进程的加快，围垦和城市开发使湿地面积锐减（曹新向等，2005），各种废水的排放也使湿地生态系统遭到破坏。近年来，我国许多城市开始以建设湿地保护区和湿地公园的方式来保护、恢复和利用湿地生态系统（余刚鹏和李文杰，2008；李玉凤等，2011；唐铭，2011），研究城市中的水景观，缓解城市湿地被建设用地侵占的局面。

　　农用地也是城郊生态用地的重要组成部分，许多学者认为不应该将农用地列为生态用地，对于农用地的研究多集中于土壤理化性质、不同农业经营方式对土壤的影响

（Gibson et al，2007）。传统的农业经营方式忽视了农用地应有的生态服务功能，对生态环境造成了不利的影响（Billen and Garnier，1997；张维理等，1995）。实际上，农用地可和森林公园、生态保护区一起作为城市郊区的绿色开敞空间的一部分，对城市的生态环境进行调节和缓冲，并能控制城市发展的无序膨胀，还可以为城市居民提供接触自然、体验农业以及观光休闲的场所，促进城乡生态文化的交流与发展（李锋和王如松，2006；高云峰，2005；方志权，1999）。因此，农用地是城市生态用地保证整体性的必要组成部分，为城市提供着不可或缺的生态服务功能。

城乡交界处的生态缓冲带通常依据城市地形特点和现状，规划成环状或楔状，土地利用类型可以为森林公园、农田、水域或防护林。生态缓冲带是城市生态规划体系中的必要组成部分，如北京市的绿化隔离带的总体结构应是楔形环城绿化隔离带，扬州生态市建设规划格局中有三个明显的环状绿带（李锋和王如松，2003），以维持全市的生态平衡。

1.4.3 区域廊道生态用地

区域廊道生态用地指城市生态系统中呈线性或带状的绿色廊道，在城市景观布局中起到沟通连接空间分布上孤立分散的生态用地斑块的作用，主要包括城市交通线、河流、高压线走廊、重要市政管线以及地质断裂带等的防护绿地（王如松，等，2010），是连接城区和城郊生态用地的重要纽带。区域廊道生态用地不仅仅是一条绿色景观带，而是由纵横交错的绿带和节点有机组合成的绿色生态网络体系，具有整体性和系统性的特征。

随城市化进程的加速，城乡景观格局发生了巨大改变（Antrop M，2004；张明娟等，2006）。自然景观破碎化是城市化过程中最为常见的格局变化。生境破碎化使物种数量减少，生物多样性降低（Driezen et al，2007），但是在城市范围内，由于城市生态系统的特殊性，其健康发展不仅需要考虑自然环境要素，还需要考虑城市的社会经济要素，在城市区域范围内追求大面积破碎生境恢复的成本代价是很高的。比起块状的生态用地斑块，廊道生态用地占用的土地面积较少，并且同样具有为野生生物提供栖息地、为居民提供休闲游憩场所以及改善城市生态环境等方面的功能（Cooper et al.，1987；Miller et al.，1998）。城市内部构建生态廊道网络还可以增强破碎的生境斑块的连通和配置效果，提高生物对不同斑块的利用效率，有助于生物的移动和交流，可以在一定程度上缓解生物多样性丧失的危机（姜明等，2009）。廊道的边缘效应能够给人们提供高质量的游憩场所，弥补城市内景观破碎化的缺失，尤其是以道路、河流、水域为背景的景观建设（达良俊等，2004）。城市外围的廊道生态用地则能够有效阻止城市的无序蔓延，科学高效利用有限土地资源，促进城市集约化的土地利用模式，维护城市生态空间格局（董斌等，2008）。

目前对于廊道式生态用地的研究主要从整体和细节两个角度入手。整体上的研究主要是对城市整体绿色生态网络进行布局规划，将城市中分散的生态用地斑块链接起来，对其设计主要考虑廊道宽度（达良俊等，2004；朱强等，2005）、密度、走向、内部结构、节点、布局形态（Yu Kongjan and Li Dihua，1997）以及与外部的关系等。细节上，有学者通过将绿带宽度、绿带周围土地利用类型以及绿带中的栖息地结构等要素与绿带中野生生物的生存状态进行相关分析（Sinclair et al.，2005），探索生态廊道作为生物栖息地，如何设计其结构才能更好地提供生态系统服务功能，还有研究对廊道式生态用地内部组成进行了调查（朱宝光等，2009）。总体来说，廊道生态用地的主要生态系统服务功能在于其对城市整个土地系统的连接和沟通作用，当前研究大多集中于对廊道结构布局进行规划设计，从而优化其功能。

1.5　城市生态用地研究热点

随着城市的发展，城市化水平的提高，城市居民在追求经济发展的同时，开始追求城市生态系统的优化，人居环境的舒适感以及身心的健康，因此对城市用地类型的研究开始由建设用地转向能够提供各种生态系统服务功能的生态用地的结构和功能，以期缓解建设用地和生态用地之间的矛盾，营造生态化的城市系统。目前对于城市生态用地的研究还处于起步阶段，研究热点主要有概念内涵、功能评价、结构量化和规划设计四个方面。

1.5.1　城市生态用地概念体系的构建

由于"生态用地"概念的提出较晚，对"生态用地"的很多研究集中于概念的定义、范围探讨、类型的划分、基本功能的探讨等方面，试图通过对生态用地实际意义的阐述引起人们对生态用地的重视，还有学者提出基于土地的生态系统服务功能的新城市土地分类体系。在此方面的研究多集中于研究早期，有关生态用地的内涵在前文中已详细阐述，在此不再赘述。

对于生态用地的内涵虽然各学者有着不同的看法，但从各研究中可以得到的一致的结论是：

（1）生态用地是具有生态系统服务功能的自然或人工的土地。

（2）生态用地由各种类型的土地组成。其所包含的土地类型虽然都具有生态系统服务功能，但是其服务功能量的大小以及生态系统服务功能类型是有区别的，而且各种生态用地类型都可以提供多种生态系统服务功能。

（3）生态用地作为一个重要的土地类别。其和建设用地一样在区域可持续发展和城市生态建设中起着不可或缺的作用。

1.5.2　城市生态用地的评价

2005 年宗毅等以天津市的生态用地为实证对象，针对现存问题建立了一套生态用地集约利用程度的定量评价系统（宗毅，汪波，2005），开启了对生态用地的各种功能状况进行评估的研究。各研究从不同的角度对生态用地的评估方法进行了探索：有的研究将各类生态用地作为一个整体引入某区域生态环境状况评价或资源状况评价指标体系中，从而体现出生态用地在整体生态系统中不可或缺的地位（姜广辉，等，2009）；有的研究针对生态用地的某类生态系统服务功能类型对区域生态用地提供服务的能力进行评估，如生态用地的用水资源化能力（尚爱军等，2008）；有的研究则对某一城市或区域生态用地的布局合理性和生态效用状况进行评价，如曾招兵等以上海市青浦区为例，对其生态用地建设的布局状况和生态效用状况进行了评价（曾招兵等，2007），李晓丽等构建了城市生态用地评价指标体系，对长沙市 2007 年生态用地建设的现状进行了综合分析与评价（李晓丽等，2010）；还有学者从生态环境、生态敏感性、气候、土壤和地貌等方面建立生态用地保护重要性评价指标体系，对生态用地的保护重要性进行了等级划分（刘昕等，2010）。

综合来看，对生态用地结构和功能进行评估有助于定量地了解区域和城市中生态用地的现状，加深人们对各种生态用地的重要性以及生态脆弱性的理解，但目前对于生态用地的评估方式和指标体系还处于探索阶段，大部分是模仿环境评价模型进行的，没有形成针对生态用地的完善评估方法体系。

1.5.3　城市生态用地结构特征的量化分析

城市生态用地的研究强调的是保障城市社会、经济和自然三个子系统的协调发展，土地是城市化和城市建设的最基本载体，城市的发展需要建设用地（方创琳，2008），一味追求扩大生态用地面积显然不切实际，因此许多研究倾向于"最小"生态用地的量化分析（王如松等，2010；俞孔坚等，2009），在保证城市生态安全的同时为城市留下较为充足的发展空间。目前对于生态用地结构特征的量化分析主要有两类：

（1）针对研究区域特征提出生态安全格局建议。通过 GIS、RS 与空间模型相结合的方式对生态用地分布状况进行量化，模拟出城市生态用地格局的最优结构，如李锋等通过对常州生态用地分布格局进行分析，比较了在不同发展情景下城市复合效益，从而提出常州市基于生态服务功能的复合发展模式（李锋等，2009），俞孔坚等从景观生态学的角度探索了生态用地量化研究的方法（Mürbterg U，Wallentinus H–G，2000）；

（2）对研究区域内已形成的生态用地的结构进行量化。明确研究区域生态用地分布和变化特征，从而探索城市各类社会、经济要素与城市生态用地分布的关系，以期为城市生态用地的规划设计提供参考。例如 Matthew 等以南非小城镇为研究对象，对人口分布与绿地分布之间的关系进行了探讨，发现较富有的白人区一般人均绿地面积较大，而黑人集中的贫民区人均绿地面积极少（McConnachie and Shackleton，2010），反映了许多城市都存在的绿地分布不均衡不合理的现象。Germann-Chiari 和 Seeland 利用 GIS 方法对城市空间结构进行量化分析，由城市 GIS 数据库提出各社区居民分布状况以及绿地分布状况，从而得出各区域社会整体性程度和绿地分布的关系（Germann-Chiari and Seeland K，2004）。

对城市生态用地进行量化分析是合理规划完善城市生态用地布局的必要前提，生态用地对自然和人两方面的效应都不应忽视，城市中不同的生态用地类型的主导服务不同，应当相互配合，形成统一的整体。此外，对于生态用地的核算、监测方法体系也需要进一步进行构建，使生态用地的数据管理标准化，才能够更好地协调城市土地利用的矛盾。

1.5.4　城市生态用地的规划设计

随着城市的快速发展，城市建设用地不断扩张，由于在城市扩张过程中对土地的生态系统服务功能的忽视，使得人地矛盾愈发突出，如何处理好建设用地和生态用地之间的布局关系成为解决人地矛盾的关键问题。

许多学者针对一些快速城市化的大城市的相关生态用地系统提出了规划建议（李锋等，2004，李锋和王如松，2004），从满足未来城市发展的生态支持和城市居民高质量的生活需求角度，制定发展战略，将城区和近郊区、斑块和廊道不同位置不同形状的生态用地有机地结合成统一体。对于特定类型的生态用地，自身的结构和定位也会影响其发挥生态服务功能，例如对野生生物的保护，有学者利用目标物种的行为特征构建模型，对生态廊道的设计提出了建议（郭纪光等，2009）。在一些生态城市的规划方法研究针对城市用地的生态系统服务功能进行功能区划，力求保障城市用地的生态安全（王如松和徐洪喜，2003）。还有学者对城市以往的绿地系统规划进行比较分析，以期为未来城市绿地布局提供经验和借鉴（Madureira et al.，2011）。

由于生态用地还没有正式成为土地规划的一部分，一些学者建议将生态用地作为一种新的土地类型在各级规划编制中加以重视，如杨建敏等（杨建敏，马晓萱，董秀英，2009）提出编制生态用地控制性详细规划，唐双娥等专门针对生态用地的重要性，建议构建和完善生态用地法律制度（唐双娥，郑太福，2008）。目前在国内生态用地已经引起了广泛的重视，在政府部门和研究单位的合作下，北京、深圳、广州、杭州、常州、淮北、合肥、宁国等大中城市已经开始了城市生态用地的规划与应用研究。

1.5.5　生态用地的生态系统服务

生态系统研究的一般趋势都是由结构属性的观察性研究转向功能的分析性研究，

土地系统也不例外，目前对于土地系统的功能研究主要集中于生态系统服务研究。生态系统服务的概念源自生态系统功能，但只有关系到人类需求和价值的功能才能够称为生态系统服务（De Groot RS，Wilson MA，Boumans RMJ，2002）。本书对各类型的生态用地的生态系统服务的相关研究进行汇总，如表。

生态用地的主要生态系统服务

生态系统服务	主要用地类型	功能特征	主要存在问题	参考文献
维持社会稳定与和谐	小游园、街心绿地、居民区绿地	提供日常休闲游憩的场所；缓解疲劳，减轻压力；提供交流机会促进并维持社会完整性	长期人工经营，自我演替能力弱，植被生物多样性水平低、需要长期损耗维护费用	Germann – Chiari C，Seeland K，2004；Maas J，Van Dillen SME，2009；Gidlof – Gunnarsson A，Ohrstrom E，2007
改善环境质量	交通绿化带、湿地、小游园、街心绿地、居民区绿地	减轻噪声、减少悬浮颗粒物、净化水质	长期人工经营，自我演替能力弱，植被生物多样性水平低、需要长期损耗维护费用，河流、湖泊等湿地受到不同程度的污染，功能减弱	Gidlof-Gunnarsson A，Ohrstrom E，2007；Yin S，Cai J – P，Chen L – P，et al.，2007；Givoni B，1991
调节气候、维持生物多样性和景观完整性和娱乐文化	湿地、森林公园、自然保护区、生态缓冲带	缓解热岛效应、维持生物多样性、涵养水源，控制城市无须膨胀	城市开发使湿地面积锐减，废水无节制排放破坏湿地生态系统净化能力，城市建设用地侵占损害其连续性，从而使生物栖息地受到威胁	欧阳志云，王如松，李伟峰，等，200；侯鹏，蒋卫国，曹广真，等，2010；余刚鹏，李文杰，2008
生产原材料和娱乐文化	农田	生产粮食，和森林公园、生态保护区一起作为城市郊区的绿色开敞空间的一部分，对城市的生态环境进行调节和缓冲，为城市居民提供接触自然、体验农业以及观光休闲的场所，促进城乡生态文化的交流	建设用地侵占，且其生态系统服务被人忽视，现代都市农业多功能经营方式没有普及	Gibson RH，Pearce S，Morris RJ，et al，2007；Billen G，Garnier J，1997；张维理，田哲旭，张宁，等，1995；李锋，王如松，2006

　　人们已经意识到土地所能提供的各种生态系统服务，当前面临的主要问题是如何将生态系统服务理论应用于实际和决策服务，为土地利用提供依据，将生态系统服务

理论应用于实际的主要困难在于和决策者的沟通，以及为决策者提供数据将土地的生态效益与经济效益联系起来。为此，有研究者力图构建利于各部门协作的生态系统服务量化模型和决策支持系统（Trepel M，2010）。此外，值得注意的是，各种类型的生态用地所能够提供的生态系统服务不是单一的，需要对同一种生态用地所提供的各生态系统服务进行经济效益和生态效益的权衡，Roland Olschewskia 等的研究以热带森林为例对木材生产和农作物传粉两种生态系统服务进行评估，指出土地的不同经营策略下受益方不同，且其主要生态功能也不同（Olschewski et al.，2010）。因此，目前对生态用地的生态系统服务的评估成为优化土地经营策略的必要前提，也是将生态用地功能的研究成果被决策者接受的重要途径。

1.6　生态用地研究展望

对于生态用地研究，概念内涵和类型划分属于起步阶段，以后应将重点置于如何让各种生态用地类型充分发挥出其应有的生态系统服务功能，水域、湿地、林地、园地、耕地都具有其自身特点，各司其职才能最大限度地发挥作用，斑块、廊道不同形态结构的用地也需要合理配置，互相补充，才能形成完整的生态空间网络。城市生态用地的范围应当包括除建设用地以外的所有土地类型，这并不意味着除建设用地以外的所有土地类型都必然可以为城市居民提供生态服务，在对城市进行规划建设时需要依据城市土地复合生态系统原则对各种土地类型进行合理布局，根据各种土地类型自身特点，因地制宜、因势利导，保证各种土地类型的生态健康，充分发挥其生态服务功能。另外，城市的建设用地不能在短期内全部用完，必须考虑城市的长远发展，要给城市未来发展留有充足的储备空间，这也是生态用地的重要功能之一。虽然建设用地不属于生态用地的范畴，但对于土地本身，可以将其利用类型由建设用地转变为生态用地，因此，如何维持作为建设用地的土地的生态服务潜力，甚至在未来将某些建设用地修复成具有重要生态系统服务功能的生态用地，也是城市土地生态修复的一个重要方面。

总体来说，国外有关生态用地的研究大部分都会考虑到居民的需求，重视居民的参与性（俞孔坚等，2009；De et al.，2011；Asakawa et al.，2004；McConnachie and Shackleton，2010），这点值得借鉴，城市问题归根究底主要是由人类活动造成的，如果在城市景观布局时，一味追求自然环境的最优化，而忽视居民的需求，将使生态规划的蓝图难以得到实际展开，而且缺乏公众理解和关注的环境也很难维持，必须使公众了解城市中各种类型的生态用地对居民的益处，在规划城市用地布局时考虑居民的需求，才能使公众自觉维护自己周围的公园、绿化带等生态用地，相关部门提出的土地发展策略更容易实施。城市生态用地的服务对象应当不止考虑自然环境，还要考虑到社会和文化环境。

国内对于生态用地的研究还处于起步阶段，因此，有关生态用地内涵探索的文献最多，其次是对生态用地进行相关评估的研究，目前对于生态用地的评估方式和指标体系还处于探索阶段，大部分是借鉴环境评价模型进行的，没有针对生态用地形成得到一致认可的完善的方法体系。近两年国内对生态用地的研究逐渐偏向对其功能和结构特征进行深入探索，以及城市中生态用地的合理规划。综合来看，目前对城市生态用地的研究缺乏基于生态系统服务的对城市土地的评价、核算、监测、审计和标准等一系列管理方法体系的完整构建，从而指导城市土地开发利用、生态城市建设与可持续发展。

在未来要深化城市生态系统服务研究，揭示城市化对生态系统服务的影响，建立评估模型与生态管理方法，填补国际上在城市生态系统服务研究方面的空白，与国外相关科研机构合作加强国际交流。另外，要深化城市生态基础设施研究，从城市生态用地上升到城市生态基础设施，重点研究城市的湿地、绿地、地表硬化的软化、污染排放的预防与治理、交通网络和生态廊道等生态基础设施及其服务功能，研究它的生态环境效应、生态改造设计与系统管理方法。

第 2 章　城市生态用地的科学内涵
与类型划分

2.1　城市生态用地的概念与科学内涵

　　城市生态用地概念的提出使对生态用地的研究更加有针对性，随着城市生态系统受到越来越广泛的关注，对城市生态用地的概念进行明确，将城市中具有生态服务功能的土地视为一个整体加以研究，有助于了解城市各种类型的土地之间的相互作用，从而对其进行合理配置规划使其更好地发挥其各自的功能。作者认为，城市土地是一类社会—经济—自然复合生态系统，具有物理属性、生态属性、社会属性和经济属性，它是人类社会经济活动赖以生存的载体，也是提供自然生态服务的基础。城市生态用地是保障城市社会经济持续发展和居民生活质量所必需的供给、支持、流通、调节、孕育等基本生态服务功能的用地，旨在改善和提高城市中人群的生活质量，保护重要的生态系统和生物栖息地，维持和改善城市中各种自然和人工生态单元，将城市生态系统稳定在一定的功能水平。城市生态用地不但与城市所处的地理位置、自然资源种类、气候、土壤、地质等自然条件有关，而且取决于城市的发展水平、发展定位和城市中人群对生活质量的要求（李锋等，2009，2011）。城市生态用地以斑块和廊道的形式相互连接构建城市的生态网络，对城市发展形态进行疏导和控制，使城市整体上形成合理的人文和自然景观格局。考虑到城市格局的整体性和系统性的要求，使得对城市生态用地的研究范围需要包括城市近郊的土地，从而能够从区域的角度考虑城市的整体格局。按照用地的生态功能，拟将城市生态用地划分为功能型生态用地和服务型生态用地两大类。功能型生态用地包括水源涵养地、生态屏障保护地、生态型水域用地等。服务型生态用地包括城市农林业用地、城市绿化隔离带、生态缓冲带、城市预留发展空间等。

2.2　城市生态用地的分类体系

2.2.1　国外主要土地分类体系

由于各个国家的自然环境、发展状况、土地管理政策和工地分类目标的差异，土地分类体系各有侧重。目前为止，国外的土地分类及相关研究中还没有把生态用地作为一项独立和专门的地类提出，但是这些土地的分类系统（表2-1）在一定程度上将土地受到人类干扰程度的强弱进行了科学的分类，强调土地的自然生态属性，已经渗透了生态用地的思想。

表2-1　国外土地分类体系一级分类

美国 （USGS） 1976/1992	欧盟 （CORLNE） 1985	日本 — 现行分类	联合国 （FAO/UNEP -LCCS） 1993	韩国 — 1993	俄罗斯 — 2000
城市或建设区用地	人工表面	农用地	内地水域	城市用地	农业用地
农业用地	农业用地	森林地	木本沼泽	准城市用地	居民用地
牧草地	森林和半自然区	原野	裸地	绝对农地	专业用途地
森林	湿地	水面	森林和林地	准农地	特别保护区和它的
水体	水体	道路用地	灌木群落		客体用地
湿地		宅地	矮灌群落	自然资源保护地	森林资源用地
冰（苔）原		其他用地	草地		水资源用地
多年积雪或结冰			耕地		储备用地
			建设用地		

德国1985年的土地分类系统中就非常重视土地的生态属性，把绿地、农林用地、水域、灌溉用地和自然保护用地等地类单独列为大类；1987年有学者给出了更为详细的土地分类，其中将休养与休闲用地、农用地、森林用地、水域用地作为几个大类；美国的土地分类中将城市和城区用地与其他自然土地区别开来，强调了自然和人工区域土地服务功能的差异，但是城市及城区土地中的城市绿地、景观湿地等地类与建筑设施用地相比也具有一定的生态服务功能，是城市生态用地重要的组成部分。欧盟的土地分类中把以人类活动强烈干扰的地块单独作为人工表面提出，但忽略了人工的一些软化表面，如人工湿地等用地也能够提供重要的生态系统服务，并且农业用地也是

人为形成的地表，应该属于人工表面的范畴，所以这样的分类界定不明确，也没有清楚地区分生态用地与非生态用地。另外，大部分的土地分类体系都是针对全国或整个区域范围，对于城市这种受到人类生产和生活活动强烈干扰的土地利用情况的分类体系还有待建立和完善。

国外在土地利用和城市规划方面也开展了许多类似的工作。但是由于国外的分类系统也没有明确地强调土地对人类社会的生态服务功能，无法确定到底城市中保留多少生态用地才能够保障城市正常的自然生态系统服务。因此提出生态用地的概念及分类体系并将之用于现有城市的可持续发展规划中具有重要的现实意义。

2.2.2 国内主要土地分类体系比较

我国第一次农业区划以来，土地分类进行了多次调整，国土局、建设部、农业部等部门按照各自的职能分工和管理需求，分别建立了不同的土地分类体系。有的体系是根据土地自然属性进行分类，有的根据土地的经济属性进行分类，还有的根据土地的自然和经济属性以及其他因素进行综合性分类的。由于土地分类标准不统一，城市土地管理势必出现一系列的矛盾和问题。国家的《土地利用现状调查技术规程》规定，土地利用现状按两级进行分类，其中：一级类型按土地用途划分为耕地、园地、林地、牧草地、水域、未利用土地等；二级类型按利用方式、经营特点及覆盖特征划分为47类。这种土地资源分类和管理系统以土地资源的人类利用方式为主要依据，没有考虑到土地的生态服务功能，在一定程度上造成了土地资源的利用过度、生态环境用地不足等问题。现行的《土地利用现状分类》于2007年8月由国土资源部颁布，并作为国家标准在全国范围内统一执行。这一分类体系克服了《全国土地分类（试行）》中一些问题，把未利用地具体化、明确化，突出了不同土地类型的功能和作用。但这一分类体系针对全国范围内土地利用类型，不太适用于城市土地的规划和管理。

《城市用地分类与建设用地标准（GBJ137-90）》（以下简称《分类标准》）是1991年3月1日由国务院和建设部正式颁布，以国家行政标准的形式对我国城市用地分类作出了统一规定。《分类标准》中将城市用地分为大类、中类和小类三个层次，共有10大类，46中类，73小类。为了加强城乡规划管理，协调城乡空间布局，改善人居环境，促进城乡经济社会全面协调可持续发展，建设部颁布了《中华人民共和国城乡规划法》（以下简称城乡规划法），并于2008年1月1日起实施。《城乡规划法》中主要根据土地利用的类型和功能，将城市用地分为10个大类，但同样忽略了土地生态服务功能的差异，存在一些不合理的地方。如居住用地中的居民区绿地，公共设施用地中的游乐用地和休疗养用地等土地与绿地相比，同样具有重要的土地服务功能，应该与设施用地区别开来，突出其重要性并加以保护和调控。

土地资源利用及其管理问题已成为制约城市与国家可持续发展的瓶颈之一，生态系统的维持和发展，需要有一定的生态用地作为基础。因此，在城市规划中必须要考虑到除建设用地之外的另一类土地即生态用地的合理规划，并作为城市生态系统的支持和依托，为城市提供有形和无形的必不可少的生态服务。因此，从城市生态用地的保护和调控入手，建立一套基于城市土地服务功能的土地分类体系是十分必要的。

表 2-2　国内土地分类体系一级分类

农业区划Ⅰ（1981）	农业区划Ⅱ（1984）	中科院地理所分类体系（1983）	城镇地籍调查规程（1989）	土地管理法（1998）	土地分类（试行）（2001）	土地利用现状（2007）	城乡规划法（2007）
耕地	耕地	耕地	商业金融用地	农业用地	农业用地	耕地	居住用地
林地	林地	林地	工业仓储用地	建设用地	建设用地	园地	公共设施用地
园地	园地	园地	市政用地	未利用地	未利用地	林地	工业用地
牧草地	牧草地	牧草地	公共建设用地			草地	仓储用地
荒草地	居民与工矿用地	水域及湿地	住宅用地			商服用地	对外交通地
城乡居民用地	交通用地	城镇用地	交通用地			工矿仓储用地	道路广场用地
工矿用地	水域	工矿用地	特殊用地			住宅用地	市政公共设施用地
交通用地	未利用地	交通用地	水域用地			公共管理与公共服务用地	绿地
水域		特殊用地	农用地			特殊用地	特殊用地
特殊用地		其他用地	其他用地			交通运输用地	水域和其他用地
其他用地						水域及水利设施用地	
						其他用地	

2.2.3　生态用地的分类总结

国内学者在对生态用地的概念和内涵进行描述的基础上，各自提出了对于生态用地分类的观点。表 2-3 中列出了国内不同学者对于生态用地的一级分类，大多数的分类体系主要考虑到人类对于土地的利用情况及其主导功能。但是由于城市发展的渐变性和土地的多功能性，在城市中往往很难把一个地块明确地界定为某一种用地类型，生态用地和建设用地不能完全分割开来，生态用地中的概念界定也不够明确。因此在城市土地分类中，有必要在生态用地和建设用地的分类基础上引入生态交错地，作为特殊地类单独提出来。

表 2-3　国内生态用地分类

岳健	陈婧	徐健	张红旗	柏益尧	邓小文	王振健	张颖	邓红兵
生态林地	自然保护区	保护区用地	人工型生态用地	林地	服务型生态用地	湿地生态用地	主导功能型	自然土地
生态水域及湿地	林地	草地	自然型生态用地	园地	功能型生态用地	绿地生态用地	辅助功能型	保护区土地
生态草地	灌丛	特殊生态用地		牧草地				休养与休闲用地
生态裸露地	草地			水域及湿地				
生态保护区用地	水体	裸地		未利用地				废弃与纳污用地
建设用地内的绿地及景观用地	湿地	水域及湿地						
	苔原							
	沙地							
	盐碱地							
	裸岩，裸土地							
	冰川及永久积雪							

2.3　基于生态系统服务的城市土地类型划分

本书以国家部门及重要学科土地分类标准为依据，综合考虑地质结构、地貌形态、水热条件、植被覆盖、土壤特性等多方面因素对土地形成及覆盖、利用作用，遵从城市复合生态系统和自然演化的内在规律，在分析人类活动对土地自然形态及构成要素的影响的基础上，把握生态保护和城市建设之间的关系，建立了基于土地生态系统服务的土地分类体系。

2.3.1　分类原则

（1）科学性。各类用地应具有明确的功能与统一的空间属性特征，且概念清楚，含义准确，内容不相互交叉；

（2）全面性。土地分类应全面反映城市土地系统的组成，包括城区、近郊及远郊整个市域范围的所有土地类型；

（3）协调性。应与我国建设部及国土资源部的土地分类相协调，可以相互归并和核算，与各国家国际专题分类体系相统一，具有可比性；

（4）实用性。基本适用于各类城市，适应统计和遥感观测，可操作性强；

（5）大众性。各类土地分类名称除了具有明确含义外，还必须易于理解，易被管理规划人员及群众接受。

2.3.2 分类体系

表2-4 基于生态系统服务的城市土地分类

第一级	第二级	第三级
生态用地	绿地	生产绿地: 农地;林地;牧草地
		园林绿地: 公园绿地;防护绿地;风景区绿地;庭院绿地;交通绿地
	水体	水域:河流;湖泊;沼泽;滩涂
		湿地: 近海及海岸湿地;河流湿地;湖泊湿地;沼泽湿地;人工湿地
		其他水体:水库沟渠;养殖水体;景观水体;其他
	稀疏及无植被地 (裸土)	盐碱地;沙地;裸地;空闲地;其他
建设用地	人工建筑	住宅用地;公共设施用地;工矿仓储用地;特殊用地
	交通用地	道路交通:铁路;公路;街巷;农村道路;机场;港口码头; 管道运输
	其他	
生态交错地	城乡结合地	
	植被过渡地	水陆交错带;干湿交错区;森林边缘带;农林交错带;农牧交错 带;林草交错带;沙漠边缘交错带;其他

（1）生态用地。除人工硬化表面之外，其他能够直接、间接提供生态系统服务的城市用地。包括城市中的绿地、水体和无植被地，涵盖从市区近郊直至远郊范围内的农田、林地、牧草地以及城市居民区和交通干道周边的绿地系统。

（2）建设用地。自然地表完全或绝大多数为人工建成环境所替代的土地，是受人类影响最深的区域。地物类型以城镇及工矿用地为主，包括乡镇村庄的人工建设用地。根据其地块形状和生态功能的差异，划分为块状的人工建筑和条带状的交通用地。

（3）生态交错地。存在两种以上土地类型，每种用地类型都不超过1/3，不能明确的确定土地覆盖或利用类型的土地。因为不同土地利用类型的生态系统服务的差异较大，交错地的多样性和边缘效应，其生态服务功能和单一的土地类型相比显著不同。生态交错地不仅包括城乡结合部的土地，还包括不同植被覆盖类型之间地块的交错地及水陆交错地等。

　　城市生态用地的概念界定和类型划分是进行城市生态规划和土地生态管理的前提，在城市发展和土地利用规划中必须保证城市基本生态用地的规模和质量，从而实现土地资源的合理利用和城市的健康、可持续发展。本研究在总结国内外土地分类体系和生态用地研究进展的基础上，提出了基于城市土地生态系统服务的土地分类体系，将城市土地分为：生态用地、建设用地和生态交错地三大类，在城市规划建设中优先考虑生态用地，关注人类活动对城市自然生态系统的影响，强调了城市生态用地的重要性，对于土地生态系统服务的提高具有重要意义。

第3章 城市土地服务功能衡量指标体系及综合评价方法

3.1 指标选取的基本原则

评价指标的选择是建立评价指标体系的重要工作，从方法上分，评价指标的选取有定性与定量两大类。

定性选择评价指标的步骤是：

（1）明确综合评价的目标。

（2）对评价目标进行定性分析，找出影响评价目标的各层次因素，建立评价指标体系。一般来说，至少应该从三个层次对评价目标进行因素分析。第一层为总目标层，说明综合评价最终所要达到的目标；第二层为中间层次，是对总目标层主要因素的分解，是具体的评价指标的类综合；第三层为指标层，由反映评价目标的各个方面的统计指标所构成。

（3）在建立评价指标体系时应该兼顾以下原则。

全面性：为保证综合评价结果客观、准确，在初步建立评价指标体系时应该尽可能多地包括反映被评价事物各个层面的基本特征的评价指标，以便最终确定指标体系时有筛选余地。

可比性：选取指标时应注意指标的口径范围，在对同一事物不同时期的评价中可进行纵向比较，而对同一时期不同事物之间的评价可进行横向比较。

客观性：指标体系应当客观体现可持续发展的科学内涵，特别是要体现人们需求的系统性和代际公平性。

独立性：各项指标意义上应相互独立，避免指标之间的包容和重叠。

可测性：指标应可以定量测度，定性指标也应该有一定的量化手段进行处理。

可获得性：要充分考虑数据的采集和指标量化的难易程度。

动态性：指标体系中的指标对时间、空间或系统结构的变化应该具有一定的灵敏度，可以反映社会的努力和重视程度、可持续发展的态势。

相对稳定性：指标体系中的指标应当在相当一个时间段内具有引导和存在意义，短期问题应不予考虑，但绝对不变的指标是不可能的，指标体系将随着时间的推移和情况的改变有所变化。

可操作性：选取的指标体系不仅应符合综合评价的目的，更应该有数据的支持，即评价指标的数据应该容易取得。否则建立的指标体系不能量化，无法实现综合评价的目的。

3.2　城市土地服务功能评价方法

3.2.1　评价方法——层次分析法

层次分析法是一种定性与定量相结合的决策分析方法，是美国运筹学家 T. L. Satty 在 20 世纪 70 年代初提出来的，它是对非定量事件做定量分析的一种简便方法，也是对人们的主观判断做客观描述的一种有效方法，可用于多因素分析中各因素权重的确定和决策分析，尤其适合于人的定性判断起重要作用的、对决策结果难于直接准确计算的场合。本研究中用该方法主要通过专家群决策判断后，采用层次分析法确定各自然生态服务功能的权重分配。具体计算方法如下：

（1）构造判断矩阵。在层次分析法中，为了使决策判断定量化，常常根据一定的比率标度判断定量化。表 3-1 是常用的标度法。

表 3-1　判断矩阵标度及含义

序号	重要性等级	C_{ij}赋值
1	i, j 两元素同等重要	1
2	i 元素比 j 元素稍重要	3
3	i 元素比 j 元素明显重要	5
4	i 元素比 j 元素强烈重要	7
5	i 元素比 j 元素极端重要	9
6	i 元素比 j 元素稍不重要	1/3
7	i 元素比 j 元素明显不重要	1/5
8	i 元素比 j 元素强烈不重要	1/7
9	i 元素比 j 元素极端不重要	1/9

依据以上标度，专家判断打分后构造判断矩阵。

其中 C_{ij} 表示因素 C_i 对 C_j 的相对重要性。

矩阵具有如下性质：

$C_{ij}>0$

$C_{ij}=1/C_{ji}$（$i\neq j$）

$C_{ii}=1$（i，$j=1$，2，3，$\cdots$，n）

（2）层次单排序。层次单排序的目的是对于上层次中的某元素而言，确定本层次与之有联系的某元素重要性次序的权重值。它是本层次所有元素对上一层次某元素而言的重要性排序的基础。

层次单排序的任务可以归结为判断矩阵的特征根和特征向量，即对于判断矩阵 C，计算满足：

$$CW=\lambda_{\max}W$$

的特征根和特征向量。$\lambda_{\max}$ 为 C 的最大特征根，W 为对应于 $\lambda_{\max}$ 的正规化特征向量，W 的分量 W_i 就是对应元素单排序的权重值。

（3）特征根和特征向量的算法。

A. 计算判断矩阵的每一行元素的乘积

$$M_i=\prod_{j=1}^{n}b_{ij}\qquad(i=1，2，\cdots，n)$$

B. 计算 M_i 的 n 方根

$$\overline{W}_i=\sqrt[n]{M_i}\qquad(i=1，2，\cdots，n)$$

C. 将向量 $\overline{W}=\left[\overline{W}_1，\overline{W}_2，\cdots，\overline{W}_n\right]^{\mathrm{T}}$ 归一化

$$W_i=\overline{W}_i\bigg/\sum_{i=1}^{n}\overline{W}_i\qquad(i=1，2，\cdots，n)$$

则 $W=\left[W_1，W_2，\cdots，W_n\right]^{\mathrm{T}}$ 所求的特征向量。

D. 计算最大特征根

$$\lambda_{\max}=\sum_{i=1}^{n}\frac{(CW)^i}{nW_i}$$

$(CW)_i$ 为向量 CW 的第 i 个分量。

当判断矩阵完全一致性时，$\lambda_{\max}=n$。但是一般情况下是不可能的，为了检验判断矩阵的一致性时，需要计算其一致性指标

$$CI = \frac{\lambda_{\max} - n}{n - 1}$$

当 $CI = 0$，判断矩阵具有完全一致性；反之，CI 愈大，判断矩阵的一致性越差。衡量不同阶判断矩阵是否具有满意的一致性，引入判断矩阵的平均随即一致性指标 RI 值，对于 1-9 阶判断矩阵，RI 的值如表 3-2。

表 3-2　1-9 阶判断矩阵 RI 的值

1	2	3	4	5	6	7	8	9
0	0	0.58	0.90	1.12	1.24	1.32	1.41	1.45

判断矩阵的一致性指标 CI 与同阶平均随即一致性指标 RI 的比成为随即一致性比率 CR，当

$$CR = \frac{CI}{RI} < 0.10$$

时，认为判断矩阵具有满意的一致性，否则需要调整判断矩阵。

（4）层次总排序。利用同一层次中所有层次单排序的结果，可以计算针对上一层次而言的本层次所有元素的重要型权重值，称为层次的总排序，算法同上。层次的总排序要进行一致性检验，检验从高层到低层。直到 $CR < 0.1$ 时，层次的总排序达到一致。

3.2.2　标准化方法

$$S_i = \frac{index_i - \min(index)}{\max(index) - \min(index)}$$

S_i 为指标标准化值，$\max(index)$ 为指标最大值，$\min(index)$ 为指标最小值，$index_i$ 为第 i 个指标值。

3.2.3　空间分析方法

遥感影像监督分类后，在 GIS 平台下将市域土地划分为 1km×1km 的单元网格，统计每个单元格内的生态服务评价指标属性。

3.2.4　其他方法

如单元网格法、遥感与 GIS 技术、情景模拟法、全排列多边形图示法等。

3.3 城市生态用地评价指标体系

生态系统服务研究是当今城市生态系统研究的热点之一。生态系统服务功能可以定义为"自然生态系统及其构成物种支持和实现人类生命活动的条件和过程"。应用社会—经济—自然复合生态系统理论与方法，从生物质和氧气生产功能、环境净化功能、水文和气候调节功能、地球化学循环的流通功能、水土涵养和生境孕育功能、经济发展支持功能、社会生态功能等方面选择典型指标，建立了城市土地服务功能衡量指标体系，包括以下几个方面：

（1）生物质和氧气生产功能。即生态用地为城市生产和生活活动提供生物质生产和氧气供给能力的大小，包括地表生物质生产、维持地表植物的碳氧平衡等，城市绿地也是潜在的食物生产基地，一旦社会需要，可以立即生产农产品。

（2）环境净化功能。生态用地中土壤、植物、土壤动物、微生物协同作用对空气污染、水污染及固体废弃物等具有污染物降解和环境净化的功能。对有害物质（如氯、SO_2、HF）的吸收、杀菌、防风固沙、降低噪声以及对土壤重金属积聚、水质净化以及对固体废弃物的分解还原功能。

（3）水文和气候调节功能。调节水文、气候、调节地表径流、增加地表水下渗量、水土保持、涵养水源功能，调蓄、减缓洪涝灾害，以及通过植物蒸腾作用调节局地气候。

（4）地球化学循环的流通功能。土地生态系统在促进氮、碳、硫、磷等营养元素的生物地球化学循环、有机质的还原和废弃物循环再生中起着关键作用，同时还将许多对人类有害的病原物无害化。据估算，土壤碳的储量是全部植物碳总储量的1.8倍，而土壤中氮的储量是植物总量的19倍。

（5）水土涵养和生境孕育功能。包括活化土壤、稳定大气、保持水土以及生境保育功能，为生物提供营养物质和生境，保障生物的生存条件，从而起到减缓灾害、有害生物防治、免疫以及生物多样性保持的功能。

（6）经济发展支持功能。为城市各种经济发展活动提供等经济支持功能，包括提供原材料、矿产资源以及土地空间资源。

（7）社会生态功能。为社会发展、科研教育、文化生活等提供观赏、休闲和文物保护的物理空间、生态景观和美学环境。

3.4 城市四色空间的生态服务功能评价——以常州市为例

常州市位于江苏省南部、长江三角洲西北部、太湖平原西北部，北纬31°09′至

32°04′、东经 119°08′至 120°12′之间。常州市总面积 4375km²，人口 349 万，其中常州市区面积 1872km²，人口 217 万，辖武进、新北、天宁、钟楼、戚墅堰五个行政区。在地质地貌上，常州市属中国东部扬子古陆江南块褶带。常州市气候温和湿润，雨量丰沛，日照充足，无霜期长，属北亚热带季风气候区。耕地土壤类型单一，99.89% 系水稻土类。河流属长江水系太湖水网区，北临长江、南濒太湖、市区西南为滆湖。全区共有干、支流河道 200 余条。常州市 2007 年实现地区生产总值 1881 亿元，按户籍人口计算人均突破 7000 美元。城市居民家庭人均可支配收入 19089 元，农民人均纯收入超过 9033 元，城镇登记失业率控制在 3.2% 以内。全市工业经济涉及的 34 个行业大类中，经济总量居前五位的行业分别是黑色金属冶炼及压延加工业、化学原料及化学制品制造业、电气机械及器材制造业、纺织业和通用设备制造业，五大行业全年完成产值 2355 亿元，在全市规模以上工业中所占比重达 55.4%。科技创新步伐加快，创新能力不断增强，连续 10 年被评为全国科技进步先进市。

景观格局连通度与景观功能息息相关，不论维持生态稳定或促进城市社会经济发展，都必须提升景观结构的空间联系。不同景观功能的空间作用受自然、社会经济及景观格局影响，故分析其空间差异时，需基于不同景观功能需要，考虑相关驱动与限制因子的空间分布，并结合功能随着距离衰减的空间特性进行量化。为落实景观功能与结构的联系，在此采用耗费距离模型（Cost distance modeling）（Michels et al. 2001），先以 1km×1km 的网格将研究区划分为面积一致的单元，依据各单元内部景观组成、格局特征与服务功能价值特征，计算该网格的生态功能强度值，其结果同时作为耗费距离分析时制定耗费系数的依据。

3.4.1　城市蓝色空间

常州市蓝色景观包括湖泊、河流、苇滩地与养殖水面。依据常州勘测院 2006 年数据，蓝色空间面积约为 430km²，约占常州市总面积的 23.1%。通过空间分析软件 FRAGSTATS 3.3 进行空间结构特征分析，进而结合程序发展与限制因素，评价其网络功能与结构。

3.4.1.1　空间结构特征

蓝色空间景观是常州市非常重要的景观类型，连通性高、交错纵横的水系是常州城市发展的基础，也是影响城市生态安全的重要因素。结合景观指数分析，有助于提升对蓝色景观格局特征（包括形状、空间分布等）的认识。

在新北区，蓝色景观的面积比例以春江镇最高，占春江镇总面积 21.2%，河海街道最低，占 2.0%，春江镇临长江，蓝色景观面积比例大且聚集度高，区域发展受蓝色景观主导，河海街道则受城市发展影响，蓝色景观比例小且较规则。结合斑块密度及最大斑块面积的特征可知本区新桥镇的蓝色景观最为破碎,三井街道虽紧邻城市中心区,但蓝色景观仍占有一定比例,散布于区域之中且有一定的聚集程度,可知其蓝色景观受城市发展的影响较小。

在钟楼区,蓝色景观整体形状规则且聚集度高,显示受城市发展的影响较大。其中以西林街道蓝色景观所占面积比例最大,永红街道中蓝色景观较为分散,但斑块间的聚集度高,荷花池街道则出现蓝色景观比例小且聚集度高的特征,显示出相对较大的城市发展影响,而北港街道为本区蓝色景观相对较为破碎的地区。

在戚墅堰区,戚墅堰街道中的蓝色景观具有较高的聚集度,潞城街道中的蓝色景观数量最多,密度大且形状最不规则,区域中蓝色景观差异较大。

天宁区与钟楼区的情况相似,皆出现蓝色景观整体形状规则且聚集度高的特征,其中青龙街道中蓝色景观所占的面积较大,形状最不规则且聚集度高,显示其为主干河道流经的地区,蓝色景观的保护尤为重要。

武进区的蓝色景观聚集度为五个区中最高,其中又以雪堰镇的蓝色景观面积比例、聚集度最高,其邻接太湖,养殖、旅游等依赖蓝色景观的活动最为普遍,地区的发展也与蓝色景观最为密切。另外,郑陆镇和邹区镇两个位于常州城市核心区外围的地区,蓝色景观形状复杂度亦为常州市最高,河网密布,为城市核心区向两侧扩张带来影响。

3.4.1.2 景观功能网络分析

本研究采用构建蓝色景观功能网络的方式,分析现况的景观格局。在廊道的选取上采用耗费距离模型,首先基于不同单元格内景观类型、面积的特征,说明景观功能的空间差异(图3-1),依据单元格中蓝色景观功能值大小,选取蓝色景观功能源点,计算蓝色功能累积耗费距离表面,确定最小耗费路径,从而获得蓝色景观功能网络的空间位置。

蓝色景观功能源点(图3-2)包括常州市主干河道与长江、太湖、滆湖的交会处及重要湿地,例如德胜河长江出口、藻江河长江出口、岗角、太滆及芙蓉镇、宋剑湖等湿地(图3-3)。

蓝色景观功能的空间流动,在空间中主要依赖河流、渠道等,本研究依据$1km^2$网格单位内的蓝色景观面积比例,构建不同源点功能传播的耗费表面,通过功能耗费分析,获得目前常州市蓝色景观功能网络图(图3-4)。

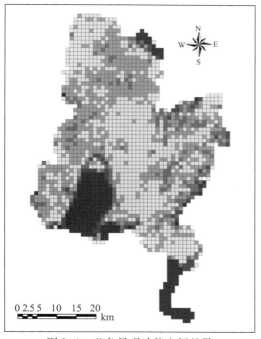

图 3-1　蓝色景观功能空间差异

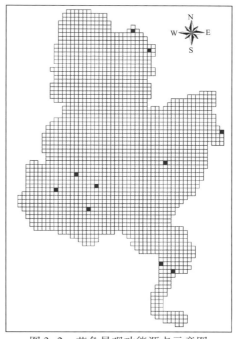

图 3-2　蓝色景观功能源点示意图

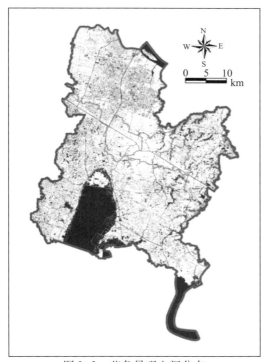

图 3-3　蓝色景观空间分布

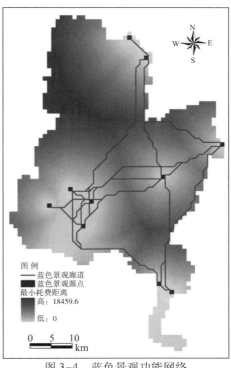

图 3-4　蓝色景观功能网络

由蓝色景观功能网络图可知，常州市境内蓝色景观功能的空间传播路径主要用于联系长江沿岸、滆湖与太湖，在流通路径上宋剑湖湿地具有重要的维系作用，是长江沿岸、滆湖与太湖间蓝色景观功能连通的中心。

基于上述分析可知，常州市区域范围内蓝色景观连通性高、纵横交错，为城市主导景观。但长江段码头污染严重、东部河流排水不畅、老运河岸缺乏植物护岸及夹山地区存在地下漏斗等问题，需在生态用地规划上统一考虑，并建议在滆湖西北部适度开发，以保护蓝色景观的生态服务功能。

3.4.2 城市绿色空间

常州市绿色景观包括耕地、林地、园地、少量牧草地与未利用地（图3-5）。依据常州勘测院 2006 年数据，其面积约为 1059km^2，约占常州市面积的 56.8%。通过 FRAGSTATS 3.3 进行空间结构特征分析，结合城市发展与限制因素，评价其网络功能与结构。

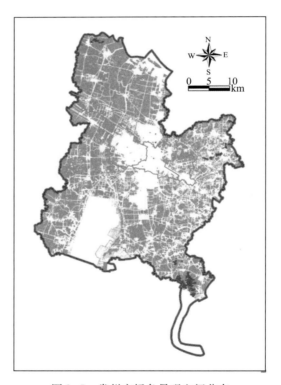

图 3-5 常州市绿色景观空间分布

3.4.2.1　空间结构特征

基于行政单元划分，绿色景观的分布以武进区最高，占绿色景观面积 65.9%，其次依序为新北区、钟楼区、天宁区及戚墅堰区，分别占绿色景观总面积 29.3%、1.7%、1.6% 及 1.5%，可知绿色景观主要分布于常州市建成区外围。在时间变化上，自 2002 年以来常州市建成区绿化覆盖面积不断提升，由 2002 年的 29.7km^2 上升至 2006 年的 43.7km^2，在比例上也从 32.9% 上升至 40.6%，人均公园绿地面积也由 5.23m^2 增长至 8.6m^2，表明城市生活环境质量有所提升（表 3–3）。

表 3–3　绿色景观指标时间变化

时间	2002	2003	2004	2005	2006
园林绿地面积（hm^2）	4779	4813	5213	5529	4037
公园绿地面积（hm^2）	1101	1193	1433	1568	1333
建成区绿化覆盖面积（hm^2）	2973	3239	3700	4047	4368
建成区绿化覆盖率（%）	32.9	35.1	37.6	38.8	40.6
人均公园绿地面积（m^2）	5.23	5.59	6.6	7.1	8.6
城市公园个数（个）	17	18	18	18	19
公园面积（hm^2）	174	236	337	387	328

资料来源：2007 常州统计年鉴。

以下结合景观指数分析，对绿色景观格局特征包括形状、空间分布等进行分析。

在新北区，绿色景观在街道与镇中有明显差异。街道中以三井街道的绿色景观面积比例较高且种类多样，功能较为健全，河海街道的绿色景观分布最广但形状和面积呈现相对破碎的特征；在各个镇中，绿色景观面积普遍较高，孟河镇、西夏墅镇及罗溪镇皆是以绿色景观为主体的地区，生态环境质量较高。春江镇的绿色景观形状最不规则且相对破碎，表现受城市快速发展影响，其绿色景观被侵占、切割，并处于快速变化的阶段，生态环境较不稳定。

在钟楼区，多数地区绿色景观面积比例偏低，且以公园绿地为主，绿色景观面积比例皆在 8% 以下，但西林街道景观面积比例达 60.7%，聚集度高且具有完整的大型斑块。该区虽位于城市发展的核心区域，但绿色景观保存较好，是常州市生态环境保护与城市发展并重的地区。

在戚墅堰区，街道具有相对完整、形状规则的绿色景观斑块，潞城街道中绿色景观则较为破碎，面积较小且形状不规则，在区域中分布不广，彼此间的连通性也较低。

在天宁区，以雕庄街道及青龙街道的绿色景观比例较高，青龙街道的绿色景观斑块密度高、面积大但形状不规则，推测除了城市建设外，其区域内的河流水系也对绿色景观起到了分割作用，雕庄街道的绿色景观则受工业区开发影响，虽然面积较大但形状不规则。兰陵街道与茶山街道的绿色景观面积比例较低且破碎，其中又以兰陵街道绿色景观的服务功能较低。

在武进区，以洛阳镇、前黄镇的绿色景观所占面积比例较高，但相比之下都较为破碎且不规则。比如雪堰镇的绿色景观斑块面积较大且形状较为完整，具有较高的生态服务功能。湖塘镇、奔牛镇和邹区镇绿色景观较为破碎，郑陆镇与邹区镇的绿色景观斑块受水系与交通路线切割，形状最不规则。在服务范围上，湖塘镇的绿色景观虽然所占面积比例较低，但分布最广。

3.4.2.2　景观功能网络分析

本研究采用构建绿色景观功能网络的方式，分析景观格局。在廊道的选取上采用耗费距离模型，首先基于不同单元格内景观类型、面积的特征，说明景观功能的空间差异（图3-6，图3-7），依据单元格中绿色景观功能值大小，选取绿色景观功能源点，

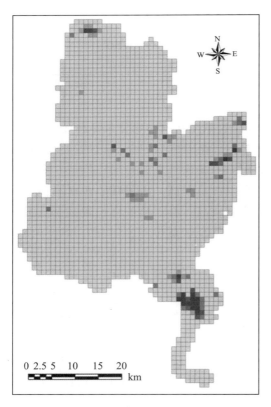

图3-6　城市绿色景观功能空间差异

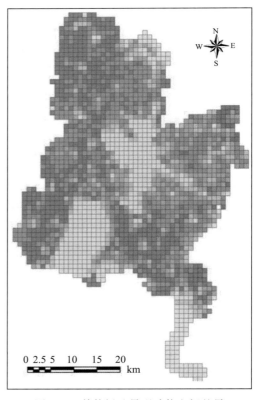

图3-7　其他绿地景观功能空间差异

计算绿色功能累积耗费距离表面，确定最小耗费路径，从而获得绿色景观功能网络的空间位置。

绿色景观功能源点包括常州市区内重要的山体、自然保护区及重要的城市绿地，如青天山、舜过山、横山公益林、中华恐龙园、淹城及青枫公园等（图3-8）。

绿色景观功能的空间流动，在空间中主要依靠绿带等，本研究依据 1km² 网格单位内的绿色景观面积比例，构建不同源点功能传播的耗费表面，通过功能耗费分析，获得目前常州市绿色景观功能网络图（图3-9）。

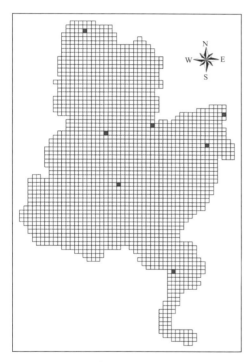

图 3-8　绿色景观功能源点示意图

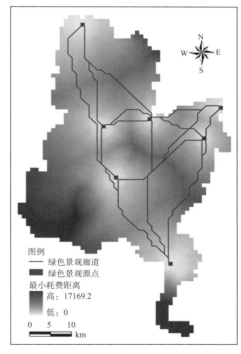

图 3-9　绿色景观功能网络

由绿色景观功能网络图可知，常州市境内绿色景观功能的空间传播以西北、东北及东南角山体为中心借由城市核心区的公园绿地联系，淹城与恐龙园是核心区主要的生态服务功能绿地，并起着联系周边山体的作用，未来的发展除了强化源点间的功能联系外，并需强调常州市区西南的生态功能意义。

基于上述分析可知，常州市域绿地多样性和均匀度不高，市区缺乏大型公共绿地，缺乏必要的生态廊道连接，总体生态服务功能较差。

3.4.3　城市红色空间

常州市红色景观包括研究区各类建筑物及非道路的硬铺面区域（图3-10）。依据常州勘测院2006年数据，其面积约为330km²，约占常州市总面积17.7%。通过FRAGSTATS 3.3进行空间结构特征分析，结合城市发展与限制因素，评价其未来发展潜力及网络功能与结构。

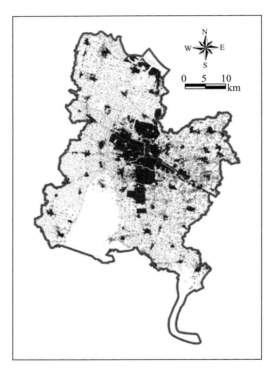

图3-10　常州市红色景观空间分布

3.4.3.1　空间结构特征

基于行政单元划分，红色景观主要分布于武进区，占总面积47.3%，其次依序为新北区、钟楼区、天宁区及戚墅堰区，分别占红色景观总面积23.7%、13.3%、12.2%及3.5%。在数量变化上，自2003年以来常州市红色景观即呈现稳步上升的趋势，面积由56.7km²上升至86.0km²，红色景观的增加降低了单位土地上人口的承载，由每平方公里3.5万人降至每平方公里2.6万人（表3-4）。

表 3-4　2003—2006 年红色景观变化

时间	面积（km²）	人口承载（万人/km²）
2003	56.65	35483
2004	60.78	34016
2005	64.77	32818
2006	86.00	26045

结合景观指数可对区域内的红色景观格局特征包括形状、空间分布等进行分析。本研究依据建筑物密度将红色景观细分为高密度红色景观与低密度红色景观，进一步进行景观指数分析。

在新北区，高密度红色景观以河海街道占总面积比例、斑块密度最高、其次为三井街道，而龙虎塘街道具有最大的红色景观斑块，且斑块形状较为规则、空间分布聚集度高；在高密度区外围，斑块密度则以孟河镇最高，其次为西夏墅镇，但斑块形状多不规则且面积较小，空间分布上斑块间的聚集度虽然较低，但相对集中。通过景观指数分析表示，新北区的城市发展主要集中于河海街道及三井街道，但城市发展目前尚未成熟，未形成完整的集聚效应，红色景观仍偏破碎，而龙虎塘街道在空间上虽然具有较低的破碎程度，但红色景观斑块数量较大，显示其为典型的工业发展为主导的区域，以大面积的工业厂房为主要结构。在低密度红色景观区域，则多呈现点状发展的趋势，并未形成明显的空间集聚特征，城市化水平较低。

钟楼区与天宁区相似，红色景观的数量相对较高，其中以荷花池街道与永红街道所占面积比例、斑块密度较高，南大街街道具有最大的红色景观斑块，西林街道中红色景观不仅形状规则、空间分布聚集高且扩展至空间各个角落，但同时存在低密度区域，其红色面积大、景观破碎度高且分散的特性。通过指数分析可知，钟楼区相对于其他区域而言，城市化状态较为成熟，并有明显的集聚特征，目前的发展以西林街道为重点，呈现快速城市化的典型特征，大范围的开发但聚集度相对较低。

在天宁区，除青龙街道外，其他区域皆有较大比例的高密度红色景观，兰陵街道及茶山街道的斑块密度高且集聚，城市化程度较高；红梅街道虽有较大的斑块密度，但聚集度相对较低，就本区的发展而言，青龙街道的发展对空间的利用相对较低，但仍具有一定的集聚效应。

在戚墅堰区，红色景观则主要分布在丁堰街道与戚墅堰街道，潞城街道的红色景观虽然集聚但面积比例相对较低。

在武进区，高密度红色景观明显分布于湖塘镇，但多数面积小且形状不规则，聚集高但在空间中呈现相对较远的点状分布，各聚集处的景观功能不易传播、交流，未形成连片的功能区；低密度区域，红色景观集中于湟里镇、遥观镇等区域，多数区域仍存在形状不规则且集聚程度相对较低特征。整体而言，红色景观功能最为薄弱，是尚待发展的主要区域。

3.4.3.2 发展潜力分析

结合地质环境特性、洪泛安全、基本农田保护、生态保护等前提，在目前城市发展的基础上，可进一步估算常州市红色景观的最大潜力。

常州市区基本农田保护区面积为870.6km²，其中武进区791.4km²，其他区域79.2km²（表3-5）。

表3-5　常州市基本农田保护面积控制指标表（单位：km²）

用地单位	基本农田保护区面积
合　计	870.59
武进市	791.39
郊　区	30.60
戚　区	7.40
新　区	41.20

考虑自然与人文景观保护、水源水质保护、生物多样性保护等因素，常州市重要生态功能保护区主要包括淹城森林公园、魏村饮用水源保护区、长江（常州市区）重要湿地、滆湖（武进区）重要湿地、太湖（武进区）重要湿地、横山生态公益林区（表3-6）。

表3-6　常州市重要生态功能保护区

名　称	主导生态功能	面　积（km²）		
		总面积	禁止开发区	限制开发区
淹城森林公园	自然与人文景观保护	1.17	0.54	0.63
魏村饮用水源保护区	水源水质保护	16.42	16.42	0.00
长江（常州市区）重要湿地	生物多样性保护、水质保护	0.70	0.70	0.00
滆湖（武进区）重要湿地	洪水调蓄、生物多样性保护	136.86	0.00	136.86
太湖（武进区）重要湿地	洪水调蓄、生物多样性保护	36.03	0.00	36.03
横山生态公益林区	生物多样性保护、自然与人文景观保护	1.24	0.00	1.24
合计		192.42	17.66	174.76

淹城森林公园的禁止开发区范围为淹城三城三河遗址，面积 0.54 km²，限制开发区为遗址外围半径 200m 范围区域，面积为 0.67 km²。区内包括高田村、淹城村及与宁、大坝村的部分地区。

魏村饮用水源保护区以魏村水厂取水口为圆心，500m 为半径范围内的水域和陆域为一级保护区；取水口沿长江上游 3000m、下游 1500m、南沿长江南岸纵深 1000m、北至长江中泓范围内除一级保护区以外的水域及陆域为二级保护区。一级保护区和二级保护区均为禁止开发区。

长江（常州市区）重要湿地保护区包含了常州境内的小夹江水体。

滆湖位于常州市西南，北到环湖大堤，东到环湖公路和 20 世纪 70 年代以前建设的圩堤，西到湟里河以北以孟津河西岸堤为界，湟里河以南与湖岸线平行，湖岸线向外约 500m 为界，南到宜兴交界处。

太湖（武进区）湿地面积共 44km²，扣除大小椒山 0.2km²，保护面积 43.8km²。

横山生态公益林区位于武进东部横山桥镇境内，范围为清明山和芳茂山山体，清明山面积为 0.55 km²，芳茂山面积为 0.63 km²。区内包括西崦村、奚巷村、芳茂村部分地区。

经分析可知，常州市区红色景观 330.9km²，基本农田保护区面积为 870.6km²，重要生态功能保护区 192.42km²，具潜在洪泛危险区域 376.4km²，全区地质条件稳定。为保障城市发展，建议对市区基本农田进行易地保护。其中，在基本农田易地保护 20% 的方案中，常州市区保留基本农田 696.5km²，未来红色景观存在 149.4km² 的存量；在易地保护 40% 的方案中，常州市区保留基本农田 522.4km²，而红色景观则具有 323.2km² 的存量。

3.4.3.3　景观功能网络分析

本研究采用构建红色景观功能网络的方式，分析现况的景观格局。在廊道的选取上采用耗费距离模型，首先基于不同单元格内景观类型、面积的特征，说明景观功能的空间差异（图 3-11），依据单元格中红色景观值大小，选取红色景观功能源点，计算红色功能累积耗费距离表面，加以确定最小耗费路径，从而获得红色景观功能网络的空间位置。

红色景观功能源点包括城市核心天宁区及戚墅堰区中主要街道的经济活动中心、武进区政府与西夏墅镇（图 3-12）。

红色景观功能的空间流动，除了无形的资金、信息传播途径，在空间中主要仰赖交通动线，本研究依据 1km² 网格单位内的交通通达性差异，构建不同源点功能传播的红色景观功能传播耗费表面，通过功能耗费分析，获得目前常州市红色景观功能网络图（图 3-13）。

图 3-11　主要城市区域红色景观空间差异　　　　图 3-12　红色景观功能源点示意图

由红色景观功能网络图（图 3-13）可知，常州市境内红色景观功能的空间传播路径主要呈现偏西北向东南的方向，与沪宁高速与铁路交通平行的方向流动，南可达武进市政府，滆湖两岸至太湖区域的红色景观功能则相对较弱，在未来的城市发展与建设上需进一步加强。另外，为提高当前红色景观功能网络功能流的空间传播能力，除功能源点的建设外，亦建议选择主要功能传播中心进行强化。

基于上述分析可知，天宁、钟楼、戚墅堰区已连成一片，成摊大饼趋势，应设置生态缓冲带加以阻隔；新北区工业园布局分散，土地利用效率低，重化工企业多，污染严重。

3.4.4　城市灰色空间

常州市灰色景观研究区域内各类道路，包括高速公路、快速路、主干路和次干路（图 3-14）。依据常州勘测院 2006 年数据，可知其面积约为 $46km^2$，约占常州总面积 2.4%。通过 FRAGSTATS 3.3 进行空间结构特征分析，结合城市发展与限制因素，评价其网络功能与结构。

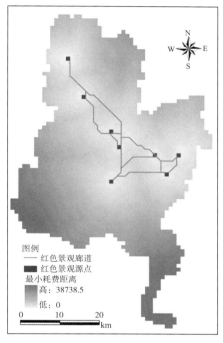

图 3-13　红色景观功能网络

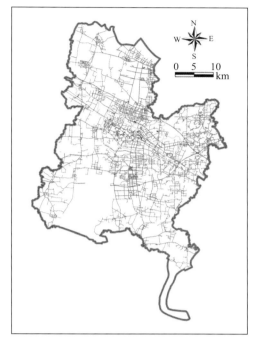

图 3-14　常州市灰色景观空间分布

3.4.4.1　空间结构特征

基于行政单元划分，灰色景观的面积比例以武进区最高，占总灰色景观面积 51.3%，其次依序为新北区、钟楼区、天宁区及戚墅堰区，分别占灰色景观总面积 30.8%、8.0%、7.0% 及 2.9%。

结合景观指数可对区域内的灰色景观格局特征包括形状、空间分布等进行分析。

在新北区，各个街道与镇，以河海街道所具有的灰色景观面积比例最大，占河海街道总面积的 10.4%，密度高且形状规则，聚集度高，灰色景观斑块数量较大但并未蔓延至各处，可知河海街道为新北区交通建设较为超前的地区，以大型公路交通为主，特定空间点之间联系方便，发展以对外交通为主。而龙虎塘街道虽不如河海街道灰色景观占据相当大的面积，但其灰色景观散布的范围较广，内部交通联系较为方便。相比之下，罗溪镇与孟河镇则为新北区灰色景观功能较弱的区域，罗溪镇内的灰色景观较不分散，孟河镇灰色景观面积较低，两地交通相对较为不便。

在钟楼区，南大街街道与荷花池街道的灰色景观所占面积比例较高，分别为 7.7% 与 7.2%，其中荷花池街道的灰色景观形状较为规则，聚集度较高，南大街街道的灰色景观则较为分散，两者虽然同为商贸中心，交通便利，却有不同的功能侧重。

在天宁区，灰色景观的面积比例以天宁街道较高，斑块密度大且分散，具有与钟楼区南大街街道相似的空间特征，雕庄街道与青龙街道虽然灰色景观面积比例不高，但呈现空间分布较为分散，彼此聚集度较高，区内交通便利。

在戚墅堰区，灰色景观的发展则较为特殊，虽然面积比例相似，但丁堰街道与戚墅堰街道受铁路影响较大，灰色景观较为分散，不如潞城街道聚集度高。

在武进区，灰色景观的面积比例与其他区相比明显较低且不规则，其中以湖塘镇的灰色景观相对面积比例较大，蔓延于空间中但彼此间聚集程度较大，服务功能较高。雪堰镇与遥观镇现状较为相似，灰色景观正逐步发展，并形成便利的联系途径，但遥观镇的公路规模则较雪堰镇高。

3.4.4.2 景观功能网络分析

本研究采用构建灰色景观功能网络的方式，分析现有的景观格局。在廊道的选取上采用耗费距离模型，首先基于不同单元格内景观类型、面积的特征，说明景观功能的空间差异（图3-15），依据单元格中灰色景观功能值大小，选取灰色景观功能源点，计算灰色功能累积耗费距离表面，确定最小耗费路径，从而获得灰色景观功能网络的空间位置。

灰色景观功能源点包括龙虎塘街道、红梅街道、丁堰街道、横山桥镇、沿江化工区、武进区政府、奔牛镇中的交通中心及沪宁高速与常澄高速交口、常漕路与常澄高速交口（图3-16）。

由灰色景观功能网络图可知，常州市境内灰色景观功能的空间传播路径主要呈现偏西北向东南及南北两个方向，北面联系常州沿江化工区，南达武进市政府，西北和东南方向沪宁铁路和沪宁高速连通。整体而言，城市核心区对外的4个方向交通联系方便，河海街道和红梅街道中的灰色景观起到连接南北向与东西向的重要作用。

基于上述分析可知，常州市区域交通网络纵横交错，但作为生态廊道的功能有待提升；多条过境交通线使城区景观破碎化较

图3-15　灰色景观功能空间差异

重，缺乏合理的绿化隔离带，且垃圾焚烧和填埋场选地不尽合理。

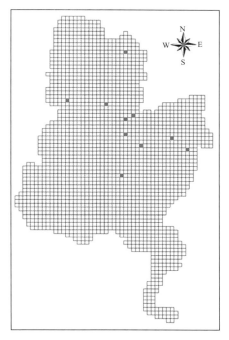

图 3-16　灰色景观功能源点示意图

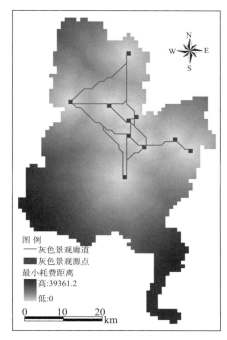

图 3-17　灰色景观功能

第4章 城市生态用地格局与生态系统服务的时空动态演变

4.1 研究方法

4.1.1 数据来源

研究区范围为常州市区，面积为1871km²，含常州所辖的5个市辖（天宁区、钟楼区、戚墅堰区、新北区、武进区），不包括县级市。选择的四期LandsatTM/ETM遥感影像分别是：1991年7月23日、1996年8月3日、2001年7月26日、2006年9月18日。另有1：2000常州市区行政图供参考。参考我国1984年土地利用分类体系和生态用地相关分类体系，将研究区的土地利用类型分为林地、耕地、水体、建设用地四类。具体土地利用分类见表4-1。

表4-1 土地利用分类

土地利用类型	内容描述
农田	耕地（灌溉水田、望天田、水浇地、旱地、菜地）、园地（果园、桑园、茶园、其他园地）、牧草地（天然草地、改良草地、人工草地）
林地	有林地、灌木林地、疏林地、未成林造林地、迹地、苗圃
水体	河流水面、湖泊水面、水库水面、坑塘水面、苇地、沟渠、水工建筑
建设用地	居民点及工矿用地（城镇、农村居民点、独立工矿用地、特殊用地）、交通用地（铁路、公路、农村道路）

4.1.2　RS、GIS 技术

在 ENVI4.5 支持下，通过人工目视解译和监督分类相结合的方法分析 4 期 TM/ETM 影像。参考地面资料数据，通过随机取样方法对分类结果进行 Kappa 检验，结果分别是 0.72（1991 年），0.77（1996 年），0.75（2001 年），0.82（2006 年），均高于最低允许 0.7 精度的要求。在 Arcgis 9.2 中，合并土地类型后统计农田、林地、建设用地和水体的面积。

土地类型变化率公式：$C = \dfrac{A_j - A_i}{A_i}$

土地类型变化动态度公式：$D = \dfrac{1}{n_j - n_i} \cdot \dfrac{A_j - A_i}{A_i}$

其中，A_i、A_j 为研究区一种土地利用类型两个时期的面积，单位：km^2；n_j、n_i 分别为两个时期的年份。

采用土地利用动态度（LUDI）、土地利用开发度（LUD）和耗散度（LUC）三个指数，分别对土地利用动态变化速度、新开发速度和被耗费速度进行度量，从净变化和年际变化两个方面对土地利用变化速度进行研究[20-22]。指数的统计可以通过分析土地利用转移矩阵，从而掌握各类土地面积的年际变化程度，以及相互转化的效率。表 4-2 是常州市区 1991—2006 年间土地利用动态度、开发度和耗散度的计算结果。

表 4-2　土地利用变化指数

土地利用变化指数	公式	含义	意义
动态度（LUDI）	$LUDI = \dfrac{U_b - U_a}{U_a} \times \dfrac{1}{T} \times 100\%$	T 为 a 年份和 b 年份的研究时段长 U_a、U_b 分别表示 a 年份和 b 年份某土地利用类型的面积	表示单位时间内某一土地利用类型面积的变化程度
开发度（LUD）	$LUD = \dfrac{D_{ab}}{U_a} \times \dfrac{1}{T} \times 100\%$	D_{ab} 表示从 a 年份到 b 年份其他类型土地利用转变为该类型土地利用面积的总和	表示单位时间内某一土地利用类型实际新开发的程度
耗散度（LUC）	$LUC = \dfrac{C_{ab}}{U_a} \times \dfrac{1}{T} \times 100\%$	C_{ab} 是指从 a 年份到 b 年份该类型土地利用转变为其他类型土地利用的土地面积的总和	表示单位时间内某一土地利用类型被实际消耗的程度

4.1.3　景观格局指数计算

Fragstats 3.3 是由美国马萨诸塞州大学景观生态课题组在美国林务局支持下开发研制，主要用来计算景观生态学中常用景观指标的软件。Fragstats 3.3 可接受多种格式的数据，本书将土地利用分类图在 ArcGIS 中转换为 grid 格式的栅格数据，以便进行计算。

在 Fragstats3.3 软件中分别基于类型水平和景观水平选取景观指数进行计算，由于某些指数之间具有较强的相关性，本书选取相对具有代表性的若干指数。基于类型（Class）水平，选取斑块面积、斑块类型占景观面积比例、斑块数量、斑块密度、最大斑块所占比例、边界总长度、边界密度、景观形状指数、斑块平均面积、面积加权平均形状指数、散布与并列指数和景观连通度指数。基于景观（Landscape）水平，从景观空间形态、景观空间关系、景观空间组分三方面，选取景观面积，斑块个数，斑块密度，平均斑块大小，最大斑块占景观面积比例，形状指数，面积加权平均形状指数，面积加权平均斑块分维度；蔓延度，散布与并列指数；香浓多样性指数，香浓均度指数，Simpson 多样性指数，Simpson 均度指数，景观丰度，景观丰度密度这 16 个指数。

4.1.4 生态系统服务价值评估方法

本书依据 Costanza 等和谢高地等确定的生态服务价值系数，结合谢高地对中国陆地系统提出的价值当量换算方法，确定了常州市区生态系统单位面积生态服务价值。生态系统服务价值的计算公式：

$$V = \sum A_i \times R_{v,i}$$

其中，V 为研究区生态系统总服务价值，万元；A_i 为研究区第 i 种土地利用类型面积，km^2；$R_{v,i}$ 为研究区第 i 种土地利用类型的生态服务价值系数。

4.2 常州市的时空演变构架辨识与区域发展分析

常州城市空间结构的演变主要可分为三个阶段，不同的阶段中，城市的功能和整体空间结构也发生了较大的变化。每次城市整体功能和结构的变化都直接导致城市功能和用地结构的重组。

4.2.1 20 世纪 90 年代以前

1990 年前，常州市区为原武进市所包围，土地总面积 190km²，而建成区面积已达 57.4km²，建成区与市区土地总面积之比仅为 1:3.3，城市的发展受到限制，常州中心城沿西北—东南向的大运河及沪宁铁路形成了明确而单一的发展轴，城市空间形态呈东西长、南北狭的带状纺锤扩散形态特征。20 世纪 70 年代末至 90 年代初，由于新闸、湖塘桥、龙虎塘和戚墅堰的发展，形成"一城四点"的雏形。

在不同功能区的发展过程中，20 世纪 80 年代住宅为经济适用型住宅小区，基本上解决有无问题，特点是标准低（50~70m²/户），户型体现为三小（厅小、厨房小、卫生间小），造价低，环境一般，例如常州的花园新村、清潭新村。在工业发展上，20 世纪 70 年代至 80 年代初期，常州工业迅速发展，曾一度誉为工业明星城市。但受市区空间窄小（94km²）的限制，其工业布局仍局限在较小的范围内，行业大致相对集中，大体形成了东南纺织工业区、西南轻工业区和西北机械工业区等若干工业区的总体布局轮廓。80 年代中后期，在改革开放政策的推动下，常州乡镇企业迅速崛起，创造了"苏南模式"的辉煌，它对常州社会经济的发展起了很大的作用，但从生态环境、规划布局的角度看，却也付出了不少的代价。"村村点火"造成了常州工业布局的散乱状态，其负面影响至今仍难以根除。

1952 年现状

1960 年现状

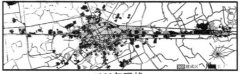

1980 年现状

图 4-1 常州 20 世纪 90 年代前城市空间结构形态
（来源：常州市规划局）

在交通建设上，自京杭大运河开通，常州即确立了水运交通的统治地位，城市逐渐沿运河两岸东西轴向延伸。常州旧城区道路网络形态在水网的影响下，傍水建设，形成如今顺其自然的路网格局。随着京沪铁路的建设，常州城市形态东西轴向发展的趋势更加明显，东横街、西横街、小营前、青果巷、西瀛里、局前街等众多主要道路均呈东西向排列。

4.2.2 20 世纪 90 年代至 90 年代末

20 世纪 90 年代以来，随着国家级高新技术开发区的兴建，常州中心城开始实施"重点向北、开发江边"的空间发展战略。常州市区和武进新城实际为一个城市，但由于行政区划原因，常武分治的规划，导致了武进地区积极向南翼发展的现实，而北部开发区的优惠政策，吸引了外资和国内、市内企业在北部开发区的投资建厂，推动了常州城市实体地域的向北快速扩张。城市空间结构实现了由东西向单向发展的纺锤形向"十"字形空间结构转变。在这一阶段，随着城市化水平的迅速提升，城市空间仍呈单中心结构的特征。同时，城市的各功能分区尚未形成，缺乏聚集效应；中心城区土地配置不尽合理，三产用地比例过小，工业用地占城市总用地比例较高，中心城的主导功能不易发挥。

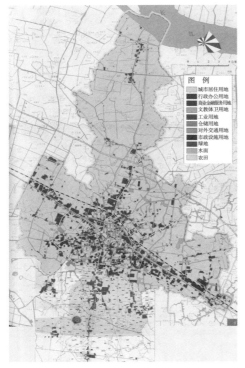

图 4-2 常州 20 世纪 90 年代城市空间结构形态
（来源：常州市规划局）

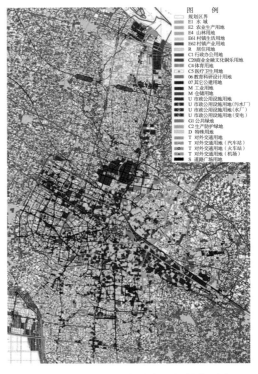

图 4-3 21 世纪以来城市空间结构形态
（来源：常州市规划局）

此时居住区的建设为小康型住宅小区。随着国民经济快速发展，住宅标准提升较快，户均 $100\sim150m^2$（客厅、厨房、卫生间面积扩大）普遍双卫双厅，注重小区的环境品质和特色，甚至出现一些豪华型的别墅小区。如怡康花园、金色新城、莱茵花苑、美林国际村等。

工业迅速发展，20 世纪 90 年代常州与全国一样，掀起了开发区建设热潮，全市共设立各类开发区 30 多个，在常州市区，先后设立了一个国家级高新技术开发区和四个省级开发区，并推行"每镇一园"的政策，基本形成了以工业园区布局为主的基本格局，由于工业园区发展不平衡，小而散的布局仍是当时的基本特征。

20 世纪 90 年代，常州开始了大规模的城市建设。常州国家高新技术产业开发区建立，在常州北部建设工业园区和滨江产业带；武进与常州分址建设，在常州南部湖塘镇建设武进新城区。随着城市的空间布局的南北向发展，城市道路网络也相应呈现南北延伸态势，清凉路—常武路、常澄路—通江大道已成为南北向城市发展轴。

4.2.3　21 世纪初期

进入 21 世纪以来，常州中心城空间重点向南北拓展，实际上仍然是沿南北方向集中连片的发展形态，即仍然采用以主城区为核心的"圈层式"城市发展格局。对城市发展而言，环形加放射的"圈层式"格局无疑有自身的优点，例如，城市基础设施投入少，经济效益高；城市各区域的发展机会均等；城市边界明确；但随着城市规模的扩大和城市交通量的急剧扩张，城市中心区越来越不堪重负，对于远期 200 万～250 万的城市人口规模而言，常州市如果仍然采用单纯摊大饼式的发展模式，显然无法支持城市功能的健康运转。

开敞空间的概念是随着人们对城市生态环境的重视以及城市规模的不断扩张而提出的。在 1996 年版的《常州城市总体规划》中正式提出要对城市开敞空间进行控制，而此前只是较为分散的绿地规划。

在 1981 年的城市总体规划编制中，规划了城市不同功能区间的绿化隔离带；1989 年城市总体规划修编中，对城市园林绿地系统的建设提高标准；1996 年城市总体规划除对绿地指标进一步提高标准外，还提出了绿色开敞空间的理念，谋求从城市大布局入手，建立分散组团式布局结构与绿色开敞空间，保持城市与自然有良好的生态平衡关系。但总体上看来，随着常州市城市的发展、城市规模的扩大，开敞空间的建设虽然逐步受到关注与重视，但依然存在许多问题。

4.3　城市土地利用与生态用地的动态演变

常州市区的土地类型中比例最大的是耕地，在 2001 年之前，耕地占市区总面积的53.33% 以上，到 2006 年以后，耕地和建设用地成为市区的主要土地类型。常州市区的林地、水体的面积变化比较平稳，波动幅度小，两者都在 1991—2001 年间出现小幅度减少后，2001—2006 年间又有了小幅度的增长（图 4-4）。建设用地的增长迅速，1991—2006 年间，建设用地的面积增长率达到了 221.9%，而耕地面积则由 1991 年的64.9% 减低到 43.9%。总之，1991—2006 年间，常州市区耕地减少 32%，林地减少23%，水体减少 9%；建设用地增加 222%。

比较 1991 年与 2001 年耕地的转移矩阵，发现耕地面积从 1214.3km^2 减少至998.2km^2，主要原因是转化成为了建设用地。同时，发现建设用地的面积由 1991 年的203.0km^2 增加至 490.7km^2，增加了一倍多，而其中主要来自于耕地的转化。比较 2001 年与 2006 年耕地的转移矩阵，发现土地利用的转移同样主要发生在耕地与建设用地之间，减少的 176km^2 耕地有 80% 转化成了建设用地。建设用地在 1991 年的分布情况是：中心城区成团分布，沿京杭运河一字排开，在市区其余片区呈星点状分布。1991—2001 年，

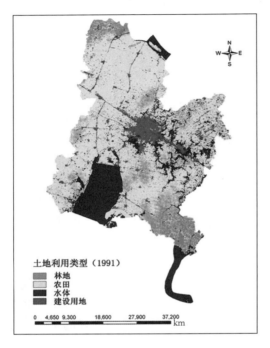

图 4-4　常州市四期土地利用分类图

建设用地以中心城区为主体，向南北两向扩张。2001—2006 年，沿常州市区对角线方向。土地利用结构的变化导致了土地生态服务功能的演变。

4.3.1　土地利用变化度

4.3.1.1　生态用地面积变化

1991—2006 年间生态用地比例变化见图 4-5、图 4-6。

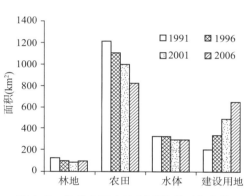

图 4-5　常州市区土地利用类型面积变化

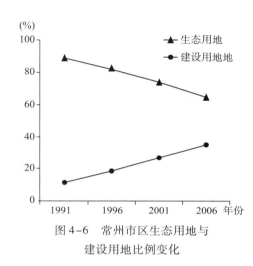

图 4-6　常州市区生态用地与
建设用地比例变化

常州市区整体土地利用分布由 1991 年农田>水体>建设用地>林地，变化为 2006 年的农田>建设用地>水体>林地。研究结果表明，常州市区正逐渐由农田为主的景观格局转变为以建设用地为主导的城市景观格局。生态用地中农田所占的比例最大，水体次之，林地最少。1991—2006 年间生态用地空间结构和面积发生剧烈变化，生态用地占市区面积的比例由 89.2% 降低至 65.1%。1991—2001 年，林地、农田和水体的面积都呈不同程度的下降趋势。2001—2006 年，林地面积增加基本回到 1996 年水平。建设用地面积增长迅速，1991—2006 年间，建设用地总体增加率达到了 222%。

4.3.1.2　生态用地动态度、开发度和耗散度

常州市四类用地的土地利用变化指数见表 4-3。总体上林地面积在 15 年间呈现减少趋势，林地在 1996—2006 年间开发较大。林地是耗散度最大的一类土地利用类型，由于 2001 年后当地政府对城市绿化的重视，林地的耗散度由 1991—1996 年间的 4.8% 降至 2001—2006 年间的 3.1%，增加的林地斑块主要分布在武进区南部山区周边地区，滆湖东部淹官塘周边及新北区北部孟河镇山区部分。

表4-3　常州市四类用地的土地利用变化指数

	动态度			开发度			耗散度		
	1991—1996	1996—2001	2001—2006	1991—1996	1996—2001	2001—2006	1991—1996	1996—2001	2001—2006
林地	-4.5	-2.4	2.4	0.4	11.8	5.5	4.8	2.5	3.1
农田	-1.8	-1.9	-3.5	0.4	1.5	0	2.3	2.2	3.5
水体	0.4	-2.2	0.1	1.0	0.1	0.8	0.6	2.3	0.6
建设用地	13.3	9.0	6.6	13.3	9.0	33.2	0	0	0

农田动态减少度幅度不断增大。2001—2006年间，开发度为0，没有其他土地利用类型转换成农田，同时农田耗散度增加至3.5%，农业面积的减少和农田种植结构的改变，导致粮食总产量的剧减，常州市区1991年的粮食产量为77.55万吨，2006年降至40.33万吨，降低率达到了48%。

水体是动态度相对较小的一类土地利用类型。在1996—2001年间，水体耗散度为2.3%。21世纪初，因水产养殖经济效益驱使，常州市区河流填埋现象严重，市区典型的大面积水域——滆湖湖面出现大面积围网养殖，湖面被割据成大小的养殖区域，市区内大部分水体被不得当、过度的开发利用。2001—2006年间，水体受到一定程度的保护，退渔还湖使得水体开发利用度达到0.8%，耗散度降低至与1991—1996年间一致。

4.3.1.3　土地利用综合程度指数

1991—2006各年土地利用综合程度指数见图4-7。1991—2006各年的土地利用综合程度指数呈现显著上升状态，这与15年间常州市社会经济迅猛发展密不可分，同时

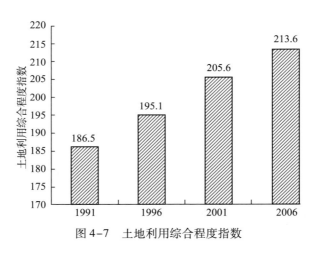

图4-7　土地利用综合程度指数

也加速了常州市区城市用地的扩张与生态用地的显著减少。不同的土地分类方式也会影响综合程度指数的结果，本研究分类中未单独将未利用地划分，因此整体的综合程度指数低于其他城市的土地利用综合程度指数。但常州市综合程度指数递增的特征可以明显看出，常州市的土地在 15 年间受到了人类活动的较大影响，这符合常州市快速城市化的特征。

4.3.2　土地类型转变

4.3.2.1　分期土地类型变化

1991—1996 年间土地利用转移矩阵见表 4-4。可见，林地减少的 76.3% 转化为农田，而林地增加的由农田转化而来的面积占 1996 年林地面积的 98.0%，说明 1991—1996 年间，林地面积变化的同时，分布区域在变动。农田有 171.6km² 转化成建设用地，转化较大；水体有 62.7km² 转化为农田，占 1991 年水体面积的 19.5%。生态用地一共转化 135.3km² 给建设用地，其中，水体的转化贡献率为 3.2%，农田为 14.6%，林地为 1.2%。

表 4-4　1991—1996 年间土地利用转移矩阵

1991 年 ＼ 1996 年	林地	农田	水体	建设用地	合计
林地（km²）	15.88	101.20	6.02	9.54	132.64
比例（%）	11.97	76.30	4.54	7.19	100
农田（km²）	74.83	888.07	78.90	171.58	1213.38
比例（%）	6.17	73.19	6.50	14.14	100
水体（km²）	8.59	62.68	231.51	18.32	321.10
比例（%）	2.68	19.52	72.10	5.71	100
建设用地（km²）	3.95	49.51	10.68	138.85	202.98
比例（%）	1.95	24.39	5.26	68.41	100
合计（km²）	103.24	1101.46	327.11	338.29	1871.87

注：比例（%）指在 1991—1996 年间由林地、农田、水体和建设用地转变成其他用地类型的面积占 1991 年相应初始用地类型面积的比例。

1996—2001 年间土地利用转移矩阵见表 4-5。可见，林地减少量中转化为农田的面积占 1996 年林地面积的 63.8%，农田转化成林地的面积占 2001 年林地总面积的 72.6%，农田向林地的转化总体为正向转化。农田转化 185.9km² 给建设用地，转化率为 16.9%；水体转化了 65.2km² 给农田，30.6km² 给建设用地，转化率分别是 19.9%，9.4%。生态用地转化了 152.5km² 给建设用地，其中转化贡献率最大的为农田。

表4-5　1996—2001年间土地利用转移矩阵

1996年 ＼ 2001年	林地	农田	水体	建设用地	合计
林地（km²）	18.55	65.76	5.20	13.65	103.16
比例（%）	17.98	63.75	5.04	13.23	100
农田（km²）	65.96	801.12	48.76	185.86	1101.71
比例（%）	5.99	72.72	4.43	16.87	100
水体（km²）	3.05	65.18	228.39	30.64	327.25
比例（%）	0.93	19.92	69.79	9.36	100
建设用地（km²）	3.06	65.26	9.33	260.58	338.24
比例（%）	0.90	19.29	2.76	77.04	100
合计（km²）	90.62	997.32	291.69	490.74	1871.87

注：比例（%）指在1996—2001年间由林地、农田、水体和建设用地转变成其他用地类型的面积占1996年相应初始用地类型面积的比例。

2001—2006年间土地利用转移矩阵见表4-6。可见，林地分别转化59.8%，17.3%给农田和建设用地；农田转化了237.7km²给建设用地，转化面积占2001年农田面积的23.8%；水体类型主要转化为农田，转化为农田的面积占2001年水体面积的12.7%。生态用地一共转化了162.9km²给建设用地，其中农田和水体的贡献率较大，贡献面积占2006年建设用地的14.9%和2.7%。

表4-6　2001—2006年间土地利用转移矩阵

2001年 ＼ 2006年	林地	农田	水体	建设用地	合计
林地（km²）	18.23	54.31	2.56	15.68	90.78
比例（%）	20.08	59.83	2.82	17.27	100
农田（km²）	79.35	633.11	48.03	237.71	998.19
比例（%）	7.95	63.43	4.81	23.81	100
水体（km²）	2.67	37.05	226.38	26.07	292.17
比例（%）	0.91	12.68	77.48	8.92	100
建设用地（km²）	1.58	97.65	17.34	374.16	490.73
比例（%）	0.32	19.90	3.53	76.25	100
合计（km²）	101.83	822.11	294.31	653.61	1871.87

注：比例（%）指在2001—2006年间由林地、农田、水体和建设用地转变成其他用地类型的面积占2001年相应初始用地类型面积的比例。

4.3.2.2 总体土地类型变化

15 年间土地利用转移矩阵见表 4-7。可见，林地和农田均主要转化为建设用地，转化面积占 1991 年各自总面积的 24.2% 和 34.9%，其中农田转化为建设用地的面积为 423.7km²。林地主要转化为农田和建设用地，转化率分别为 16.9% 和 15.4%。生态用地转化为建设用地的面积为 450.5km²，转化面积是 1991 年建设用地面积总量的 2 倍多。15 年间生态用地的三种类型不断转变成建设用地，成为建设用地面积扩张的来源，并且转化速度越来越快，说明常州市区的城市化进程在飞速发展。

表 4-7 1991—2006 年间土地利用转移矩阵

2001 年 ＼ 2006 年	林地	农田	水体	建设用地	合计
林地（km²）	15.00	80.54	5.16	32.16	132.87
比例（%）	11.29	60.62	3.88	24.20	100
农田（km²）	80.52	644.79	65.26	423.72	1214.29
比例（%）	6.63	53.10	5.37	34.89	100
水体（km²）	3.52	54.28	214.47	49.37	321.64
比例（%）	1.09	16.88	66.68	15.35	100
城镇用地（km²）	2.79	42.50	9.42	148.36	203.08
比例（%）	1.37	20.93	4.64	73.05	100
合计（km²）	101.83	822.12	294.31	653.61	1871.87

注：比例（%）指在 1991—2006 年间由林地、农田、水体和建设用地转变成其他用地类型的面积占 1991 年相应初始用地类型面积的比例。

4.4 城市生态用地景观格局评价与分析

4.4.1 城市土地利用分类与景观格局指数

以常州市为例，利用遥感（1991 年、1996 年、2001 年、2006 年四个不同时段影像）及 GIS 技术，分析了城市生态用地和建设用地的变化情况。在土地利用与管理现状调查基础上，将遥感影像解译和 GIS 分析与实地调查相结合，采用景观格局分析等方法，动态分析常州市生态用地的空间演变特征。选取四类景观空间形态指标，包括斑块数量（NP，PD）、斑块面积（CA，TA，LPI，MPS，PLAND）、斑块形状（AWMSI，AWMPFD）和斑块异质性（PSSD，PSCV，NNSD）进行分析评价。

表 4-8　常州市土地利用结构景观格局分析

用地类型	年份	CA（斑块总面积）（hm²）	PLAND（斑块所占比例）（%）	MPS（平均斑块面积）（hm²）	NP（斑块数量）（个）	PD（斑块密度）（个/100hm²）	AWMSI（斑块周长和面积比值）	AWMPFD（分维值）
林地	1991	13286	7.1	0.88	15176	8.11	7.8941	1.2442
	1996	10324	5.52	0.35	29454	15.73	2.3241	1.1204
	2001	9078	4.85	0.22	41862	22.36	2.3902	1.1101
	2006	10183	5.44	0.97	10543	5.63	2.8354	1.1624
耕地	1991	121429	64.87	21.16	5738	3.07	84.2774	1.4259
	1996	110249	58.9	23	4793	2.56	73.7408	1.4152
	2001	99819	53.33	9.27	10763	5.75	67.5153	1.4291
	2006	82211	43.92	10.92	7527	4.02	31.2743	1.3559
水体	1991	32164	17.18	5.66	5685	3.04	6.8918	1.2112
	1996	32777	17.52	9.89	18514	9.89	5.8431	1.1922
	2001	29217	15.61	1.82	16050	8.57	12.82	1.2431
	2006	29431	15.72	2.65	11097	5.93	5.8818	1.1865
建设用地	1991	20307	10.85	1.29	15756	8.42	9.4192	1.2079
	1996	33836	18.08	2.19	18514	8.26	13.9006	1.2314
	2001	49072	26.22	1.98	24799	13.25	42.2526	1.3167
	2006	65361	34.92	5.03	12987	6.94	39.6249	1.3354

4.4.2　基于类型水平

基于类型水平的景观格局指数分析主要总结以下几点。

（1）生态用地斑块向非生态用地类型转变剧烈。景观中斑块面积最大的是农田，其次是建设用地和水体。建设用地斑块破碎增加，斑块面积增多，可见常州城市化的快速进程，即将打破该地区以农业为主的生态用地景观格局，逐渐形成以建设用地为主的城市景观。1991—2006 年间，生态用地中林地与水系的斑块面积变化较为稳定（图 4-8、图 4-9），农田斑块面积急速下降，而建设用地面积快速增加。农田斑块占景观的比例减少了21%，建设用地斑块占景观的比例增加了24%。

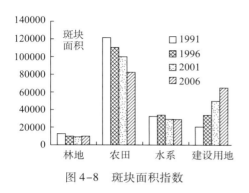

图4-8　斑块面积指数

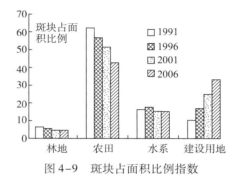

图4-9　斑块占面积比例指数

（2）生态用地斑块破碎化加剧后趋于平缓。15年间，生态用地的斑块数量整体都呈现先增加后减少的趋势。林地斑块数量的变化最为突出，2001年的斑块数量较之1991年增长了1.8倍，斑块数量的急速增长而斑块面积略微减少，因此林地的破碎化程度十分严重，以淹城森林公园周边为例，1991年林地能够呈云团状包围四周，1996年呈不规则分布，而2001年林地已经消失为零星布点。

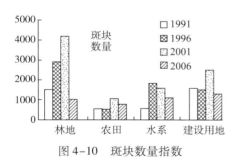

图4-10　斑块数量指数

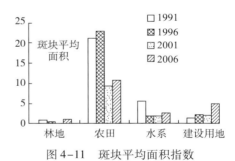

图4-11　斑块平均面积指数

1991—2006年间，生态用地的斑块平均面积总体呈现下降趋势，建设用地斑块平均面积总体增长，说明人类活动剧烈。农田在1996年平均面积出现一个增长点，而1991—1996年间农田斑块面积与数量同时减小。水体斑块的面积变化不大，而数量增多、平均面积减小，水体斑块的破碎化也十分明显。斑块密度能够反映单位面积内某类斑块的数量，林地的斑块密度是景观较大的一类，可见1991—2001年间，林地的斑块破碎化加剧，林地在研究区范围内的面积次于农田，但是斑块数量大于农田，斑块密度最大，一方面这与常州市林地的分布不均有关，另一方面也反映了人类活动对林地的干扰强度。2001—2006年间，由于常州市绿地规划和常州市城市总体规划等文件中关于绿地的调整，廊道以及缓冲带的建设使得林地的斑块整体性增强，斑块破碎化程度大大降低。

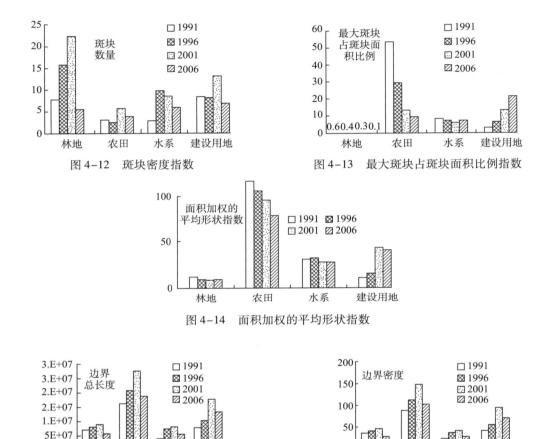

图 4-12　斑块密度指数　　　　　　　图 4-13　最大斑块占斑块面积比例指数

图 4-14　面积加权的平均形状指数

图 4-15　边界总长度指数　　　　　　图 4-16　边界密度指数

（3）生态用地斑块形状逐渐规则。由上图可见，林地斑块的面积加权平均形状指数呈现先减少后略有增长的趋势。农田的形状指数在逐年减小，由于基本农田的划分限制，农田为满足城市化发展建设用地的增长需要不断削减，基本农田一般经规划形状较为规则，因此农田形状指数趋于规则化。水体在 2001 年形状较为复杂，滆湖湖面表现较为明显，由于湖面围网养殖后，水面被割据成块使得水体的形状指数增加。

（4）斑块类型间连通性变化不大。生态用地组成斑块的集聚趋势相同，均为先分散后集聚，2001 年之前，生态用地面积不断减少，整体性受到破坏，其离散化程度增加，2001—2006 年间，农田形状趋于规则，面积不断减少，其集聚程度上升。建设用地中集散的居民点以及村镇在统筹规划之后，更加趋于组团形式的聚合发展模式。生态用地除水体以外斑块与其他斑块的邻接程度均为先增加后降低，水体与其他斑块的邻近程度趋于平均，随着建设用地面积的增加，与其他用地的邻近程度也在逐渐增加。农田、水体与建设用地的景观连通性在 16 年间变化略为平稳，林地在 1991—2001 年间景观连通性下降，随着 2001—2006 年间，政府对绿化工作的重视，以及各类规划中对绿色廊道工程的建设，林地的连通性得到一定程度的恢复。

4.4.3　基于景观水平

基于景观水平的格局指数的计算结果见表 4-9。

表 4-9　基于景观水平的常州市土地利用斑块景观指数

景观水平指数	指 标	描　述	年　份			
			1991	1996	2001	2006
景观空间形态指标	TA	景观面积（hm²）	187187	187187	187187	187187
	NP	斑块个数	42356	68214	93475	42155
	PD	斑块密度	22.63	36.44	49.94	22.52
	MPS	平均斑块大小（hm²）	4.42	2.74	2.00	4.44
	LPI	最大斑块占景观面积比例（%）	53.56	29.55	13.30	21.46
	AWMSI	面积加权平均形状指数	57.44	47.10	49.20	28.65
	AWMPFD	面积加权平均斑块分维度	1.35	1.33	1.36	1.31
景观空间关系指标	CONTAG	蔓延度	47.04	39.37	34.40	37.68
	IJI	散步与并列指数	68.57	75.23	72.91	70.30
景观组分指标	SHDI	香浓多样性指数	1.01	1.09	1.12	1.18
	SHEI	香浓均度指数	0.73	0.78	0.81	0.85
	PR	景观丰度	4	4	4	4

（1）景观空间形态指标。1991—2006 年间，景观的总体面积保持 1871km² 不变。斑块数目总量由 1991 年的 42355 块增至 2001 年的 93474 块，斑块密度也由 22.3 个/hm² 增至 49.9 个/hm²，平均斑块大小由 4.4hm² 减少至 2hm²。常州市区景观的 LPI

由1991年的53.6%剧减至2001年的13.3%，景观遭受了强烈的人类干扰，建设用地的不断增多，导致了生态用地斑块的整体性降低。常州市在2001—2006年期间进行了积极的补救和恢复工作，使得景观破碎程度得到了一定的控制，各类指数值有所回升。1991—2006年间，常州市区景观的AWMSI值不断降低，组成该景观的4大类斑块的形状不仅不规则，而且在逐年复杂化。1991—2001年间景观分维值升高，可见人类活动的较大影响。2001—2006年间，景观格局受人类活动的影响有所减弱。

（2）景观空间关系指标。常州市区景观的CONTAG值由1991年的47.0%降至2001年的34.4%，农田和水体斑块的蔓延度减弱，斑块间的连接性遭到破坏，各类斑块的破碎化程度加深，导致了整个景观形成了多要素密集的格局。2001—2006年间，整体景观格局的连通性得到一定程度的修复。1991—2006年间，常州市区景观IJI值增加，由于建设用地斑块的增加，其他三类斑块受到了干扰，相互混杂程度加深。

（3）景观组分指标。景观多样性是指景观单元在结构和功能方面的多样性，它反映了景观的复杂程度。景观多样性主要研究组成景观的斑块在数量、大小、形状和景观的类型、分布及斑块间的连接性、连通性等结构和功能上的多样性。它包括斑块多样性、类型多样性和格局多样性。其中，格局多样性是指景观类型空间分布的多样性以及各类型之间以及斑块与斑块之间的空间关系和功能联系。常用聚集度、连接度、连通性等指标测定。1991—2006年间，常州市区景观SHDI、SIDI值不断增加，说明景观的异质化程度在逐渐上升，破碎化程度较高。SHEI、SIEI值也逐渐增高，说明常州市区景观中的优势斑块在减退，即农田斑块受到其他斑块的干扰，农田的主导优势下降，建设用地的主导优势上升，由于人类活动的加强使得景观呈现向均衡化方向发展的趋势，反映了常州市区由传统的农业景观向现代城镇景观转变的过程。常州市1991年、1996年、2001年和2006年的土地利用图像均分为林地、耕地、水体、建设用地四类斑块，景观丰度并未发生变化。

4.5 城市生态用地服务功能的动态演变

4.5.1 生态系统服务演变分析

4.5.1.1 农田

常州市区1991年的粮食产量为77.55万吨，2001年为57.32万吨，2006年又降至40.33万吨。而常州市区城镇人口数量1991年为82.8万人，2001年为147.81万人，2006年达到了199.28万人。粮食产量的负增长与人口数量的急剧增加形成鲜明对比，农业面积的减少和农田种植结构的改变，导致粮食总产量的剧减，使得农田提供的生物生产功能变小，削弱了农田的生态服务功能。

4.5.1.2　林地

据 2007 年统计年鉴，2005 年常州园林绿地面积比 2001 年增长了 266%，而 2005—2006 年间，减少了 36.9%，可见城市发展对园林绿地的侵占十分严重。常州市区的林地面积主要分布在市区新北区的西北部分以及武进区的东南角，由于这些区域离城市中心有一定距离，受城市化影响不明显，武进区东南部的低山丘陵区为天目山余脉，所以林地面积较其他地区多，对减少水土流失、生物固碳起到了很好的作用。林地斑块形状趋于复杂化，这与林地的镶嵌式的占用、分割破碎有直接关系。破碎化将削弱绿地的生态作用，并可能导致林地生物多样性及内部生物种的减少。

4.5.1.3　水体

常州市域范围内水系景观连通性高、纵横交错，为城市主导景观，包括北面的长江，境内的太湖、滆湖两大湖泊，穿城而过的京杭大运河，及其他大小河流、湖泊、湿地等。21 世纪初，常州市河流被填埋，阻隔了与其他水系之间的流通，使水系遭受破坏，丧失或改变了原有的生态功能，影响了水系之间的正常水体和养分循环，降低了水体对污染物的稀释吸纳能力，间接地导致水环境的恶化，降低了水体的生态服务功能效率。因水产养殖经济效益驱使，滆湖湖面出现大面积围网养殖，湖面被割据成大小的养殖区域，水体的完整性受到破坏，同时因养殖投放饲料引起水体富营养化，达到水体自净能力上限，水体的生态服务功能受到很大程度的削弱。

4.5.2　生态系统服务改变的经济价值评估

依据常州市 4 期土地利用变化数据，结合不同土地利用类型的生态服务价值系数（表 4-10），估算常州市区土地利用空间变化所引起的生态系统服务经济价值的变化（表 4-11），并得出 1991 和 2006 年常州市区生态系统服务经济价值空间分布图（图 4-17）。结果表明，2006 年水体面积减少为常州市区的 15.7%，所提供的生态系统服务经济价值却占市区生态系统服务总价值量的 48.3%。因此，水体是提供常州市区生态系统服务价值的主要土地利用类型，大面积水体整体所能提供的生态服务价值比零散水体更大，而且其自身修复、调节能力更好，常州市武进区生态系统服务价值在 1991—2006 年间均能在常州生态系统中保持最高的服务价值量，滆湖起到了很大的作用。新北区农田生态系统服务价值在 15 年间剧烈减少，说明城市化侵占了大量的农田。1991—2006 年间，生态用地所提供的生态系统服务经济价值降低了 19.3%。林地、农田和水体生态服务价值降低的比例分别是：23.4%，32.3% 和 8.5%。其中，农田的生态系统服务价值减少最大，减少了 23978 万元。1991—2001 年间，生态用地所提供的生态系统服务价值都呈现降低趋势，2001—2006 年间，林地服务价值有所提高，提高率达到12.2%。其主要原因是常州市城市规划中更加重视绿地和水体的作用，对其进行了有效的保护。这15年间建设用地提供的生态系统服务价值负数值不断增加，增长率与其面积增长率一致，达到了221.9%，2006年建设用地的负值价值量相当于生态系统总价值量的12%。因此，从生态系统服务价值角度来看，建设用地作为城市生态系统重要组成部分，同时也是显著导致生态系统服务价值降低的土地利用类型，适时控制建设用地发展，合理布局是城市发展必须考虑的问题。

表4-10　不同类型生态系统服务价值系数

土地利用类型	林地	农田	水体	建设用地
生态服务价值系数（元/hm²）	134106.8	6114.1	48082.7	−5372.1

注：林地、农田和水体生态系统服务价值系数参考谢高地等（Xie et al.，2003），建设用地服务价值系数参考自段瑞娟等（Bai and Chen，2004；Duan et al.，2005）

表4-11　常州市生态系统服务功能价值系数

土地利用类型	生态服务价值系数（元·hm²）			
	1991年	1996年	2001年	2006年
林地	21762	23466	23576	26220
农田	6882	7421	7455	8292
水体	54122	58361	58632	65208
建设用地	−5372.1	−5372.1	−5372.1	−5372.1

分别折算成1991年、1996年、2001年、2006年价格进行核算。

表4-12　1991—2006年常州市不同土地利用类型生态系统服务功能价值

土地利用类型	生态系统服务的经济价值（万元）			
	1991年	1996年	2001年	2006年
林地	178182	138457	121739	136564
农田	74243	67408	61031	50265
水体	154653	157602	140485	141512
建设用地	−10909	−18177	−26362	−35113

4.6　城市生态用地结构与功能演变的驱动力分析

城市中生态用地的缩减与建设用地的扩张与社会经济发展和基础设施建设有着密

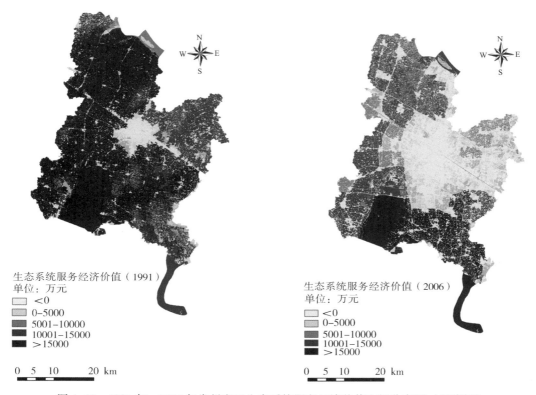

生态系统服务经济价值（1991）
单位：万元

- < 0
- 0—5000
- 5001—10000
- 10001—15000
- > 15000

0　5　10　　　20 km

生态系统服务经济价值（2006）
单位：万元

- < 0
- 0—5000
- 5001—10000
- 10001—15000
- > 15000

0　5　10　　　20 km

图 4-17　1991 年、2006 年常州市区生态系统服务经济价值空间分布图（见彩插）

切的关系，对于这种关系的研究大多选择相关分析和回归分析的思路。由于城市扩展涉及的因素比较复杂，通过主成分分析的方法，选取历年的建成区面积来反映常州市生态用地缩减、建设用地扩张的趋势，以社会经济统计数据的指标体系作为影响土地利用变化的社会经济因子，应用 SPSS 统计软件进行各统计因子和建成区面积的相关分析，选取 15 项相关性较大的因子作为主要驱动因子，这些因子分解为五个层面：经济类（地区生产总值 X_1、第一产业产值 X_2、第二产业产值 X_3、工业产值 X_4、建筑业产值 X_5、第三产业产值 X_6），人口类（人口密度 X_7、总人口 X_8、城镇人口 X_9），固定资产投资类（全社会固定资产投资完成额 X_{10}），人民生活水平类（居民人均消费支出 X_{11}、居民人均可支配收入 X_{12}、人均现住房屋使用面积 X_{13}），自然要素类（降雨总量 X_{14}，公园绿地面积 X_{15}）。

选取常州市区 1987—2006 年中 12 年统计数据作为样本数据［表 4-13（a）、（b）］，运用统计分析软件 SPSS 中主成分分析方法，计算得到特征值及各个主成分的贡献率与累积贡献率（表 4-14）。由表可知，第一主成分的累积贡献率达到了 87.6%，完全达到分析要求，故只需求出第一主成分即可。根据主成分载荷计算公式，计算各变量在各主成分上的载荷得到主成分载荷矩阵（表4-15）。

表4-13 （a） 样本数据

年份	X_1	X_2	X_3	X_4	X_5	X_6	X_7	X_8
1987	664549	125279	412259	376766	35493	127011	3385	313.22
1992	1443961	190338	929968	859302	70666	323655	3636	328.57
1995	3697000	398160	2206420	2028562	177858	1092420	2881	333.65
1998	5045974	444352	2810279	2526923	283356	1791343	3057	340.75
1999	5387217	440113	2995019	2689386	305633	1952085	3117	339.71
2000	6006573	451378	3366847	3019891	346956	2188348	3152	341.48
2001	6729008	471137	3807601	3416841	390760	2450270	3195	341.52
2002	7606035	488378	4315041	3877933	437108	2802616	1130	343.24
2003	9014200	471800	5202500	4689100	513400	3339900	1145	346.22
2004	11006100	512400	6477000	5847000	630000	4016700	1165	348.96
2005	13033600	565600	7961200	7172300	788900	4506800	1184	351.63
2006	15694600	594500	9474200	8684400	789800	5625900	1194	354.67

表4-13 （b） 样本数据

年份	X_9	X_{10}	X_{11}	X_{12}	X_{13}	X_{14}	X_{15}
1987	69.21	156071	1058.99	1236	12.49	1328.9	80
1992	97.58	355392	1999.52	2509	14.03	843.5	147
1995	120.48	852333	4425.9	5632	15.04	941.1	283
1998	130.43	1066040	5282.18	7107.27	15.55	1327.8	412
1999	139.43	1117208	6107.48	7874.17	15.87	1300.6	440
2000	147.81	1268963	6758.64	8539.97	15.19	1068.9	458
2001	152.4	1509623	7525.82	9405.78	16.23	1264.4	500.4
2002	157.82	1977105	7973.09	9932.54	17.44	1106.7	1100.8
2003	201.01	3583446	8943.87	11303.42	20.35	1094.9	1192.9
2004	206.75	4730966	9878.49	12867.06	20.65	942.4	1433.2
2005	212.56	6097516	10717.63	14589	21.04	889.6	1567.7
2006	223.99	7386948	12502.5	16649	21.49	1049	1333

表 4-14　特征值和主成分贡献率

主成分	特征值	贡献率	累积贡献率	主成分	特征值	贡献率	累积贡献率
1	13.138	87.589	87.589	9	0.0021	0.0137	99.993
2	0.987	6.5798	94.169	10	0.001	0.0065	100
3	0.4449	2.9657	97.135	11	4E-05	0.0003	100
4	0.293	1.9536	99.089	12	5E-16	3E-15	100
5	0.0644	0.4293	99.518	13	2E-16	1E-15	100
6	0.0327	0.2177	99.736	14	1E-17	1E-16	100
7	0.0213	0.1419	99.877	15	-1E-16	-9E-16	100
8	0.0153	0.1021	99.98				

　　主成分荷载是主成分与变量之间的相关系数。从表 4-15 可以看出，第一主成分与 X_5，X_1，X_6，X_{12}，X_3，X_9，X_{11}，X_4，X_{13}，X_{15}，X_{10}，X_8 有较大的正相关，而这些因子与城市化和工业化水平、经济发展状况、人口增长有关，因此，第一主成分可以被认为是常州市经济发展、城市化和工业化水平以及人口增长的代表。因此，可以认为影响常州城市生态用地和建设用地变化的主导驱动因子是人口增长、经济发展、政策影响这三个因素。

表 4-15　主成分荷载矩阵

变量	第一主成分	变量	第一主成分
X_1	0.991	X_9	0.987
X_2	0.893	X_{10}	0.948
X_3	0.988	X_{11}	0.986
X_4	0.986	X_{12}	0.991
X_5	0.992	X_{13}	0.977
X_6	0.991	X_{14}	-0.351
X_7	-0.877	X_{15}	0.953
X_8	0.929		

　　（1）人口驱动力。人口增长和社会经济发展是城市土地扩张、生态用地减少的主要驱动因素。城市人口的绝对数量和城镇人口所占总人口的比例是衡量城市化水平的主要标志。本书所用的城市人口是指常州市区的城镇人口数量。城市人口的增加对常州市的城市化和生态用地的变化产生了最直接的影响。城市人口的增加是城市土地扩张、生态用地缩小的直接动因，是城市扩张的最初动力。

　　1991—2006 年，常州市人口逐年增加，人口的增长必然导致居住用地的扩大和土地利用系统输出产品需求量的增加。输出产品需求量的增加有两条途径：一是调整、优化系统结构，提高土地利用系统的能量转化生产能力；二是扩大土地利用面积，开发未利用的土地资源，提高土地利用的强度。居住用地的扩大主要表现为由于经济的快速发展导致了大量流动人口的增加，同时随着人民生活水平的不断提高对住房质量提出了更高的要求，加速了房地产产业开发的进程，这也使城市建设用地面积有了很大的扩展。

　　本书对 1991—2006 年常州市建成区面积与城镇人口的相关性进行了分析。由

图4-18可以看出，常州市人口逐年呈上升趋势，与建成区的面积呈高度线性相关，它们之间的判定系数高达0.9293。同时对1991年、1996年、2001年和2006年四年生态用地与城镇人口变化的趋势进行了比较分析（图4-19），随着城镇人口的不断增加，生态用地呈现直线减少的趋势。

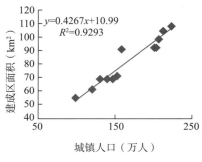

图4-18　常州市区城镇人口与
建成区面积相关性

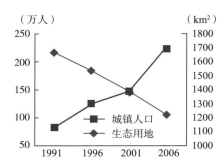

图4-19　1991—2006年间常州市区城镇人口与
生态用地变化趋势

（2）经济驱动力。由于市场经济和城市化的发展影响，在最优经济利益福利驱动下，常州市大量生态用地被占用。常州市快速增长的经济，突出表现在产业结构和就业结构向第二产业和第三产业迅速发展（图4-20），第一产业缩小，城市第一经济效益即城市人均国民生产总值的不断增长等方面。1964年以来，常州市第一产业在全市GDP中的比重逐渐减小，而第二产业和第三产业的比重逐年增加，到2006年全市GDP增长为1564.96亿元，其中第二产比例为60%，第三产比例为36%。

由主成分分析，得出固定资产投资完成额对生态用地的驱动作用明显，由图4-21，

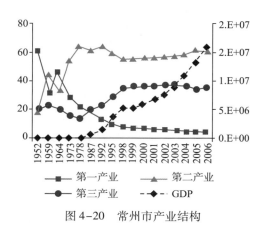

图4-20　常州市产业结构

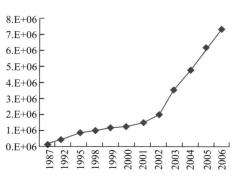

图4-21　常州市固定资产投资完成额变化

可见固定资产投资完成额随着年份增长，增长速度较快。按照常州城市总体规划目标，在 2020 年市区 GDP 要达 3700 亿元，这样市区的地均 GDP 需达到 1.985 亿元/km²，市区工业用地地均 GDP 需达到 18 亿元/km²，土地利用效益较高。在 1991—2006 年间，共有 450.5km² 的生态用地转变为建设用地，由此可以说明，常州市的城市工业发展在通过面积扩张和提高土地利用效益度两方面来满足工业对土地的需求。

为推进常州现代化城市建设创造空间集聚条件，大力消除城市现代化的瓶颈因素，使中心城市的功能得到最大限度的发挥，市区形成"一城七片"结构，主城按照"拓展南北、提升中心"空间发展战略指导常州中心城市的规划建设。在主城区规划建设相对集中的五个工业片区和主城外围 7 个片中心工业集中地，工业集中区建立导致了建设用地的扩张，使城市向工业区发展并与其连接。工业区的建立不只是区内的土地得以开发，连锁反应是带动了基础设施建设、房地产业、商业、餐饮、娱乐等服务业快速发展，使得周边地区也得到了迅速开发，所以工业区方向扩张十分突出，成为常州市城市用地面积增加的主体。

（3）政策驱动力。政策因素是影响城市扩展的宏观因素，政策因素决定常州城市形态的历史格局，通过城市规划影响城市定位和城市扩展方式，通过法例限制和保护城市的发展。正式批复的三次城市总体规划及相关的土地利用政策都给常州城市扩展和生态用地带来了很大的影响。

见表 4-16，1981 年的常州市城市总体规划由于将城市定位为中等工业城市，大力发展工业，按类型将工业用地分区集中分布；但是行政中心仍然放在老城区，保持了常州城市格局，为现在常州城市格局奠定了基础。1989 年的修改规划不再控制工业城市等级，并且定位为苏南地区中心城市之一，"一城四点"已经在空间上发展的较为接近，四点与一城逐渐融合，城市发展用地较为紧张，同时为了防止"摊大饼"式的发展，因此提出"一城四翼"，以中心城区带动四周小城镇的发展。第三次城市总体规划修编，常州舍弃工业城市的定位，力求成为以科技产业先导的经济中心城市和历史文化名城，经过产业结构调整，高能耗、高污染的工业发展已经不再是城市发展的主导方向，规划调整主城区，以老城区为核心，与外围的青龙、茶山、红星、西南、西北和城北高新技术产业开发区共七个分区组成，作为常州城市的主体。它是第三产业集中、第二产业发达、城市化程度最高的地区。1987—1995 年间，为配合常州市快速的经济发展和城市化发展，常州市区建成区面积由 35.9km² 增长为 60.6km²。1996 年后，常州市为适应城市化、现代化的需要，调整市区部分行政区划，市区面积由 280km² 扩大至 1864km²。2010 年的第四次修编，将中心城区 2020 年人口规模定为 248 万人，中心城区 2020 年建设用地面积定为 298km²。城市总体规划中的城市空间布局与 1991—2006 年间的常州市由农业景观格局为主转变为城市景观为主的结论相吻合。1996 年土地利用总体分析的土地利用特点与文中生态用地的空间格局基本吻合，据此第四次城市总体规划修编中，将城市建成区进行了合理分布，形成"一城七片"的格局，同时产业发展提出科技创新发展的新目标以及发挥城市自身优势，城市的林地面积、湿地公园面积随着历史文化名城保护工作的进行不断得到控制和保护，公园绿地面积由 1995 年的 283hm² 增长至 2006 年的 1333hm²，增长率达到了 371%。

表 4-16　常州市城市空间格局发展策略

名称	城市定位	城市空间布局
《常州市城市总体规划》 （1981—2000 年）	以轻纺、电子为主的中等工业城市	控制东西，向南、北发展。形成以老城为中心，以戚墅堰、新闸、湖塘桥、龙虎塘四个区、镇为辅的"一城四点"组群式布局
《常州市城市总体规划》 （1989—2000 年）	以轻纺机电为主的工业城市，苏南地区中心城市之一	控制东西，发展南北，重点向北，开发江边，一城四翼
《常州市城市总体规划》 （1996—2010 年）	以高新技术产业为先导的长江三角洲重要的经济中心城市之一和历史文化名城	以主城区为中心，向东、向北两个发展带组成的 L 形布局形态
《常州土地利用总体规划》 （1996—2010 年）	土地利用特点：①土地资源构成以耕地为主。②土地的适种性广，利用率高，投入产出率高。③居民点与工矿建设用地增长较快	土地利用潜力：①农业增产的潜力。②土地复垦和整理的潜力。③城镇建成区土地利用的潜力
《常州市城市总体规划》 （2010-2020）	长江三角洲地区重要中心城市之一、现代制造业基地，文化旅游名城	一城七片，主城区"一体两翼八组团"

4.7　小　结

常州城市空间演变主要经历了三个阶段：20 世纪 90 年代之前，"单一发展轴，一城四点"；20 世纪 90 年代—90 年代末，"纺锤十字形、单中心结构"；21 世纪初期，"沿南北方向集中连片的圈层式发展格局"。常州市城市功能和整体用地结构伴随城市空间演变进行了不同程度的重组，但城市规划的主题一直是将城市空间格局最大限度地迎合社会经济的发展，而忽略了生态用地的保护与规划。本书从城市生态系统空间和功能两个方面探讨了 1991—2006 年 4 个时期常州市区的生态用地演变。结果表明，常州市区正逐渐由农田为主的景观格局转变为以建设用地为主导的城市景观格局，在 1991—2006 年间生态用地空间结构和面积发生剧烈变化，生态用地占市区面积的比例由89.2%降低至65.1%。其中，农田的生态服务价值减少最大，减少了32.3%。生态用地所提供的生态系统服务价值降低了19.3%，年均减少1.3%。

本研究收集了常州市区4期遥感数据，年份跨度大、间隔平均，较好的还原了15年间常州市土地利用的相对变化情况。同时，从空间结构和生态系统服务两个角度，探讨了城市生态用地的演变，并将生态用地的结构与生态系统服务在空间上联系起来。有关讨论如下：

（1）遥感数据处理的准确性。遥感数据的分辨率一直是影响土地利用分类的问题。本文中着重比较各时间段各生态用地类型的相对变化，因此，各生态用地类型面积绝对值的误差对结论影响不大。

（2）生态用地的分类与边界。生态用地的分类还未形成完整的体系，学者中存在多种不同的分类方法。本书所指的生态用地侧重于其提供的生态系统服务，具体是指除城市建设用地以外的林地、农田、水体、园林绿地以及生态储备用地等。对于城市生态用地的边界也不是统一确定的，它既包括城市中的生态用地，也包括城市周边未城市化的土地。由于生态系统类型和受人类活动影响程度不同，城市中和城市周边生态用地提供的生态系统服务也有差别，本书从林地、农田和水体不同生态系统类型进行研究，以后可从城乡梯度等方面考虑。

（3）常州市区景观格局的演变。通过 RS 和 GIS 对遥感影像的解译，得出 1991—2006 年间常州市区土地利用类型之间的转换和景观格局的演变。常州市区 15 年间变化最大的两类斑块是农田与建设用地，呈现由农田主导的农业景观向建设用地主导的城市景观演变。建设用地在 1991—2006 年间面积不断增加，耗散度为 0。农田是转化为建设用地的主要来源，2001—2006 年建设用地的开发强度明显高于前 10 年，而此期间农田的开发度为 0，可见 200—2006 年是常州市城市化飞速发展的时期。在此期间，常州政府在注重经济发展的同时，通过健全绿地保护法规、开展系统的绿地规划保护，有效地将林地的覆盖率恢复到 1991 年的 76.6%。常州市区整体景观在 1991—2001 年间呈现以农田斑块为主的景观破碎化加剧，2001—2006 年间以建设用地斑块为主的景观蔓延度增加的状态。

（4）生态系统服务的经济价值。本研究将国内外生态系统服务的经济价值系数进行综合，以谢高地等提出的中国陆地生态系统服务价值当量为基础，对研究区生态系统服务经济价值进行估算有待进一步精确，本书对由于生态用地结构改变所导致的生态系统服务变化的经济价值评估，只是提供一个大致相对的数据，为领导和有关部门提供一个决策依据，生态系统服务的某些方面是无法用经济价值衡量的。

（5）政策对土地利用的影响。通过土地利用程度与景观格局演变的分析，从时间序列上可以看出 2001—2006 年是常州市区景观转变的重要时期，这一时期常州市城市化继续推进，农田向建设用地的转化更加急剧。但同时，以林地和水体为代表的生态用地恢复到 1991 年的水平，占景观面积的比例达到 87.2%。政策导向是造成这一变化的主导因素。常州市在 1981—2002 年间，四次修编城市总体规划，不断调整城市发展格局。通过政策手段对快速城市化的把握和有效控制使得常州城市在发展经济的同时，保证了市区基本的生态用地，维持了生态系统的可持续发展。

第 5 章　中国超大城市生态用地结构及功能特征

　　许多学者基于城市的土地利用状况对城市系统的总体生态系统服务功能价值进行了核算和评估（曾招兵等，2007，Zhao，et al，2004）。然而，这些研究大多是针对某一个城市进行，或针对某一区域范围内城市进行（邸长宝和陈勇，2010，宗跃光等，2000），专门针对某一发展阶段的城市群体进行横向比较的研究较为缺乏。本研究以处于中国城市化稳定期的超大城市为研究对象，对其土地利用状况及其生态系统服务功能之间的关系进行分析研究，探讨中国不同地理位置的发达城市的土地利用特征及其生态系统服务功能价值变化规律，综合了解中国发达城市土地系统的生态系统服务功能状况，以期为新兴城市在快速城市化发展过程中对土地资源的合理利用提供理论依据与参考。

5.1　研究内容与方法

5.1.1　研究对象

　　中国地域广阔，各地区发展不平衡，本研究主要针对超大城市的土地利用变化状况以及其生态服务功能之间的相互关系进行比较分析，以中国 1995 年城区非农业人口达到 200 万的城市作为研究对象，包括上海、北京、天津、重庆、南京、西安、哈尔滨、武汉、广州和沈阳，其中沈阳数据缺失，在此仅讨论其他九个城市。这 9 个城市除北京、上海、天津和重庆四个直辖市，其他都为省会城市，直辖市和省会城市作为各区域的行政、文化中心，城市化程度高，能够代表城市化发展的中后期的城市的部分状况，这些城市的土地利用变化状况能够反映出中国高度城市化的城市内部土地系统状况及其生态系统服务功能的强弱。

5.1.2 研究内容

5.1.2.1 九个超大城市生态用地利用状况

以土地的主要生态服务功能和土地调查的分类体系为依据，将城市土地利用类型分为六种生态用地和建设用地。以1995年和2008年九个超大城市的土地利用数据为基础，构建土地利用动态和土地利用变化强度模型，分析中国城市化水平较高的大型城市近年的土地利用变化状况。

5.1.2.2 土地系统的生态系统服务功能状况

依据谢高地等（Xie G D，ZhenL，Lu C X，et al.，2010）提出的生态服务功能价值系数表对各城市土地系统1995年和2008年提供的生态系统服务功能价值进行了估算，并横向比较了各城市单位面积生态服务功能价值量和人均生态服务功能价值量，最后对各生态用地类型进行了敏感性分析，表明研究结果可信。

5.1.2.3 城市土地生态系统服务功能与城市发展关系

（1）九个城市土地生态系统服务功能与城市发展横向关系。构建城市发展水平模型，综合非农业人口比例、第二第三产业从业人员人口比例，第二第三产业产值比例，人均铺装道路面积以及人均公共绿地面积五个指标对2008年九个城市的城市发展水平进行评估分析。然后结合前文得出的九个城市各类生态系统服务功能价值量，利用SPSS统计软件分析大型城市的城市发展水平与各种生态服务功能之间的相关关系。

（2）城市生态用地变化的驱动力。基于研究结果，在九个超大城市中选出具有典型意义的城市，探索其生态用地受城市发展的影响状况。考虑到数据的可行性以及城市发展状况的主要影响因素，选取非农业人口占总人口比重、人口密度、人均GDP、第二第三产业产值比重、每万人大学生数和社会消费品零售总额来反映城市发展状况，利用SPSS软件对案例城市的生态用地变化与6个指标进行多元线性回归，探索城市生态用地变化的驱动力。

5.1.3 研究方法

首先对中国发达城市土地系统的生态系统服务价值进行了评价，然后分别从横向和纵向的角度分析了城市发展对生态用地功能的影响，主要采用了生态系统服务评估法、典型相关分析和多元线性回归三种研究方法。

（1）生态系统服务评估法。对不同类型城市生态用地的生态服务价值进行评估，将不同类型的生态用地的生态服务价值乘以该土地类型面积，计算总体生态服务价值以及总体生态服务价值丧失量，与同时期经济增长值进行比较。

（2）典型相关分析。用典型相关分析研究城市生态用地与城市发展状况之间的协调度与城市社会和经济综合水平之间的相关关系，拟合出相关曲线，从而探讨生态用地对城市发展的影响机制。

（3）多元线性回归法。将各类城市历年社会、经济发展趋势和生态用地的变化进行多元线性回归，预测城市未来社会、经济状况以及相应的生态用地服务功能值，对全国未来发展情景进行模拟，从而对当前生态用地储备量进行建议。

5.1.4　技术路线

本研究首先对城市土地利用类型进行了划分，然后分析城市生态用地的结构和功能特征，最后针对城市生态用地的结构和功能分析结果，结合城市发展状况进一步探讨城市生态用地的变化与城市发展之间的影响机制。主要分析流程如图 5-1。

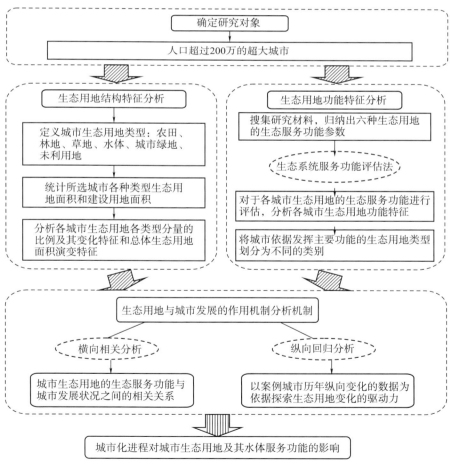

图 5-1　城市生态用地变化与城市发展的关系分析流程图

5.2 超大城市生态用地变化状况

5.2.1 数据收集以及生态用地类型划分

本研究以 1995 年和 2008 年九个城市各种土地利用类型的面积作为研究的基础数据，其中 1995 年采用中国科学院地理资源与科学研究所建立的中国土地资源数据库的数据，2008 年数据采用各城市国土部门土地面积调查数据（其中上海和西安未公布，分别用 2007 年、2005 年的数据代替）。为保证数据库数据的真实准确，本研究对 1995 年数据依据各城市统计年鉴以及第一次土地调查部分资料进行了检验调整。其中涉及各种土地利用类型的数据统计边界为包括辖县的整个城市地区范围。

各市土地面积调查数据采用的土地分类方法都参照了国土资源部颁发的《全国土地分类》（过渡期适用）。本研究依据用地类型的主要生态服务功能特征对土地调查的分类体系进行调整，并将城市绿地这一重要的城市生态用地类型从建设用地中分离，单独列为一种生态用地类型，本研究的土地类型划分见表 5-1。

表 5-1   城市土地利用类型划分表

土地利用类型	内容描述
农田	包括耕地（灌溉水田、望天田、水浇地、旱地、菜地）和园地（果园、桑园、茶园、橡胶园及其他园地）
林地	包括有林地、灌木林、林地、未成林造林、迹地以及苗圃
草地	即牧草地，包括天然牧草地、改良牧草地和人工牧草地
水体	包括未利用地类型中的其他用地（河流水面、湖泊水面、苇地和滩涂[a]）以及建设用地中的水利设施用地[b]
城市绿地	包括城市园林绿地面积和公园绿地面积，即为市区公共绿地面积
未利用地	包括荒草地、盐碱地、沼泽地、沙地、裸土地、裸岩石砾地和其他未利用地
建设用地	包括居民点及工矿用地和交通运输用地

注 a：由于苇地和滩涂所占比重较小，且附属于湖泊和河流，故一并划为水体。

注 b：建设用地中的水利设施用地很大比例为水库，在此考虑水库作为水体的生态服务价值，将其从建设用地中划出。

5.2.2 土地利用变化状况模型构建

某一土地利用类型的动态度是用来描述区域一定时间范围内某种土地利用类型数

量的变化速度，可以用来比较不同区域土地利用变化的差异（王秀兰，包玉海，1999）。土地利用动态度的公式如下：

$$K = (U_b - U_a)/(U_a \times T) \times 100\% \qquad (5-1)$$

式中，K 为土地利用动态度，U_a 和 U_b 分别为研究初期和末期某一类型的土地面积，T 为 a 到 b 的时间跨度。

为了综合比较各城市土地利用变化之间的差异，引入土地利用变化强度的概念来定量衡量各城市总体土地利用变化程度（黄贤金，濮励杰，彭补拙，2008）：

$$Q = \sum_{i=1}^{n} | K_i | \qquad (5-2)$$

式中，Q 为土地利用变化强度，K_i 为某一土地类型的利用动态度。

5.2.3　土地利用变化状况分析

由表 5-2，1995 年至 2008 年九个城市各土地类型变化情况主要有以下几点：

（1）九个城市的建设用地和城市绿地动态度都为正值，说明 1995—2008 年这一阶段九个超大城市的建设用地和城市绿地面积都呈增加趋势，建设用地的增加与这九个超大城市的城市化水平由 1995 年到 2008 年的显著增加吻合。各城市城市绿地变化的平均水平远高于其他用地类型，一方面，由于城市绿地的统计范围为市区范围，从 1995 到 2008 年城市的市区范围不断扩大，绿地面积相应增加，且城市绿地面积的基数小也造成其动态度大，另一方面，城市绿地是与城市居民生活联系最为紧密的生态用地类型，说明目前城市建设对于城市人居环境愈加关注。

（2）林地动态度各城市差异较大，除广州以外的其他城市都为正值，其中上海和重庆林地面积增加显著，一方面由于上海和重庆的城市总面积在此期间显著扩张，而国务院于 2002 年推行的退耕还林政策是林地增加的另一方面原因，其他城市林地面积虽有增长，但动态度值较小，远不及建设用地的增长速度，说明超大城市发展过程中建设用地扩张是生态服务用地缩减的主要原因。

（3）农田、草地、水体和未利用地四种用地类型的动态度除重庆以外基本为负值，重庆在此阶段城市范围大面积扩张，各种用地类型面积都显著增加，因而与其他城市的变化不一致，其中农田和水体缩减最为严重，农田缩减的一方面原因是建设用地的侵占以及退耕还林政策，另一方面原因是城市化进程中大量农业人口拥入城市，耕地荒废，水体的缩减一方面原因是人为填埋水体，另一方面原因是由于气候变化，水体干旱。

表 5-2　中国超大城市 1995—2008 年土地利用变化动态度（%）

地区	农田	林地	草地	水体	城市绿地	未利用土地	建设用地
上海	−1.40	28.62	—	5.59	34.66	—	6.01
北京	−1.62	4.52	−7.65	−2.26	11.19	9.05	5.09
天津	−0.66	1.48	−0.15	−3.73	36.59	−3.88	7.05
重庆	9.27	56.26	48.42	9.11	40.46	1.46	39.26
南京	−1.62	1.39	−7.48	−4.12	48.16	−3.61	10.19
西安	−0.79	0.16	−0.42	−1.95	116.67	−0.34	3.52
哈尔滨	−0.08	0.04	−0.35	7.06	13.56	−3.14	2.18
武汉	−1.34	1.64	−7.37	−2.40	22.13	−4.06	11.35
广州	−1.79	−0.78	−3.63	−3.42	27.09	−5.51	12.11

　　通过各城市的土地利用变化强度可以对各城市总体土地利用变化剧烈程度进行比较，由图 5-2，重庆和西安的土地利用变化强度最高远超过其他城市，就重庆来说，其土地利用变化强度大是因为其总体面积增加了，各种土地类型面积相应大幅增加，而西安的土地利用变化强度大则是由城市内部不同土地利用类型的转化造成，主要是城市绿地的大幅增加，其动态度达到 116.7，1995 年西安城市化水平较低，城区范围较小，城市绿地基数很小，因此增长迅速。土地利用变化强度最小的城市是哈尔滨，其建设用地的增长速度也是各城市最低。从地理位置来看，南方城市的土地利用变化强度普遍高于北方，上海、南京、广州均高于北京、天津、哈尔滨。

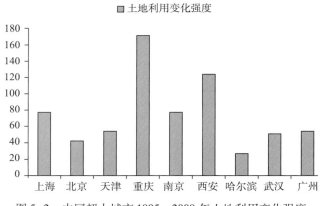

图 5-2　中国超大城市 1995—2008 年土地利用变化强度

5.3　城市生态用地的生态系统服务价值评估系数与模型

5.3.1　生态系统服务功能价值系数

城市土地系统具有重要的生态系统服务功能，每种土地类型所提供的生态系统服务是有区别的，为了对各类用地的生态系统服务功能进行评估，许多学者采用了价值评估法，其中谢高地等综合 Costanza 等有关生态系统服务功能的价值系数研究成果和中国各类生态系统的实际情况修订的中国生态系统单位面积服务价值当量表得到了国内学者的认可。

本研究中各种用地类型的生态系统服务功能价值系数参考谢高地等（Xie G D，ZhenL，Lu C X，et al.，2010）2007 年修订的中国生态系统单位面积服务价值当量表，其中农田参考农田生态系统的生态系统服务价值量，林地参考森林生态系统的生态系统服务价值量，草地参考草地生态系统的生态系统服务价值量，水体参考水体生态系统的生态系统服务价值量，未利用地参考荒漠生态系统的生态系统服务价值量，城市绿地系统结构较为复杂，其由森林、草地以及水体等不同种类的生态系统组成，依据其他生态系统进行综合调整。

城市绿地指城市公共绿地，其统计范围包括市区内的街边绿地、公园绿地以及其范围内的水域，而在本研究将城市绿地简化为以乔木为主的林地、以草坪为代表类型的草地和水体组成，并参考有关城市绿地结构的研究成果（徐飞，张桂莲，王亚萍，等，2008，祝宁，李敏，王成，等，2002），假设林地、草地和水体的面积比值为5：4：1。由此将城市绿地的当量调整为：

$$VC_{城市绿地} = VC_{森林} \times 0.5 + VC_{草地} \times 0.4 + VC_{水体} \times 0.1 \qquad (5-3)$$

式中，VC 为生态系统服务功能价值系数。

此外，由于城市绿地的主要功能是为城市居民提供休闲游憩的场所而不提供原材料和食物，将食物生产、原材料的单位面积生态系统服务功能价值量，调整为等同于荒漠的单位面积生态系统服务功能价值量，娱乐文化项调整为等同于生态系统服务功能价值最高的水体。在本研究中建设用地生态系统服务功能默认为零，调整后各用地类型单位面积生态系统服务功能价值量表如表5-3，研究中假设不同年份各用地类型单位面积生态系统服务功能价值量保持一致。

表5-3 各生态用地类型单位面积生态系统服务功能价值量表（元/hm²）

项目 生态系统 服务功能	农田	林地	草地	水体	城市绿地	未利用地
食物生产	449.1	148.2	193.11	238.02	8.98	8.98
原材料生产	175.15	1338.32	161.68	157.19	17.96	17.96
气体调节	323.35	1940.11	673.65	229.04	1279.48	26.95
气候调节	435.63	1827.84	700.6	925.15	1389.88	58.38
水文调节	345.81	1836.82	682.63	8429.61	1986.55	31.44
废物处理	624.25	772.45	592.81	6669.14	1286.22	116.77
保持土壤	660.18	1805.38	1005.98	184.13	1337.69	76.35
维持生物多样性	458.08	2025.44	839.82	1540.41	1505.02	179.64
娱乐文化	76.35	934.13	390.72	1994	1994	107.78
总计	3547.89	12628.69	5241	20366.69	10805.78	624.25

5.3.2 生态系统服务功能价值量估算

根据各种生态用地类型的生态系统服务功能价值系数，分别计算各城市 1995 年和 2008 年各种用地类型的生态系统服务功能价值量，由于各城市总体土地面积以及人口数量不同，以单位面积生态系统服务功能价值量和人均享有生态系统服务功能价值量来对各城市进行比较研究，公式如下。

$$ESV_k = \sum_{i=1}^{n} VC_{ik} \times U_i \qquad (5-4)$$

$$ESV_{kU} = \frac{ESV_k}{U} \qquad (5-5)$$

$$ESV_{kP} = \frac{ESV_k}{P} \qquad (5-6)$$

式中，ESV_k 为某一类型生态系统服务功能的价值量，U_i 为一种用地类型的面积，ESV_{kU} 为某一类型生态系统服务功能的单位面积价值量，ESV_{sP} 为某一类型生态系统服务功能的人均享有价值量，P 为城市总人口数。

5.3.3 生态系统敏感度模型

敏感性分析是一种定量描述模型输出变量对输入变量依赖性程度的方法（蔡毅，

刑岩，胡丹，2008），在本研究中是通过生态系统服务功能价值单价的变化来显示生态系统服务功能价值的变化状况，通过敏感度指数的计算，可以反映这一土地利用类型利用质量的变化对整个生态系统的敏感程度。这里将各个土地利用类型的生态系统服务功能价值系数分别上调1%（调整其他比例亦可，结果一样），来分析某一土地利用方式的变化对城市整体生态系统服务功能的重要程度。

$$CS = \left| \frac{(ESV_j - ESV_i)/ESV_i}{(VC_{jk} - VC_{ik})/VC_{ik}} \right| \tag{5-7}$$

式中，CS 为敏感度指数。

5.4　城市生态用地生态系统服务功能特征分析

由于各城市的总体土地面积和人口规模不同，为横向比较各城市的土地系统提供的生态系统服务功能价值量，利用单位面积生态系统服务功能价值量和人均享有生态系统服务功能价值量来反映各城市土地系统的生态系统服务功能特征。

5.4.1　基于土地面积的城市土地系统生态系统服务功能特征

表5-4展示了1995年和2008年中国九个超大城市土地系统的单位面积生态系统服务功能状况。首先由表5-2可以看出九个城市土地系统所提供的最主要的生态系统服务功能都为水文调节，这是由于主要提供水文调节功能的水体和林地在各城市所占比例都较大。各城市土地利用特征不同，因而主要生态系统服务功能有所差异，主要有3种类型：①广州和重庆各种类型的生态系统服务功能较为均衡，广州土地系统单位面积总体生态系统服务功能价值量最高，除食物生产之外，广州各类生态系统服务功能价值都处于九个城市的前列，重庆各种生态系统服务功能价值量也较为均衡，但由于其范围变化大，1995年和2008年价值总量变化显著；②哈尔滨和西安在保持土壤、气体调节、气候调节和原材料生产方面占优势，食物生产、废物处理和娱乐文化三种类型的生态系统服务功能为其薄弱点，总体生态系统服务功能在九个城市中处于中上等；③上海、天津、北京、南京和武汉的生态系统服务功能结构相似，以水文调节、废物处理和维持生物多样性为主，食物生产和原材料生产方面则较为薄弱，总体生态系统服务功能处于九个城市中的中下等。九个超大城市单位面积各种类型的生态系统服务功能价值量虽然有所差异，但总量相差较小，说明在城市发展相似阶段的城市土地系统提供的生态系统服务功能相似。

表5-4　1995年和2008年九个城市土地系统单位面积生态系统
服务功能价值量（元/hm²）

地区	年份	FP	RP	GR	CR	HR	WT	SC	BC	CE	总量
上海	1995	280	132	240	427	1774	1579	407	556	436	5830
	2008	211	136	273	482	2322	1922	371	652	626	6995
北京	1995	218	446	773	815	1152	843	907	942	466	6561
	2008	168	605	903	908	1150	708	923	1030	503	6898
天津	1995	265	154	257	489	2419	2056	394	673	593	7300
	2008	218	133	240	379	1365	1199	368	482	361	4746
重庆	1995	256	323	511	585	886	772	662	683	318	4996
	2008	207	599	908	920	1114	720	967	1036	483	6956
南京	1995	285	247	415	617	2255	1888	559	790	608	7664
	2008	214	235	525	642	1462	1181	643	753	593	6248
西安	1995	242	628	943	963	1167	782	1021	1084	492	7322
	2008	224	631	956	966	1119	722	1020	1083	497	7218
哈尔滨	1995	236	728	1087	1088	1228	763	1143	1217	546	8036
	2008	240	733	1095	1109	1405	897	1148	1248	589	8464
武汉	1995	297	242	397	622	2492	2089	546	813	644	8142
	2008	241	237	403	562	1855	1536	521	704	526	6585
广州	1995	250	601	944	1023	1838	1313	1015	1184	686	8854
	2008	202	547	1033	1089	1644	1109	1091	1227	835	8777
平均值	1995	259	389	618	737	1690	1343	739	882	532	7189
	2008	214	429	704	784	1493	1110	784	913	557	6988

注：FP——食物生产（Food production）；RP——原材料生产（Raw materials production）；GR——气体调节（Gas regulation）；CR——气候调节（Climatic regulation）；HR——水文调节（Hydrological regulation）；WT——废物处理（Waste treatment）；SC——保持土壤（Soil conservation）；BC——维持生物多样性（Biodiversity conservation）；CE——娱乐文化（Culture and entertainment）。

　　1995年和2008年相比：单位面积生态系统服务功能价值量下降的城市有天津、南京、西安、武汉和广州五个城市，除西安和广州其他城市显著降低；价值量增加的城市有上海、北京、重庆和哈尔滨，其中重庆2008年价值量显著大于1995年。重庆市的单位面积生态系统服务功能显著增加的原因主要是自1997年重庆正式列为中央直辖市，周边一些小城市列入其直辖范围，在本研究中将重庆辖区内所有土地统计在内，造成2008年重庆的单位生态系统服务功能显著高于1995年。九个城市单位面积生态系统服务功能价值量的平均值由1995年的7189.5元/hm²降到2008年的6987.6元/hm²，整体来看 2008 年中国超大城市土地系统单位面积生态系统服务功能低于 1995 年，降低了 3%，说明处于中国城市化发展中后期的城市土地系统的生态系统服务功能大部分呈弱化趋势。

5.4.2　基于人口数量的城市土地系统生态系统服务功能特征

由表 5-5 可以了解九个超大城市人均享有的生态系统服务功能状况，由于单位面积生态系统服务功能价值量和人均享有生态系统服务功能价值量两个指标都可以反映城市中各种类型的生态系统服务功能的结构特征，有关人均享有生态系统服务功能价值量的生态系统服务功能结构不再累述。对利用人口数量和土地面积进行平均的生态系统服务功能价值估算结果进行比较可以看出，相较于单位面积生态系统服务功能价值量，不同城市各类型人均生态系统服务功能价值量差异性较大，而且各市总体价值量排序发生了显著变化，可见人口密度的差异对于城市居民享有的生态系统服务功能质量有影响。

1995 年和 2008 年之间人均享有生态系统服务功能价值量除重庆和上海，其他城市都呈下降趋势，其中重庆人均享有生态系统服务功能价值量增长幅度较大，上海增长幅度微小，且上海人均享有生态系统服务功能价值量始终处于各城市最低水平，哈尔滨显著降低，但其人均生态系统服务功能价值量始终远高于其他城市，各城市的平均值由 1995 年的 1677.2 元/人降到 2008 年的 1230.4 元/人，减少了 27%。九个城市之间的差距 2008 年小于 1995 年。1995 年和 2008 年各城市人均享有生态系统服务功能价值量分布位置较为集中，1995 年集中于 1000 元/人左右，2008 年集中于 700 元/人左右，这从一个侧面反映了中国一定规模的城市内的土地系统能够提供的人均生态系统服务功能是相似的，人均享有生态系统服务受城市人口规模的影响较大。

表 5-5　1995 年和 2008 年九个城市人均享有生态系统服务功能价值量（元/人）

地区	年份	FP	RP	GR	CR	HR	WT	SC	BC	CE	总量
上海	1995	14	6	12	21	86	77	20	27	21	284
	2008	9	6	12	21	101	84	16	28	27	305
北京	1995	33	68	118	124	176	129	138	144	71	1001
	2008	16	59	87	88	111	69	89	100	49	668
天津	1995	35	20	34	65	321	273	52	89	79	968
	2008	22	14	24	38	138	122	37	49	37	481
重庆	1995	39	50	79	90	137	119	102	105	49	771
	2008	60	173	263	267	323	209	280	300	140	2016

续表

地区	年份	FP	RP	GR	CR	HR	WT	SC	BC	CE	总量
南京	1995	36	31	52	78	285	239	71	100	77	969
	2008	23	25	55	68	154	124	68	79	62	659
西安	1995	38	98	147	150	182	122	159	169	77	1142
	2008	29	83	125	126	146	94	134	142	65	945
哈尔滨	1995	235	723	1079	1081	1220	758	1136	1209	543	7983
	2008	128	393	587	595	753	481	615	669	316	4538
武汉	1995	36	29	48	75	300	252	66	98	78	980
	2008	25	24	41	58	190	158	53	72	54	676
广州	1995	28	68	106	115	207	148	114	133	77	997
	2008	18	49	93	98	147	99	98	110	75	787
平均	1995	55	122	186	200	324	235	206	231	119	1677
	2008	37	92	143	151	229	160	155	172	92	1230

5.4.3 各生态用地的敏感性分析

通过敏感度指数公式得出各城市各种土地类型的敏感度指数如（表5-6），进而分析不同生态用地类型的面积变化对城市总体生态系统服务功能价值的影响程度。综合1995年和2008年结果进行分析得出。

表5-6 1995年和2008年各生态用地类型的敏感度指数

地区	年份	农田	林地	草地	水体	城市绿地	未利用地
上海	1995	0.318	0.017	0.000	0.646	0.018	0.000
	2008	0.167	0.053	0.000	0.716	0.064	0.000
北京	1995	0.147	0.507	0.187	0.150	0.005	0.005
	2008	0.110	0.767	0.001	0.101	0.012	0.010
天津	1995	0.214	0.044	0.000	0.732	0.004	0.005
	2008	0.301	0.081	0.001	0.580	0.033	0.004
重庆	1995	0.340	0.427	0.015	0.188	0.007	0.024
	2008	0.154	0.726	0.022	0.084	0.008	0.006
南京	1995	0.224	0.155	0.002	0.592	0.024	0.003
	2008	0.217	0.226	0.000	0.338	0.217	0.002

续表

地区	年份	农田	林地	草地	水体	城市绿地	未利用地
西安	1995	0.184	0.712	0.009	0.087	0.001	0.006
	2008	0.167	0.738	0.009	0.066	0.014	0.006
哈尔滨	1995	0.152	0.776	0.010	0.057	0.001	0.005
	2008	0.143	0.740	0.009	0.103	0.002	0.003
武汉	1995	0.216	0.131	0.005	0.637	0.008	0.003
	2008	0.220	0.197	0.000	0.542	0.039	0.002
广州	1995	0.148	0.552	0.000	0.252	0.046	0.002
	2008	0.119	0.518	0.000	0.147	0.215	0.01

（1）草地和未利用地由于面积比例小，各市的敏感度指数都低于 0.01，在此不加讨论；

（2）城市绿地的敏感度指数也很低，1995 年范围为 0.001~0.046，2008 年范围为 0.02~0.217，但 2008 年城市绿地的敏感度增加显著，说明随着城市的发展城市绿地不断增加，城市绿地对城市总体生态系统服务功能的影响力正在增加；

（3）农田的敏感度各城市之间的差异不大，从 1995 年到 2008 年，各城市的敏感度指数都发生了不同程度的降低，其中上海和重庆的降低量最大，说明各城市发展对农用地都有不同程度的侵占，农用地提供生态系统服务功能的能力降低；

（4）各城市林地和水体的敏感度指数差异较大，通过数据比较可以发现各城市的生态系统服务功能的主要影响地类均为林地或水体，上海、天津、南京和武汉水体的敏感度高，水体面积的改变对整体生态系统服务功能的影响较大，北京、重庆、西安、哈尔滨和广州的林地敏感度大，林地对于这些城市的整体生态状况更为重要，1995 到 2008 年各城市林地和水体的敏感度略有增加。

总体来看，各城市的不同地类敏感度的变化趋势一致，随城市发展农用地的生态敏感度降低，其他用地类型的生态敏感度增加。各城市不同用地类型的敏感度指数皆小于 1，说明生态服务价值对于价值系数缺乏弹性，价值系数的微小变化不会引起生态系统服务功能价值总量的大幅变化，说明分析结果是可信的。

5.5　超大城市土地利用状况与城市发展的关系

以下是九个城市土地生态系统服务功能与城市发展水平的相关分析。

5.5.1　城市发展水平分析

（1）城市发展水平模型构建。城市化水平通常用非农业人口占总人口的比重来表示，但一个城市的城市化程度是由人口，产业结构以及城市人居环境设施几个方面共同体现的（Costanza，R.，d'Arge，R.，De Groot，R.，et al.，1997，陈明星，陆大道，张华，2009），在此构建反映城市发展水平的指标体系以非农业人口比例，第二三产业从业人员人口比例，第二三产业产值比例，人均铺装道路面积以及人均公共绿地面积五个指标共同代表城市发展水平状况，在此将五个指标的权重皆赋值为0.2，城市发展水平计算公式如下。

$$D = P_{\text{非农业人口}} \times 0.2 + P_{\text{第二三产业从业人员}} \times 0.2 + P_{\text{第二三产业产值}} \times 0.2 + S_{\text{人均铺装道路}} \times 0.2 + S_{\text{人均公共绿地}} \times 0.2 \tag{5-8}$$

式中，D 为城市发展水平，$P_{\text{非农业人口}}$ 为非农业人口比例，$P_{\text{第二三产业从业人员}}$ 为第二三产业从业人员人口比例，$P_{\text{第二三产业产值}}$ 为第二三产业产值比例，$S_{\text{人均铺装道路}}$ 为人均铺装道路面积，$S_{\text{人均公共绿地}}$ 为人均公共绿地面积，各指标的数值首先进行离差标准化以抵消不同单位的影响，数据采用各城市2008年数据。

（2）2008年九个超大城市城市发展水平横向分析。由人口、产业结构、人居环境相关指标综合分析得到九大城市的实际城市发展水平。由图5-3可知，九个城市虽然于1995年市区非农业人口都已达到超大城市规模，但至2008年各城市的城市化水平差异较大，城市化水平范围在0.08至0.91之间。重庆市城市发展水平仅0.08，显著低于其他城市。这是由于重庆是一个农业大市，第二三产业产值比例以及第二三产业从业人员比例都远低于其他城市，西安和哈尔滨的城市化水平也低于0.5，城市化发展弱于其他城市，主要由于其人均铺装道路面积和人均公共绿地面积这两个有关城市人居

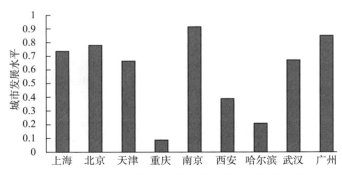

图5-3　2008年中国九个超大城市的城市发展水平

环境建设的指标低于其他城市。上海、北京、天津、南京、武汉和广州城市发展水平较高都已超过 0.7，代表了中国城市化发展最快的城市，其中南京城市发展水平指数值最高，甚至超过了上海和北京，主要由于其第二三产业从业人员和产值比例以及人均铺装道路面积高于其他城市。从地域上看，西北地区的城市化发展总体弱于南方沿海地区。

5.5.2　生态用地的生态系统服务功能与城市发展相关分析

以 2008 年九个超大城市为研究样本，利用 SPSS 软件中的相关分析程序分析城市土地系统所提供的九种生态系统服务功能的价值量以及总体价值量与城市发展水平之间的相关关系，得出 Pearson 相关系数。以期比较城市发展对城市土地系统所提供的各种生态系统服务功能的影响。

以九个城市作为样本研究城市发展水平与各种类型的生态系统服务功能之间是否存在一定的关联。由表 5-7 可知，城市土地系统所提供的九种生态系统服务功能价值量与城市发展水平之间六种呈负相关，三种呈正相关，总体生态系统服务功能价值量与城市发展水平呈负相关，九种生态系统服务功能的价值量与城市发展水平之间的相关性皆不显著。九种生态系统服务功能价值量与城市发展水平之间的相关系数的绝对值范围在 0.3~0.6 之间，相关程度较为一致。呈负相关的生态系统服务功能有食物生产、原材料生产、气体调节、保持土壤、维持生物多样性，其中原材料生产的相关系数绝对值最高，说明城市发展水平的发展对于原材料生产的负影响最大，可以看出提供这些生态系统服务功能的土地类型主要是耕地和林地，这与城市化发展对城市耕地和林地的大量侵占的实际情况相符。分析结果也表明了城市发展并非令所有生态系统服务功能都弱化，水文条件、废物处理和娱乐文化三种生态系统服务功能与城市发展水平呈正相关，且相关程度与其他呈负相关的生态服务功能基本一致，城市发展对城市人居环境的建设力度加大，因此废物处理和娱乐文化两种生态系统服务功能价值量与城市发展水平呈正相关，水文调节方面主要是由于中国城市化发展较快的区域主要是南方及沿海地区，水体范围较大，在水文调节功能方面本身占有优势。

表 5-7　城市发展水平与各类生态系统服务功能价值量的相关性

功能类型	食物生产	原材料生产	气体调节	气候调节	水文调节	废物处理	保持土壤	维持生物多样性	娱乐文化	综合
相关系数	-0.357	-0.577	-0.452	-0.418	0.439	0.482	-0.458	-0.409	0.342	-0.210

5.6 城市生态用地变化的驱动力分析——以上海市为例

前文研究结果表明超大城市的土地系统的生态系统服务功能特征主要有三大类型,而第三类型占据了九个城市的 50% 以上,因此研究第三类城市具有一定的典型意义。在此,选取第三类型中的一个城市,探索城市生态用地变化的驱动力。在此我们选取城市发展速度突出的上海作为案例城市研究上海市主要生态用地变化的驱动力。

据前文研究结果,上海市 2008 年与 1995 年相比,大面积减少的生态用地类型主要是农田,而耕地构成了农田的主要部分,此外,考虑到数据的可得性,在此以耕地面积变化来反应上海市生态用地的变化状况。选取能够反映城市发展状况的社会经济指标与耕地面积变化进行回归分析,探讨导致耕地面积缩减的因素,从而间接探索影响城市生态用地变化的主要驱动力。

5.6.1 上海市城市概况

上海地处中国漫长海岸线的最正中,亚洲第一大河长江的入海口以及亚太城市群的地理中心。上海全市面积为 6340km²;截至 2010 年,上海城镇人口占总人口 89.3%,城镇化水平居全国首位;人口密度为每平方公里 3631 人,是全国人口密度最大的城市;常住人口 2302 万,其中户籍人口 1412 万,是中国第一大城市,也是世界人口最多的城市之一。上海市人多地少,土地供需矛盾突出,人均土地面积约 0.55 亩(约合 333m²),不足全国平均水平的 1/20;人均耕地约 0.2 亩(约合 133m²),只有全国平均水平的 1/5。近年来,上海建设用地的需求量不断增加,耕地保护面临前所未有的压力(陈德平,2009)。

5.6.2 耕地变化基本特征

由《上海市统计年鉴 2011》得到上海市 1978 年至 2010 年耕地面积数据,绘出耕地历年变化趋势图。由图 5-4,1978—2010 年耕地面积整体呈下降趋势,耕地总面积由 1978 年的 3600km² 降至 2010 年的 2000km²,减少 1600km² 之多。耕地面积变化可以分为 1978—1992 年,1992—1997 年,1997—2006 年和 2006—2010 年四个阶段:1978—1992 年耕地面积均匀下降,下降速率低,14 年间下降 400km²,耕地面积变化率仅平均每年减少 0.8%;1992—1997 年间耕地面积下降速率有所变化,1992 年开始下降幅度变大,至 1996 年四年间下降了 300km²,变化率达到每年减少 2.4%,1996—1997 年耕地面积出现暂时的回升;1997—2006 年耕地面积的下降速率逐渐增大,平均变化率为每年减少 3.3%,属于耕地面积急剧减少的主要阶段;2006—2010 年耕地面积

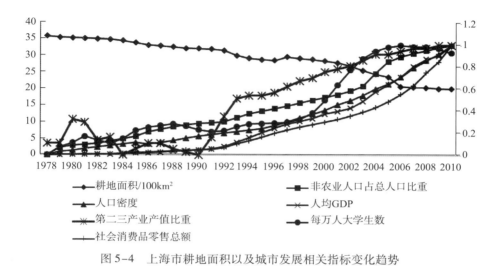

图 5-4　上海市耕地面积以及城市发展相关指标变化趋势

下降变慢，平均每年变化率回复第一阶段的 0.8% 。

　　为对城市发展水平变化与耕地面积变化有一个直观的认识，本研究结合数据的可得性，选取 6 个反映城市发展状况的指标，收集 1978—2010 年的数据进行标准化，结合耕地面积绘制双轴折线图，六个指标分别为非农业人口占总人口比重、人口密度、人均 GDP、第二三产业产值比重、每万人大学生数和社会消费品零售总额。由图可以看出六个反映城市发展状况的指标与耕地面积呈相反的增长趋势，各指标的增长速率有所区别。

5.6.3　上海市耕地变化的驱动力

　　利用 SPSS 对耕地面积和六个反映城市发展状况的指标进行多重线性回归，来探索耕地面积的变化如何受城市发展的影响，回归结果如表 5-8 至表 5-9 所示，其中 X_1 为非农业人口占总人口比重，X_2 为人口密度，X_3 为人均 GDP，X_4 为第二三产业产值比重，X_5 为每万人大学生数，X_6 为社会零售商品总额，Y 为耕地面积。

表 5-8　拟合优度检验

Model	R	R Square	Adjusted R Square	Std. Error of the Estimate
1	0.994	0.988	0.986	0.03810

表5-9　多重线性回归结果

Model		Unstandardized Coefficients		Standardized Coefficients	t	Sig.
		B	Std. Error	Beta		
1	(Constant)	1.035	0.025		41.635	0.000
	X_1	−1.103	0.199	−1.037	−5.537	0.000
	X_2	0.300	0.471	0.268	0.637	0.530
	X_3	−0.153	0.327	−0.150	−0.468	0.643
	X_4	−0.017	0.054	−0.019	−0.312	0.758
	X_5	0.011	0.101	0.011	0.104	0.918
	X_6	−0.082	0.388	−0.070	−0.211	0.834

表5-10　方差分析表

Model		Sum of Squares	df	Mean Square	F	Sig.
1	Regression	3.177	6	0.530	364.854	0.000
	Residual	0.038	26	0.001		
	Total	3.215	32			

由表5-8，回归方程的调整判定系数 $R^2 = 0.986$，所得到的回归模型中，Y 的变动中有98.6%可以由六个自变量解释，$R = 0.994$，说明 Y 与六个自变量之间的相关程度为99.4%。由表5-9，X_1 的实际显著性水平为0.000，对 Y 有显著性影响，其他指标影响不显著，由此可以构建出回归模型：$Y = −1.103X_1 + 1.035$。由表5-10，$P = 0.000 < 0.05$，拒绝零假设，回归方程的线性关系是显著的。

由线性回归结果可知，上海市耕地面积变化的主要影响因素为非农业人口比重（及城市化水平），且非农业人口比重对耕地面积变化影响显著。利用耕地面积与城市化水平历年数据做散点图（图5-5），进行详细分析。

由图5-5分析得出：城市化水平小于72%时，即1978—1996年，耕地面积随城市化水平提高均匀下降，此阶段上海城市化水平增长速度较快，城市扩张造成了耕地的不断缩减；城市化水平由72%增长到73%时，即1995—1996年，耕地面积出现了轻微的增长；随后城市化水平在73%之后，耕地下降速度逐渐变慢，城市化水平达到85%以后城市化水平增长造成耕地面积的缩减量减少。

总体来看，城市化水平的增长对耕地面积的缩减有显著影响，而不同时间阶段城市化水平对耕地缩减的影响力不同。一方面城市化水平的增长造成了城市建设用地的扩张，有研究表明城市化水平的变化与建设用地变化呈显著正相关，而建设用地的侵

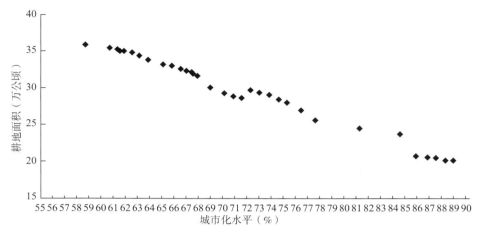

图 5-5　上海市耕地面积与城市化水平变化散点图

蚀是耕地面积缩减的关键因素，因此，城市化是显著导致耕地面积缩减的主要驱动力；另一方面上海市土地政策的变化对耕地利用状况的影响也很重要，近年来上海市政府逐渐意识到耕地作为一种不可再生的自然资源和经济资源，除具有生态服务功能更具有生态调节功能，保护耕地是协调和建设上海生态环境的客观要求，也是保障上海生态安全的现实需求。

5.7　小　结

5.7.1　城市生态用地及其生态系统服务功能特征

（1）本研究中涉及的九个超大城市都属于其所在区域的经济文化中心，甚至全国的经济文化中心，自 1995 年开始就处于城市化发展的中后期，至 2008 年城市化水平更是大幅增长，这些一致的特征使所研究的九个城市可以作为中国发达城市的典型，通过对其土地利用状况以及生态系统服务功能的分析有利于了解中国人地矛盾最为突出，城市扩张过快的其他发达城市的土地利用变化状况和生态系统服务功能特征，从而为城市发展规划决策提供参考。

（2）中国九个超大城市 1995—2008 年土地利用结构变化状况的一致性较强，说明处于城市化中后期的社会经济发达城市有相似的土地利用结构变化趋势。1995—2008年超大城市的各种用地类型中呈增长态势的为建设用地、城市绿地和林地，缩减态势的有农田和水体，草地和未利用地变化不显著。近年来，随着城市的发展，城市环境恶化、空气质量下降以及水土流失等一系列的问题使专家学者和政府部门日益重视城市的生态环境，发达城市作为各区域的社会经济文化中心，居民的生活质量已经处于全国较高水平，因而对于环境质量的需求更为迫切，因而为改善城市人居环境质量以及周边生态环境，城市绿地面积大幅增加，退耕还林政策使林地面积也有了一定程度的增长。但城市化进程中城市的扩张需要建设用地保障，超大城市庞大的社会经济系统规模也需要建设用地的支撑，因此建设用地的增长成为必然。建设用地的侵占以及退耕还林政策令各城市的农用地都发生缩减，对于农田的牺牲是各超大城市土地利用变化的主要问题，超大城市的城市化程度高，大量农业人口拥入城市，耕地荒废可能也是农用地被建设用地侵占从而不断缩减的原因之一。水体的缩减一方面是人为填满水体造成的，另一方面是由于气候变化，水体干旱造成。虽然各城市不同用地类型变化态势大体一致，但不同城市的总体土地利用变化强度差异较大，总体变化强度和总体生态服务价值量之间没有明显相关性。

（3）人口聚集和土地需求是城市化的基本特征（沈彦，刘明亮，2007），本研究从人均和单位面积两个方面横向比较了 1995 年和 2008 年九个超大城市土地系统所提供的生态系统服务功能。中国超大城市城市土地系统所提供的单位面积生态系统服务功能价值量范围 1995 年在 4996 ~ 8854 元/公顷之间，2008 年在 4746 ~ 8777 元/公顷之间，各城市单位面积生态系统服务功能价值量变化各不相同，说明随城市化进程，城市社会经济的发展并非一定要以牺牲生态环境为代价，建设用地的扩张并非一定造成土地系统的生态系统服务功能弱化，在城市的扩张之前对各种用地类型进行评价、核算，依据不同用地类型的特征进行合理规划，因地制宜、因势利导，保证用地布局的合理性，兼顾城市社会经济发展和生态环境优化两个方面是可能实现的。考虑到人口因素，中国超大城市的人均享有生态系统服务功能价值量的范围 1995 年在 284 ~ 7983 元/人之间，2008 年在 305 ~ 4538 元/人之间，各城市之间差距缩小，但除重庆以外所有城市的人均生态系统服务功能价值量都没有发生增长，且相较于单位面积生态服务价值量，降低比例较大，说明超大城市面临的主要问题应该是由于人口的增长带来的资源短缺，城市合理地进行规划布局可能能够维持城市土地复合系统的生态健康，使其提供的生态系统服务功能价值总量不发生弱化，但每年不断新增的出生人口以及超大城市的中心效应导致的大量人口由中小城市拥向超大城市，使人均享有的生态服务缩减成为必然的现实，因此人口问题是超大城市能否可持续发展面临的关键问题之一。

（4）本研究由于研究对象全部为超大城市，主要不足之处在于缺乏和中等城市和小城市的比较，无法得出超大城市的生态系统服务功能在全国范围内的区位。此外在各用地类型的生态系统服务功能价值系数的设定方面，各城市的地理位置，气候状况不同可能会导致不同用地类型的生态服务功能价值系数的差异，本书没有考虑这些差异，各城市采用一致的价值系数可能会造成生态系统服务功能价值量的评估欠准确。

但目前对于中国大型城市生态系统的生态系统服务功能价值量的评估研究多是对单个城市进行，对多个超大城市进行横向比较分析有助于了解中国社会经济发达的中心城市的共同特征以及差别，当前中国跨入超大城市行列的城市不断增加，对这几个自1995 年就成为超大城市的城市土地利用变化状况以及生态系统服务功能特征进行研究，可以对其他新兴的大型城市的发展提供指导和参考。

5.7.2　城市生态用地与城市发展相关关系

所研究的九个超大城市 2008 年单位面积总体生态系统服务功能价值量在 4000～9000 元/公顷之间，各种类型生态系统服务功能的价值量虽然有所差异，但整体分布特征相似，总量相差较小，说明在城市发展相似阶段的城市土地系统提供的生态系统服务功能相似。综合考虑了人口、产业结构和人居环境三方面要素对九个城市的城市化水平进行了评估比较，结果表明南方和沿海城市的城市化水平整体高于西北地区城市，说明在 1995 年人口规模就已经达到超大城市水平的九个城市的城市化发展历程因地区不同而有所区别。

通过九个城市的生态系统服务功能价值量与城市化水平之间的相关分析结果，可以看出城市化的发展造成城市土地系统所提供的大部分类型的生态系统服务功能发生弱化，其中原材料生产和保持土壤随城市化发展弱化最为严重，这是由于城市的发展必然引起建设用地扩张，耕地、林地等具有生态系统服务功能的用地类型遭到侵蚀。然而，城市的发展并不是一定要以牺牲生态环境为代价的，在对城市进行发展规划时充分考虑到各种用地类型的功能特征，对于具有生态系统服务功能的用地类型重视对其进行审核评估，因地制宜、因势利导，保证各种土地类型的生态健康，充分发挥其生态系统服务功能则是使城市健康发展的必要因素。

由于本研究的研究对象全部为超大城市，主要不足之处在于缺乏和中等城市和小城市的比较，无法得出超大城市的生态服务功能在全国范围内的区位。此外，不同城市规模下，城市化水平与生态系统服务功能的相关性可能有所不同，本研究仅以超大城市作为研究样本，一方面可以反映这一城市规模下城市化水平与生态系统服务功能的相关性，有助于了解中国社会经济发达的中心城市的共同特征以及差别。总体来说，本研究对中国超大城市的土地系统生态系统服务功能以及城市化水平做了综合评价，并对其关系进行了分析，可以为其他新兴的大规模城市的城市化发展提供参考和指导。

对于上海市生态用地变化的驱动力探讨主要针对上海市近年来缩减形势最严峻的生态用地类型——耕地进行，研究结果发现城市化水平的提高是当前耕地面积缩减的主要影响因素。此外，政府行为对于城市发展的引导也是影响耕地面积变化的主要因素。

第6章　城市生态用地的核算方法

　　人类对城市生态用地的需求量因时空变化而变化，依据土地的生态服务功能和满足程度的不同，将城市生态用地分为基本生态用地和适宜生态用地。城市基本生态用地是指保障城市生态安全，为维持城市正常生产、消费、流通、调控、还原功能所需生态服务的最基本的非建设用地。城市适宜生态用地是指能提供和满足宜居城市生产、生活所需生态服务的非建设用地。充分考虑城市社会经济发展对土地的适度需求，利用建立的土地服务功能评价指标体系，综合考虑土地的经济、社会和自然生态服务功能，特别在生态方面重点考虑不同生态用地类型的叶面积指数和生物量，采用网格法和 GIS 技术，以常州市为例，进行城市基本生态用地和适宜生态用地核算方法研究。

　　针对不同的基本生态用地制定相应的监测标准，选择重要的生态指标进行监测。建立基本生态用地的土地审计制度，每年由特定的部门负责基本生态用地的调查和审计工作，适时追踪基本生态用地的变化。审计指标包括：地区基本生态用地的数量和质量变化；基本生态用地的土地覆盖变化；各类用地土壤基本性状变化；生产性土地的生产力变化等。

6.1　城市基本生态用地的核算方法

6.1.1　研究方法

　　为了建设一个宜居、健康和可持续的生态城市，考虑土地的正面的生态服务和负面的生态胁迫效应，通过土地正、负生态服务的评价，从而得出城市基本生态用地的比例。

　　在评价指标的选取时，一方面依据评价指标选取的原则，另一方面考虑到指标在空间的可表达性，尽量将土地的生态服务进行空间的表达。所以本节对土地的评价选取了如表6-1的指标。

表 6-1　土地生态服务评价指标体系

一级指标	二级指标	指标权重	评价指标生态服务属性	三级指标(度量指标)	指标权重
综合生态服务功能	生态正效应	0.57	涵养水源、调蓄洪能力和净化环境	湿地面积比率	0.23
			气候调节、生物多样性维持和植被固碳释氧	绿化覆盖率	0.14
			生物质生产	农业用地比率	0.18
			城市景观美学	林业用地比率	0.13
			边缘效应	边缘周长/面积	0.15
			水土保持	土壤质地	0.17
	生态负效应	0.43	污染物廊道	交通用地比例	0.28
			热岛效应	热岛效应	0.19
			景观破碎	人口密度	0.25
			能源消耗	工业用地比率	0.28

表 6-1 中各个指标的权重通过专家群决策打分，构造判断矩阵后通过层次分析法计算，通过一致性检验后分配各个指标的权重。

生态服务功能的正负效应计算如下：

生态服务功能正效应指数为：$Service\_positive = \sum p_i \times S_i$

式中，$Service\_positive$ 为正效应综合指数，p_i 为正效应第 i 个指标的权重，S_i 为第 i 个指标的标准化值；

生态服务功能负效应指数为：$Service\_positive = \sum p_i \times S_i$

式中，$Service\_negative$ 为负效应综合指数，p_i 为负效应第 i 个指标的权重，S_i 为第 i 个指标的标准化值；

生态服务功能综合指数为：

$$Service\_total = p_{positive} \times Service\_positive - p_{negative} \times Service\_negative$$

式中，$Service\_positive$ 为正效应综合指数，$Service\_negative$ 为负效应综合指数，$p_{positive}$ 为正效应权重，$p_{negative}$ 为负效应权重。

6.1.2　常州市基本生态用地的核算

6.1.2.1　二氧化碳吸收和氧气生产

根据常州市区土地利用现状数据（2004），常州市现有耕地面积为 1016.38km²，林地面积 99.51km²，草地面积 4.74km²，水域湿地面积 283.87km²。

生态系统通过光合作用和呼吸作用与大气交换，主要是二氧化碳和氧气的交换，即生态系统固定大气中的二氧化碳，同时增加大气中的氧气，这对维持大气中的二氧化碳和氧气的动态平衡、减缓温室效应以及提供人类生存的最基本的条件有着巨大的不可替代的作用。但是人们往往忽略或者没有足够重视生态系统为人类提供的这两项服务，造成大量的自然生态系统，特别是原始森林和湿地生态系统遭到严重破坏。本研究以净初级生产力数据为基础对常州市生态用地的固碳和释氧进行定量评价。利用前人文献中各类生态系统的净初级生产力数据，根据光合作用反应方程式计算出各类用地的生态系统净初级生产力以及固定的二氧化碳和释氧的量。

表 6-2　常州市生态服务用地释氧固碳功能

用地类型	面积（km²）	净初级生产力（g·m⁻²·a⁻¹）	固定 CO_2 量（t·a⁻¹）	产生 O_2 量（t·a⁻¹）
林地	99.51	1912	310128.89	228315.77
草地	4.74	900	6953.58	5119.2
耕地	1016.38	650	1076854.61	729776.4

6.1.2.2　水土保持服务

根据常州市土壤普查调查，常州市区 99.89% 的土壤属于水稻土类，耕作层土壤质地各级所占比重为重壤土 82.26%，轻粘壤土 14.52%，中壤土 2.42%，其他 0.8%；土壤有机质含量中等。

（1）土壤保持量估算。常州市区主要为平原地带，平均坡度小于 6 度，根据计算方程，土壤潜在侵蚀量及现实侵蚀量都非常小，因此，土壤保持量在评价中不予考虑。

（2）土壤持水量估算。将表征土壤持水性和透水性的土壤毛管孔隙度和非毛管孔隙度或土壤蓄水模数作为主要评价指标和参数。根据收集到的有关长江上游及临近地区土壤理化性状资料和相关研究成果资料，结合评价目标，选取土壤蓄水模数作为常州土壤持水量估算的依据。

土壤蓄水模数为土壤非毛管孔隙蓄水量与土壤毛管孔隙蓄水量之和，其公式为：

$$V = V_{wp} + V_{uf}$$

$$V_{wp} = 10000 P_n D$$

$$V_{uf} = 10000 P_c D$$

式中：V——土壤蓄水模数（m³/hm²）；

　　　V_{wp}——土壤非毛管孔隙蓄水量（m³/hm²）；

　　　V_{uf}——土壤毛管孔隙蓄水量（m³/hm²）；

　　　P_n——土壤非毛管孔隙度（%）；

P_c——土壤毛管孔隙度（%）；

D——土壤根系层厚度（m）。

土壤毛细管孔隙度和非毛细管孔隙度取值如表6-3。

表6-3 各种植被类型的根系土壤毛管孔隙

土地利用类型	毛管孔隙（%）	非毛管孔隙（%）
林地	48.96	10.53
草地	38.12	4.47
农耕地	42.70	10.20

土壤根系层厚度是指植被主要根系（90%以上）分布的土壤厚度。根据野外实际调查，同时参照相关研究成果，一般来说，木本植被的主要根系分布于60cm土层以内，而草地植被主要根系分布于30cm以内；农业植被的根系因不同的作物种类而不同，一般在20~30cm。因此，为了便于比较，在评价过程中所选用的土壤有效蓄水厚度木本植被以60cm计，草地及农业植被以30cm计，农耕地植被根系深度按20cm计算。

根据上述分析，常州市生态服务用地土壤保水量如表6-4。

表6-4 生态服务用地土壤保水量

用地类型	面积（km²）	土壤根系层厚度（m）	土壤蓄水模数（m³·hm⁻²）	土壤持水量（m³）
林地	99.51	0.6	3569.4	3.55×10^7
草地	4.74	0.3	1277.7	6.06×10^5
耕地	1016.38	0.2	1058	1.08×10^8

6.1.2.3 水体净化服务

常州市主要河流干道水体流速为0.1~0.2m/s，流速较低，并且常常受长江、太湖相对水位的影响和通江河口闸门控制，河道流向不稳，常有滞流甚至倒流现象，使得水体的净化能力受到影响。

常州市的水体自然生态系统为人类提供了自然净化功能，但是当污染物的排放量超过了水体的净化能力时，水体基本的净化功能将逐步丧失，带来城市水污染环境问题。每年因居民生产生活消费的污水未经处理或处理不足而排至水体（表6-5）。

表6-5　常州市河流水体主要污染物排放表（单位：1000kg）

主要污染物	工业生产	生活	农业	养殖畜牧业	总计
CODcr	42192.47	21315.9	4922.0	1417.7	69848.1
NH3-N	3040.96	3192.9	213.5	285.1	6732.5

根据 2005 年常州市各个河流监测断面数据，常州市主要河流湖泊上游入水主要为 IV 类水质，下游出水主要为 V 类水质，水质标准见表6-6。常州市年过境主要河流径流量 $3.27 \times 10^9 \mathrm{m^3/a}$。

表6-6　GB3838-2002 地表水环境质量标准基本项目标准值（单位：mg/L）

污染物		I 类	II 类	III 类	IV 类	V 类
化学需氧量（COD）	≤	15	15	20	30	40
氨氮	≤	0.15	0.5	1	1.5	2

水体自净能力的估算采用以下公式：

$$水体自净量 = 污染排放量 - 下游水体污染物残留量$$

根据上述分析，常州市水体净化量约为：NH_3-N，5097.5t/a；CODcr，37148.1 t/a。

近年来，常州市的水环境形势比较严峻，市区干流、支流及湖泊各断面大都不能达到功能区要求，支流污染较干流严重。为恢复水体的自净功能，除了加强生产生活以及养殖农业的污染物排放控制以外，还需要采取生态修复措施，提高水体湿地对污染物的自净能力。刘玉辉等（2004）研究表明，在辅以人工控制条件下，湿地对于城市污水 CODcr 的去除率可达 44.4%，NH_3-N 的去除率可达到 21.9%。余波平（2006）利用垂直流人工湿地处理受到污染的河水时，发现在湿地系统对于 CODcr 和 NH_3-N 的去除率分别可达 82% 和 75%。扬州市宝应湖区在控制污染排放总量的同时，采取生态措施增强了水体的自净功能，将保护、繁殖与水草利用相结合，疏通湖中有机质、营养盐的迁移、转化、输出途径和链网，寓环保于生产和消费中，寓有机质、营养盐的处理于利用中，使水体稳定地维持在地表水二级标准。

6.1.2.4　生物质的生产

常州市生态用地为城市人类提供的主要生态服务功能之一就是物质生产，为常州市提供了大量的水产品和多种农林产品。水产品包括鱼类和甲壳类，主要有青鱼、草鱼、鲢鱼、鲫鱼以及河蟹、鳖、珍珠等。农林产品除粮食作物水稻外，还包括油料、蔬菜、瓜果、畜禽、水果、茶叶以及木材等。与其他地市相比，2006 年常州市的水产品总产量位居 11 位，人均产量位居 10 位。粮食总产量位居 11 位，人均粮食产量位居 10 位。新北区及武进区东南部生产服务功能较强，天宁区、戚墅堰区及武进西南部较低。

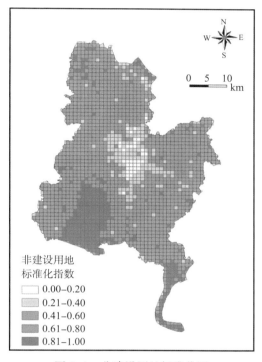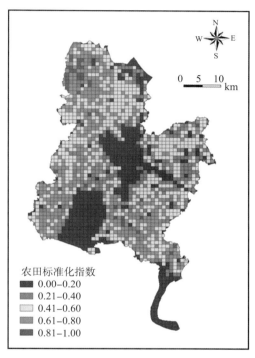

图 6-1　非建设用地标准化图　　　　　　图 6-2　农田标准化图

6.1.2.5　生物多样性维持

生物多样性的维持是人类进行生产加工以及物质循环和废物分解必不可少的。生态用地除了为城市提供农林渔产品外，还为大量的鱼类、脊椎动物、鸟类、植物提供赖以生存的栖息地，以维持常州市地区的生物多样性。

常州市自然植被中，自然针叶林 5 种、自然阔叶林 14 种、竹林 9 种，裸子植物、被子植物 1000 余种（分属 100 多科），阔叶乔木树种 152 种（占全省同类树种的 80%），木本树种 260 多种，植物类药材物种 912 种。主要水生植被群落近 10 种，高等水生维管束植物 40 余种。水生植物主要有金鱼藻、狐尾藻、水花生、水浮莲、浮萍、水葫芦等。1985 年市区常见环节、软体、节肢动物门、脊椎动物亚门所属动物 168 种，分属 13 纲，可食用的田螺、蚌、虾、蟹、鱼、野鸭、兔等 60 余种；可药用的有蚯蚓、水蛭、蜈蚣、蝎、地鳖、蟾蜍等 50 余种；能保护农林业的有螳螂、蛙、啄木鸟、杜鹃、灰喜鹊等 30 余种。在历史上康熙年间和嘉庆年间还曾有虎，同治年间曾发现有成群的野猪和狼；光绪年间还出现过鹿、獐。此后至 1985 年未发现此类动物出没。

由于持续高强度的开发，本地区自然生态系统不断被破坏并日益人工化，自然生境不断退化、破碎、缩小、孤立及消亡，生物自然栖息地消失率达 78% 以上。生物多样性从景观到生态系统到物种、从自然生态系统到人工生态系统、从生物多样性分布中心到一般农田-城镇处于全面衰退状态。生物群落类型减少且优势物种多寡失衡，耐污生物大量出现。资源物种偏少，储量减少，许多物种（如野鸭、白骨顶、青蛙、毛蟹等）消失或成为地方稀有种，特别是近来常武地区河网系统中底栖动物的关键类群软体动物（螺、蚌、蚬）已很少见，滆湖鱼类目前已不足 30 种，而 20 世纪 80 年代可达 69 种。

6.1.2.6　洪涝灾害减缓

生态服务用地的调节功能本研究以湿地水域的调蓄洪水的功能来表征。

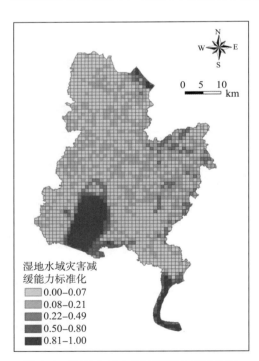

图 6-3　湿地水域灾害减缓能力标准化图

常州地处长江下游地区，在雨水集中的季节，特别是遇到暴雨或急骤融冰融雪等自然因素和水库垮坝等人为因素，长江易形成洪灾；运河地区易旱易涝。而常州地区的河流、湖泊和湿地在洪水到来时充当了流域来水的"汇"和调节库，承担着蓄泄河川、维持流域水量平衡的作用，改变了洪峰高低和泄洪过程，其减缓侵蚀，改善水质，调节河川径流的作用最为显著；而在干旱季节，则可抽引江水灌溉，解决灌溉水源。

作为江南水乡，市区池塘、坑塘、滩涂星罗棋布，虽多数面积不大，但数量很多，2004 年底此类面积达 4.04 万亩（约合 26.9hm²），占总面积 9.6%。常州市域范围内的湿地公园有：滆湖、孟河下河滩湿地、新

龙湿地、芙蓉湿地、太湖湾湿地、宋剑湖湿地。常州市主要河道历史最高水位
5.59m，近年来最高水位 5.52m，历史最低水位 2.29m，平均水位约 3.30m，汛期警
戒水位 4.30m。常州市城市河网面积由 20 世纪 90 年代初占总面积 16.7% 锐减到如
今的 8.4%。按照水位涨落 1m 计算，水域湿地的调蓄功能损失达 $1.55 \times 10^8 m^3$ 以上。
近年来由于乡镇河道受经济因素制约，淤积严重，达到 0.80m，由于河道淤积损失
的调蓄功能损失为 $1.24 \times 10^8 m^3$。当前湿地的调蓄功能为 $1.57 \times 10^8 m^3$。

6.1.2.7　减缓热岛效应

生态服务用地中植被覆盖除了吸收二氧化碳和释氧外，还具有缓解热岛效应、
调节气候的功能。包括其中的绿地、公园、林地、农田以及水面。常州市现有绿地
公园 19 个，公园面积 328hm²；建成区绿化覆盖面积达 4368hm²；覆盖率 40.6%。在
建实施中的湿地公园 9 个，可达 20607hm²，这些还未包含农田和水面。联合国环境
和发展委员会认为人均绿地面积 60m² 是城市居民最理想的居住环境标准，而常州市
人均绿地面积为 8.6 m²。以市区绿地及开放空间的植被覆作为城市非建设用地的主
要生态服务功能之一，标准化结果如图 6-4 所示，在市区范围内天宁区内沿规划主
轴及沪宁铁路周边植被覆盖低，并且呈现沿主轴继续发展的态势，应加以遏制和
改善。

绿地在减缓热岛效应和调节气候方面作用重大，李晶等（2002）研究表明植被覆
盖较好的比无植被覆盖的地区在降低温度和增加空气湿度方面，有显着的差异，植被
覆盖区平均降低温度 2℃，降低极端温度为 3.3℃，平均增大相对湿度大约为 30%。李
延明等（2004）通过对北京市绿地与热岛效应的研究表明，当城市的绿地覆盖率达到
30% 时，气温开始明显下降，当达到 50% 时，气温下降极其明显。周广胜等（1999）
年对于植被覆盖和土地利用变化对气候的作用研究表明，当实施水土保持的植被覆盖
时，地面反射率相比实施前减少了 5% 左右，减少了地面对太阳的热辐射吸收。程承旗
等（2004）通过对热岛效应的强度和植被覆盖的关系进行了研究，发现植被覆盖和城
市相对湿度存在线性关系。张小飞等（2006）通过对城市植被覆盖与地温进行了定量
研究，发现两者之间存在显着的线性关系，当植被覆盖在 0~25% 时，植被覆盖度上升
10%，可以降低地表温度 0.6℃；植被覆盖在 25%~50% 时，植被覆盖度上升 10%，
能够有效降低地表温度 0.3℃。表明在较低植被覆盖水平下，提高植被覆盖度所起到的
降温效果比较高植被覆盖区域要显著。

6.1.2.8　景观边缘效应

边缘效应理论认为，景观中斑块边缘部分由于受外围影响而表现出与斑块中心部
分不同的生态学特征，斑块边缘部分往往具有较高的物种丰富度和初级生产力。相同
面积的斑块，其形态越狭长或边界越复杂，其边缘效应也越强。

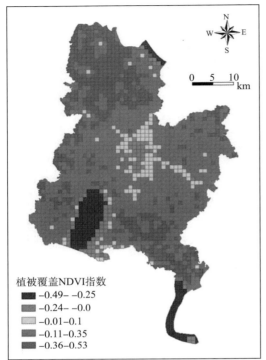

图 6-4 常州植被覆盖指数图

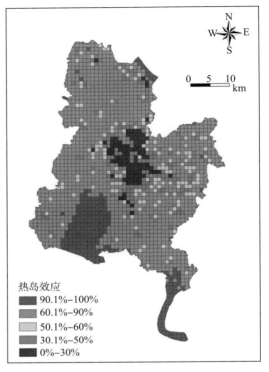

图 6-5 常州市域热岛效应分布图

表 6-7 常州市各种用地类型边缘效应

类型	斑块边界周长			边缘效应（周长/面积）		
	最大值	最小值	平均值	最大值	最小值	平均值
农地及裸地	342249.12	119.98	1468.78	1333.53	67.72	889.35
城镇建设用地	278658.57	119.98	673.58	1333.53	51.36	1041.51
林地	88786.80	119.98	211.89	1333.53	74.59	682.40
湿地河流	673519.87	119.98	415.17	1333.53	27.08	1066.07
道路交通	19677.07	119.98	318.95	1333.53	240.14	1103.25

　　以斑块和斑块面积比值的大小作为边缘效应的大小。土地分类后，运用景观分析软件提取斑块相关指数，并计算边缘效应值，结果见表6-7。研究表明，常州市域内生态服务用地中，水域湿地边缘效应较之农地和林地的边缘效应大。

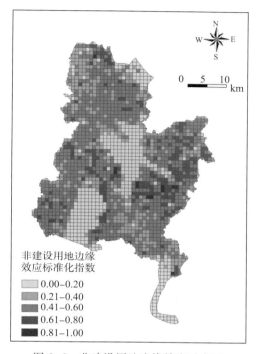

图 6-6　非建设用地边缘效应示意图

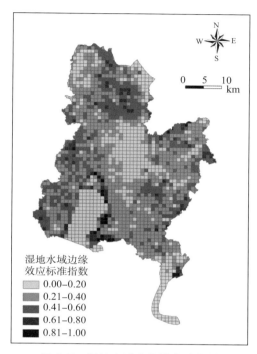

图 6-7　湿地水域边缘效应示意图

将生态服务用地类型中的农用地、未利用地以及水域湿地的边缘效应标准化后，进行空间分布的表达。应用遥感及 GIS 技术，将研究区按 1km×1km 单元网格，将常州市区划分为 2000 多个单位网格，标准化后的结果如图示。

结果表明：由于常州市区地表水体较多，河网稠密，沟塘众多，水体的边缘效应呈现出以城市中心向外增强的趋势。以春江镇、新桥镇、奔牛镇、邹区镇、嘉泽镇、湟里镇、遥观镇、横山镇以及洛阳镇的水体边缘效应较高。由于长江取水口河流自西北向东南方向，故西北区的河流池塘较多，而且遥观镇及横山镇、洛阳镇地势较低，也是河流湿地汇集的地方，所以其边缘效应也较强。

农地、林地及未利用地的边缘效应的表现趋势同水体河流有相似的格局，即以城区为中心向外扩展。主要以武进区滆湖周边的牛塘镇、滆湖农场，以及遥观镇、横林镇、横山桥镇和郑陆镇的边缘效应较强。将水域同农地、林地以及未利用地的边缘效应等权综合后的结果如图，表明中心城区由于人类活动强烈，景观类型单一，格局板结，边缘效应弱。而外围沿城市沪宁高速和运河两岸，以及滆湖沿岸人类活动相对较弱，使边缘效应呈现以城市南北发展轴和东西交通走廊沿岸分布。

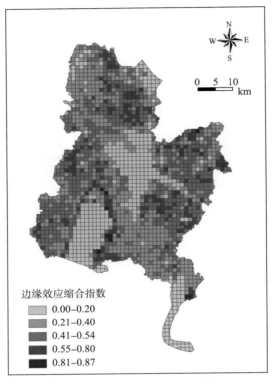

图6-8　边缘效应综合示意图

6.1.2.9　景观多样性和城市建设支持功能

运用景观分析软件 Fragstats 对常州市景观格局进行分析，结果表明，在研究范围内，常州市的农地及未利用地的总面积最大，聚合度大，但斑块数小，斑块密度小，景观形状指数最高，破碎化程度低。城镇建设用地斑块数最多，斑块密度最大，边界密度最大，最大斑块指数仅次于道路交通用地，说明城市建设用地景观破碎化程度高，人类活动强烈。由于常州市域包含三大水域，即滆湖、太湖、长江，三大水体由市内运河水系相连通，所以湿地河流的聚合度、斑块凝聚指数高，斑块密度次于农地及未利用地。林地在研究区范围内的面积次于农用地和未利用地，但是斑块数量仅次于建设用地，斑块密度也较大，聚合度低，一方面这与常州市林地的分布不均有关，另一方面也反映了人类活动对林地的干扰强度。

绿地斑块的服务半径是绿地服务功能的重要指标，在不同空间尺度上有不同的服务半径。以市区的主要公园绿地景观服务半径作为生态用地景观生态服务功能的指标之一，本研究以日本不同公园服务半径标准对主要公园绿地景观作 250m、500m、750m 和 1000m 缓冲分析，图 6-10 表明，城市中心现状分布的公园景观绿地分布较为密集，而中心城区外围公园绿地景观类型少，但自然类型的绿色开敞空间大，增加了中心外围城区人群接触自然的机会。

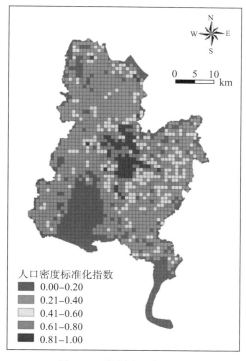

图 6-9　常州人口标准化

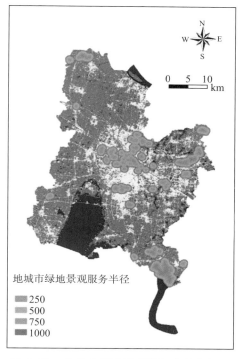

图 6-10　常州市绿地景观服务半径分析图

城市的发展依赖于工业的发展和能源的大量投入，图 6-12 也显示了城市发展的主要驱动力，工业用地集中于常州市的主城区，工业用地在城市主城区的发展也对城市的环境带来和很大的生态压力。

6.1.2.10　综合效应评价

将用地生态服务功能按权重分配叠加后，结果如图 6-13 所示，分为正向生态服务和负向生态服务。表明城市中心地带土地的生态服务正效应低，负效应高，以天宁、钟楼、戚墅堰为最，而外围土地生态服务功能相对较高。城区外围，城区东部地区的生态服务负效应较西部高，北部长江沿岸由于化工基地的开发，使得该地区的土地正向生态服务功能也较低。

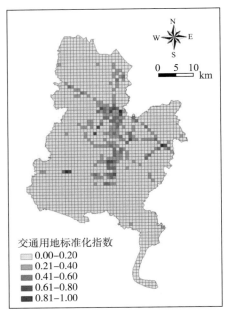

图 6-11　交通用地标准化图

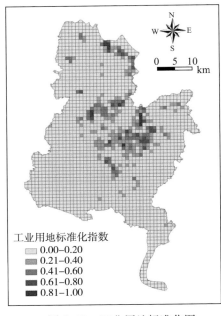

图 6-12　工业用地标准化图

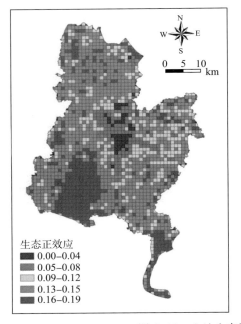

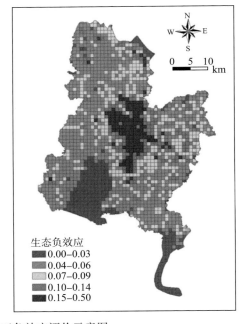

图 6-13　土地生态服务正负效应评价示意图

将正向的生态服务与负向的生态胁迫加权叠加后的结果如图 6-14 所示。可以很明显地看出，北部地区和中心地带存在一个过渡的缓冲区，一定程度上避免了城市的蔓延。而沿沪宁高速以东地区，由于城市化的发展，部分工业占地使得东部地区的土地生态服务功能较之西部要弱。核算结果表明，在划分的土地格网中，有 35.5% 的土地综合生态服务效应为负，而 64.5% 的生态服务用地为正效应，即常州市区基本生态服务用地应为 64.5%。如果对城市发展不加以控制，未来城市的生态服务功能将进一步退化。

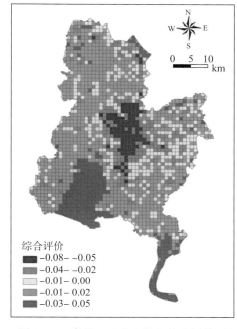

综合评价
- -0.08 - -0.05
- -0.04 - -0.02
- -0.01 - 0.00
- -0.01 - 0.02
- -0.03 - 0.05

图 6-14　常州土地生态服务综合评价图

6.2　城市适宜生态用地的核算方法

6.2.1　适宜生态用地核算模型

6.2.1.1　模型原理

在生态过程中，异质景观可以分为"源"、"汇"景观两种类型，其中"源"景观是指那些能促进过程发展的景观类型，"汇"景观是那些能阻止或延缓过程发展的景观类型。"源""汇"景观的性质是相对的，某一过程的"源"景观，可能是另一过程的"汇"景观。"源""汇"景观理论提出的主要目的是探究不同景观类型在空间上的动态平衡对生态过程的影响，从而找到合适一个地区的景观空间格局。"源"与"汇"之间的相互转化和改变可以被看做是各自对空间的竞争性控制和覆盖过程，而这种控制和覆盖必须通过克服阻力来实现，阻力面可以综合反映这种阻力集合。

最小累积阻力模型（Minimal Cumulative Resistance）最早起源于物种扩散过程的研究，由 Knaapen 于 1992 年提出，但并不局限于特定的具体生态过程，由于其简洁的数据结构、快速的运算法则以及直观形象的结果，最小累积阻力模型被认为是景观水平上进行景观连接度评价最好的工具之一。它实质上反映了景观发展受限制的阻力程度。

模型中的费用距离强调点与点之间空间的相对关系，不同于实际距离的概念，这种相对关系是基于目标单元通过不同景观单元时的阻力系数来计算的。通过单元最小累积阻力的大小可判断该单元与源单元的"连通性"和"相似性"，通常"源斑块"对于生态过程是最适宜的。近年该模型已经应用到城市生态安全格局、城市生态规划中。

本书使用经国内俞孔坚等的修改用下式表示：

$$MCR = f_{\min} \sum_{j=n}^{i=m} \left(D_{ij} \times R_i \right)$$

式中，MCR 表示最小累计阻力值；f 是一个反映空间任意点的最小阻力与其到所有源的距离和景观基面特征的正相关关系函数；min 表示景观单元 i 对于不同的源 j 选取累积阻力最小值；D_{ij} 表示景观单元 i 到源 j 的空间距离；R_i 表示景观单元 i 向源 j 转变过程中受到的阻力系数。

由于 R_i 值随着 i 的确定值能够确定，而选择从 i 到 j 的路径不同产生不同的阻力值，计算最小累积阻力值则需选择空间距离阻力值最小的路径。如图 6-15 所示，D 值表示计算出从景观单元 b 点到源 a 的空间距离 D，分别用 D_{bca}、D_{ba}、D_{bda} 表示三条路径的空间距离：

$$D_{bca} = (1+3)/2+(3+4)/2+(4+6)/2+(6+5)/2+(5+2)/2+(2+1)/2+(1+2)/2$$
$$+(2+3)/2 = 25$$

$$D_{ba} = (1+8)\times\sqrt{2}/2+(8+6)\times\sqrt{2}/2+(6+3)\times\sqrt{2}/2+(3+3)\times\sqrt{2}/2 = 19\sqrt{2}$$

$$D_{bda} = (1+1)/2+(1+2)/2+(2+4)/2+(4+7)/2+(7+7)/2+(7+5)/2+(5+5)/2$$
$$+(5+3)/2 = 33$$

1 b	3	4	6	5 c
1	8	4	5	2
2	5	6	8	1
4	6	8	3	2
7 d	7	5	5	3 a

图 6-15　空间距离

可见，D_{ba} 最小，则 $D_{ba} \times R_b$ 为 b 向源 a 扩张转变过程的最小阻力值。

对于城市用地，生态用地的保护扩张过程与建设用地的开发扩张过程是共存的两个

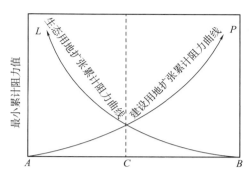

图 6-16 基于最小累积阻力原理的适宜生态用地模型

（修改自刘孝富等，2010）

过程。其中，生态用地保护扩张过程中，生态用地是"源"；建设用地扩张过程中，建设用地是"源"。图 6-16 中 A、B 分别表示建设用地和生态用地的扩张源，P、L 分别表示建设用地扩张累积阻力曲线和生态用地扩张累积阻力曲线，C 表示两个过程平衡时的用地。在 AC 之间，生态用地的最小累积阻力值大于建设用地的最小累积阻力值，这过程中，建设用地更容易扩张，因此可作为建设用地适宜区；则 BC 之间可作为适宜生态用地区。C 点可作为适宜生态用地与适宜建设用地之间的分界线（刘孝富等，2010）。

基于以上两个源的阻力过程，建立模型公式如下：

$$MCR_{差值} = MCR_{生态用地扩张} - MCR_{建设用地扩张}$$

当土地单元 $MCR_{差值}$<0 时，表明城市用地发展过程中，生态用地发展阻力小于建设用地的扩张阻力，生态用地更容易受到保护，因此，这部分土地单元应被划分为适宜生态用地；当土地单元 $MCR_{差值}$>0 时，表明城市用地发展过程中，建设用地扩张阻力小于生态用地发展阻力，建设用地更容易扩张，因此这部分土地单元应被划分为适宜建设用地；当土地单元 $MCR_{差值}$=0 时，作为适宜建设用地与适宜生态用地的交错带。该模型可以通过 ArcGIS 中的 cost-distance 模块实现。

6.2.1.2 模型假设

（1）将研究区土地按用途分为两大类。适宜的生态用地、适宜的建设用地。生态用地是城市中最适宜进行生态保护的用地，建设用地是城市中最适宜进行建设的用地。

（2）为实现生态保护最大化，生态用地需最大限度的扩张；为实现社会经济效益的最大化，建设用地需最大限度的扩张。这两个过程相互制约。生态用地和建设用地的平衡，获得适宜生态用地，就是这两个过程的博弈与平衡。

（3）生态用地的扩张，受土地生态重要性因素的推动和鼓励，而建设用地的扩张，受土地生态重要性因素的制约和抑制。即同一土地对不同的过程起着不同的鼓励或是制约作用。

（4）同一土地的鼓励抑或制约作用，可通过不同扩张源下受不同阻力面作用的最小累积阻力值来衡量。

6.2.1.3 模型构建

（1）"源"选取。"源"是指生态过程中能够促进生态过程发展的景观类型，生态用地发展过程中，生态用地作为"源"；建设用地扩张过程中，建设用地作为"源"。"源"的选取应该具有代表性，并能充分反映土地利用类型对生境的需求，可以由特殊保护地区或现存生境构成。在计算过程中，输入的"源"栅格，可以是一个斑块或多个斑块的联合体。"源"栅格在空间上可以相连，也可以不相连。本文取面状的扩张源作为"源"栅格，非"源"栅格被赋予 NODATA 值（即无值）。

生态用地扩张源为生物多样性较丰富、生态服务功能较强的地区。对于常州来说，生态用地扩张源包含：基本农田、湿地保护区、饮用水源地、重要湖泊河流、绿地。其中包含：魏村水厂长江饮用水源地、新孟河清水通道维护区，包括长洲式主干河道与长江、太湖、滆湖的交会处及重要湿地，例如德胜河长江出口、藻江河长江出口、岗角、太滆及芙蓉镇、宋剑湖等湿地。重要的山体、自然景观保护区及重要的城市绿地，如青天山、舜过山、横山公益林、中华恐龙园、淹城及青枫公园等。见图 6-17。

建设用地的扩张源选取 2006 年土地利用分类中的建设用地。见图 6-18。

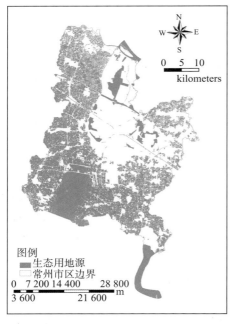

图6-17　常州市区生态用地源

图6-18　常州市区建设用地源

（2）阻力面设定。城市对土地的利用可以看作是对空间的竞争性控制和覆盖过程，而这种控制和覆盖必须通过克服阻力来实现。土地的空间异质性决定了不同的土地单元具有不同的阻力系数，不同阻力系数在空间上的分布构成了阻力面。阻力面包含景观要素的地理位置、方位及各景观要素对用地扩张的阻力系数。

目前，阻力面的选择主要来自土地覆盖类型图，其次还有高程、坡度、土壤地质、距河流、水库等水源地距离等其他环境因素。阻力系数表示土地斑块受环境因素影响成为某土地类型的难易程度，各种要素对于不同的土地类型的阻力是有差别的。阻力系数只是一个相对值，不是绝对值。本书选取 1 ~ 5，1 表示阻力最低，5 表示阻力最高。本书结合常州市地理环境情况，对不同的源选取合适的阻力面因素，从景观类型、工程地质、植被覆盖与水体的距离以及生态服务主导功能五个方面中分别选取相应的因素组成建设用地与生态用地的阻力面因子。景观类型与工程地质属于土地的固有属性方面，其中，景观类型可以反映土地利用现状情况，可以较为明显地反应转化成为另一种景观类型的可行性，例如，作为生态用地的重要组成部分，水体具有较大的生态服务价值，应加以保护，不能过度地开发利用，因此在生态用地扩张过程中，水体对其阻力值较小，而建设用地扩张过程中，水体对其阻力值较大。本书景观类型根据土地分类结果，分成农田、水体、林地和建设用地四类。工程地质反映一个地区土地类型是否易于建设，硬质地基更宜于建设，软质地基宜于流失应加以保护。本书工程地质参考《常州市城市总体规划——工程地质评价图（2004—2020）》。植被覆盖反映地区植被稀疏程度，植被覆盖值高的地区植被提供生态系统服务功能丰富，对于生态用地而言，阻力值低宜于保护，选取该因子能反映植被对城市生态系统的重要生态作用。植被覆盖和与水体的距离属于土地的附加属性。植被覆盖度采用归一化植被指数 NDVI；与水体的距离，结合常州河流湖泊特点，选取 0 ~ 30m，30 ~ 60m，60 ~ 120m，120 ~ 180m，180m 以上。考虑到可行性，将 NDVI 和与水体的距离采用分类矩阵法来分析。生态服务主导功能能够反映区域生态重要程度，对于提供丰富自然生态服务功能的地区应加以保护，以维持城市的生态平衡，这些区域对于建设用地扩张过程，阻力值较大。

1）生态用地阻力面：鉴于数据的可获得性，本文从景观类型、植被覆盖、与水体的距离、生态服务主导功能四个方面建立生态用地阻力评价体系。景观类型、植被覆盖、与水体的距离选取依据类似建设用地阻力面。生态功能大小根据不同土地类型的主导生态服务功能对其进行赋值。

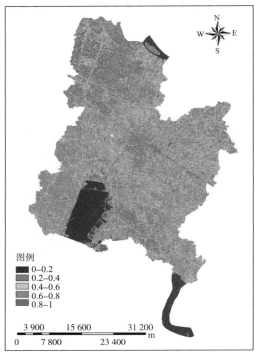

图 6-19 NDVI 因子

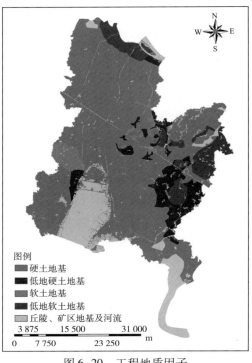

图 6-20 工程地质因子

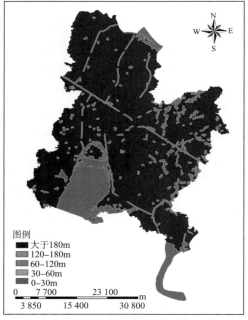

图 6-21 距水体距离因子

图 6-22 生态服务主导功能因子

2）建设用地阻力面：鉴于数据的可获得性，从景观类型、工程地质、植被覆盖和与水体的距离四个方面建立建设用地阻力评价体系。具体赋值见表6-8。

表6-8　建设用地阻力要素赋值体系

		林地	农田	水体	建设用地	
土地固有属性	景观类型	4	3	5	1	
	工程地质	硬土地基	低地硬土地基	软土地基	低地软土地基	丘陵及矿区地基
		1	2	3	4	5
土地附属属性		与水体的距离（m）				
		0～30	30～60	60～120	120～180	>180
	NDVI 值	0.8～1	5	5	4	4	4
		0.6～0.8	5	4	4	3	3
		0.4～0.6	5	3	3	2	2
		0.2～0.4	5	3	2	2	2
		0～0.2	5	2	1	1	1

6.2.2　适宜生态用地核算结果

6.2.2.1　生态用地和建设用地阻力面

由于城市用地扩张的过程是一种竞争性控制过程，这种过程必须通过克服景观阻力来实现对景观的控制。如生态用地是通过自然生态基底的重要性保护，来实现生态用地的保护性扩张。而建设用地必须通过克服不同生态用地组成类型的阻力来实现对其他土地类型的扩张。这些过程都是发生在景观水平上的，必须通过克服各自的阻力来实现。有许多模型都可以描述这种景观水平的生态过程，而最小累积阻力模型在景观水平连通性上具有良好表现，因此，选用最小累积阻力模型来分别模拟生态用地和建设用地的扩张过程，从而在两者平衡中核算出适宜生态用地的面积。

生态用地阻力面反映各用地单元向"生态用地源"转变过程的最小累积阻力值，阻力值越大，转变成生态用地所受的阻力越大，转变成功可能性越小；阻力值越小，说明该用地单元转变成生态用地所受的阻力越小，转变成功的可能性越大。建设用地阻力面反映各用地单元转变成建设用地所受到的阻力值分布情况，阻力值越大，说明该用地单元转变成建设用地的阻碍越大，不宜于转变成建设用地；阻力值越小，说明该用地类型可适当发展成为建设用地。

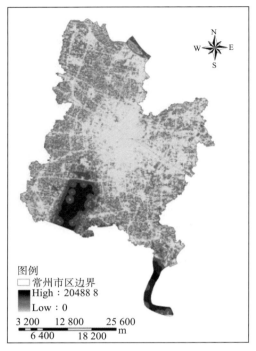

图6-23　生态用地阻力面

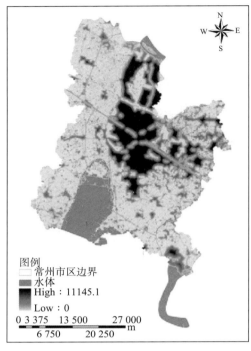

图6-24　建设用地阻力面

由图6-23可见，常州市生态用地阻力值介于0～11145.4之间，阻力面高值主要分布在老城区以及北部沿江产业区附近，这些地区已经开发建设较为成熟，目前生态用地的量已较为稀少，因此发展成生态用地的可能性较小。常州市建设用地发展阻力较小的地区分布以钟楼、天宁、戚墅堰三区为中心向外扩散，其余各区的重点区县零星分布并以交通主动脉为连接，如新北区的孟河镇、西夏墅镇、罗溪镇，武进区的湟里镇、嘉泽镇、前黄镇、西夏墅、横山桥镇、郑陆镇等。

钟楼区的建设用地阻力面值较小，最大值为756.559，主要阻力为基本农田与运河水系；武进区建设用地阻力面值较大区域主要围绕滆湖和太湖水面，湖面的最大阻力值达到20460.55，由此可以反映水体在城市生态平衡中的作用，这与生态服务价值评估结果显示水体面积少，但所提供的服务功能较大的结论相吻合；新北区建设用地阻力值较大区域主要为沿江湿地和基本农田，主要阻力值范围150～4126；戚墅堰区、天宁区的水体对建设用地的阻力值较大，沿水系分布，较为零星。

常州市位于太湖流域上游，北部地区邻近长江，内陆拥有滆湖以及太湖部分水面，常州市区包含有3处饮用水源保护地以及沿江湿地保护区。水体生态服务功能丰富，是维持城市生态系统稳定的重要组成部分。建设用地阻力最大值20488.8～1000的范围之内均为水体，可见水体是阻止建设用地扩张的最大阻力。界于 1000 与 100 之间的阻力值主要为农田，农田分布形状趋于规则，被田块划分，分析基本农田的约束是建设用地扩张的另一个重要阻力因素。综上，基本农田与水体是建设用地阻力面主要较大阻力值分布区域，这与生态服务功能价值评估结果相吻合，水体能够提供 40% 以上的生态服务价值，说明水体对城市的生态平衡意义重大，因此，水体和基本农田是制约建设用地扩张的主要阻力因素。

6.2.2.2　适宜生态用地

（1）总体分布特征。常州市适宜生态用地总面积为 1006.9km^2，占常州城市土地总面积的 53.8%。适宜生态用地主要分布于武进区和新北区西北部。在建设用地扩张过程中，水体的阻力赋值较大（表 6-8），说明水体是最适宜生态用地扩张的土地类型。武进区适宜生态用地可扩展空间相对其他区大。中心城区适宜建设用地发展，生态用地发展空间不大（表 6-9）。

表 6-9　常州五区生态用地现状与适宜生态用地比例

比例（%）	戚墅堰	天宁	武进	新北	钟楼
2006 年生态用地	43.9	22.5	69.7	66.1	23.6
适宜生态用地	21.4	11.6	61.5	47.9	7.9
交错带	7.9	6.6	0.1	1.8	7.3
适宜建设用地	70.7	81.8	38.4	50.2	84.8

常州市 2006 年的生态用地率为 64.5%，为保持良好的城市景观结构和生态安全，从生态服务需求角度考虑，结合国内外发展趋势，在未来发展中常州市的生态用地率应保持在 60% 以上，为平衡城市生态健康与经济发展之间的关系，需要适当调整用地政策，以保护生态用地的健康发展。

（2）分区分布特征。戚墅堰、天宁和钟楼区的适宜生态用地比例远低于适宜建设用地的比例，这是由于钟楼区和天宁区属于老城区，开发程度较高，建筑面积相对饱和，因此适宜生态用地比例较少，分别为 7.9%、11.6%，其中生态用地的主要保护范围主要是区域外侧和中心的运河水系。

武进区适宜生态用地比例高达 61.5%，比适宜建设用地高 23.1%，其中滆湖和太湖水系占据主要面积，其余适宜生态用地主要是各县镇的重要农田和林地，武进区邻近钟楼、天宁区的适宜生态用地数值也较高，可见城市化对周边地区的影响和带动作用十分剧烈。新北区适宜生态用地面积约 146.2km^2，占区域总面积的 47.9%，主要为沿江湿地与基本农田。

由总体与分区特征可见，水体是适宜生态用地扩张的主要土地利用类型。其次，基本农田由于其重要的生态物质生产功能，并且受到立法保护，因此，基本农田可以作为适宜生态用地发展的对象。此外，已经开发利用的建设用地再恢复生态用地的阻力大，可能性较小。由此，我们必须加强现有生态用地的保护，避免由于盲目扩张建设用地而带来生态用地不可恢复的后果。

由图 6-26 可知建设用地预留部分的空间分布，这部分预留用地还包括生态用地适宜值为 0 的区域，作为适宜生态用地与适宜建设用地的交错带，这部分用地能够起到缓冲和协调的作用。其中，大区域的预留建设用地可扩展到天宁区沿江开发区，沿德胜河和通江北路分别向东、向西分布，另一片区域分布于太湖北部，锡宜高速公路南部，这部分区域由于有重要山体，建设预留的区域应适当缩小。其余预留用地围绕现有建设用地散布，以主城区为中心发散。此部分建设预留用地的范围分布过于散放，需要提高集约化利用程度，以降低对适宜生态用地集聚度和连通性的破坏。

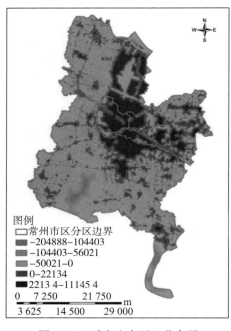

图 6-25　适宜生态用地分布图

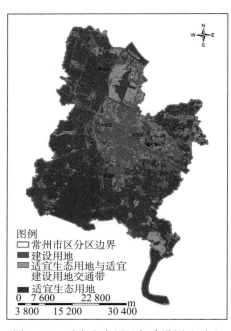

图 6-26　适宜生态用地与建设用地对比

6.2.2.3　生态用地保护对策

（1）适宜生态用地范围的阻力值在 -20488.8 ~ -500 之间，具有重要的生态服务功能价值的生态用地包括：山体、湖泊、河流、自然景观保护区、湿地及其他的城市绿地，主要为常州重要生活用水取水口的长江沿岸，维持区域生态平衡及保育生物多样性的太湖、滆湖及青天山、舜过山等低山丘陵。另外，亦包含具有保障粮食安全重要意义的基本农田。

对于这些地区的保护，重点做好现有生态用地防护，在城市建成区域周围做好缓冲阻隔，并提高生态用地的服务效能。可以沿长江建设生态防护绿廊，重点保护城市用水取水口外围生态环境，同时结合沿江工业区规划防护绿带，有效遏止工业废气扩散。在太湖、滆湖、重要湿地及丘陵山地等地区及其周围地区规划禁止开发区域，结合现有的自然资源，建设郊野森林公园，保护生态环境并提高城市居民生活质量。通过淹城、宋剑湖等已有的开放空间与自然资源，设置大型都会与郊野公园，以改善城市核心区公共绿地不足的现状；结合常州市历史文化景观保护区，规划市区旅游动线，构建生态网络可达到保护环境、稳定生态及提高城市开放空间价值等目标。

（2）针对阻力值范围在−499～0之间的适宜生态用地，土地范围基本介于太湖、滆湖沿岸及其他自然保护区周围，与城市中心区外围，属于城市发展边缘地区，具有向外扩张快速、用地效益较低的特性，同时对于维护太湖、滆湖水质与自然保护区的生态环境质量具有重要缓冲作用，是能够为常州市区提供气流、物质等自然循环的通道。

沿新孟河、德胜河、藻江河、太滆运河、新运河、铁路与沪宁高速、常澄−常宁高速等建设生态防护绿廊，有效联系长江沿岸与太湖、滆湖等自然资源，提高区域内的生态服务功能，有效控制建设空间的无序、大面积扩张。有效控制水质，利用全市水系纵横的自然特性与历史文化古迹，规划适合公众活动的亲水公园，增加生态空间的休闲游憩功能。结合地区自然环境特色与历史文化古迹，适当引入无污染的环保、创意产业，综合展现城市特色。对范围内道路两侧、河流两侧设置缓冲绿带，并通过市域绿地系统整体规划，强化生态空间的功能联系，以降低城市热岛效应、控制水土流失、过滤污染物。分阶段逐步拆除位于市区生态服务功能区的建筑和构筑物。引导城市空间发展，避免无序增长、占用耕地与土地利用效益低下的现状，需约束城市边缘的空间扩张。

针对阻力值在0以上的适宜建设用地区域，主要包括常州城市中心区、主要工业区和建制城镇等。由于土地资源已经开发，区域内未来可利用的空间有限，因此，当前需针对生态用地的土地利用效益进行评估，通过旧城改造或加强土地集约利用的相关办法，提高建设用地的各项效益，防止建设用地摊大饼状向外延伸。同时对区域内现有生态用地做好各项污染源的控制和隔离，降低环境问题发生的潜在危险。

6.3 城市生态用地其他核算方法

对于城市生态用地的核算方法，除了以上基本生态用地的单元网格法和适宜生态用地的最小累积阻力模型外，还用标准法（联合国、发达国家、行业）、生态当量法（叶面积指数、绿容率、垂直立体绿化）、服务功效法（吸碳、放氧、降温、增湿等）、社会调查法（与人口、产业、社会经济的耦合平衡关系）、区域平衡法（生态足迹、生态占用）、主观判断法（生活质量、舒适度、满意度）、基础实验法（生态系统服务科学参数、空间分异规律），以及其他新理论、新方法、新模型。以上几种核算方法可以联合运用，可依据生态限制因子，按照生态系统的木桶短板原理确定生态用地的数量和规模。

6.3.1 基于生态绿当量概念的土地利用重新分类

表6-10 基于生态绿当量的土地重分类

生态绿当量概念	地类名称	合并地类
具有绿当量的用地	农地	水田
	园地	园地
	林地	林地
	草地	牧草地，荒草地
	其他农用地	耕地（除水田）及农用地中其他农用地
	城市绿地	城市七种类型绿地总和
隐含绿当量的用地	水体	沼泽/苇地/滩涂/坑塘/养殖水面/水库水面等
不具有绿当量的用地	建设用地（不包括园林绿地）	商服用地/工矿用地/交通用地/部分未利用地

6.3.2 测算各类地表绿色覆被的生态功能作用分值

本书引用赵娅奇及日本专家通过调查法做出的评价分值，再结合研究区域的实际情况得出以下生态系统各种环境保护功能的评价分值表。

表中的功能分值已经考虑了各项环境子功能的权重，其生态服务总分值可以将各子功能的分值（或称指标量值）累加求和。

$P = F_i$，式中 P 为生态服务总分值；F 为指标量值；i 为指标体系的指标数。

由此得出林地的生态功能服务价值分值为171.66，相同面积及全年满种情况下，水田为127.71，其他农地为113.87，园地为124.41，牧草地121.86，城市绿地100.7，水域 142.56。

在全年满种的前提下，假定林地的绿当量为 1，定义 $X = F/F_{林}$，式中，

x 为第 i 类地表绿色覆被生态系统的生态绿当量；

F 为第 i 类地表绿色覆被生态系统的生态服务总分值；

$F_{林}$ 为林地生态系统的生态服务总分值。

可以得到各个生态系统的绿当量：林地为 1.00，水田为 0.744，其他农地为 0.663，园地为 0.725，牧草地 0.710，城市绿地 0.587，水域 0.830。

表 6-11 生态系统各种环境保护功能评分分值表

功能	林地	水田	其他农地	园地	牧草地	城市绿地	水域
大气组成改善-1	9.5	7.2	6.5	6.3	7.4	5.9	4.5
大气组成改善-2	10	5.1	5.1	7.3	5.48	4.8	5.1
大气净化-1	9.13	6.2	5.8	6.58	5.33	4.3	6.54
大气净化-2	8.9	6.5	5.9	6.69	5.34	4.21	6.43
气候缓和	9.45	6.2	5.4	6.46	4.9	3.98	9.32
防噪声	9.45	4.1	4	5.83	3.7	3.21	4.3
洪水防止	9.78	7.8	5.9	5.6	6.31	3.6	9.87
水源涵养	9.8	7.4	5.3	5.01	6.2	4.2	10
水质净化	9.45	7.3	6.7	5.83	6.43	4.65	9.8
防止土砂崩溃	9.58	8.13	5.4	7.15	7.18	3.67	8.5
防止表面侵蚀	9.78	8.75	5.3	6.78	7.73	6.32	6.7
防止地面下沉	5.83	8.05	5.25	6.01	6.21	5.21	8.2
污染物净化	8.4	8.01	8.1	6.3	7.4	5.67	8.9
防止发生灾害	9.73	7.92	7.3	7.98	7.6	6.32	8.12
提供避难地	8.58	7.01	9.5	9.23	6.75	7.85	3.1
维持景观	9.12	7.4	7.01	7.74	7.93	9.74	9.89
维持娱乐空间	8.23	3.73	4.7	6.78	8.7	9.12	7.86
生物多样性保护	10	4.9	4.6	5.01	5.1	3.44	8.65
防止有害动植物	6.95	6.01	6.11	5.83	6.17	4.51	6.78

注：评价意义：10 为极大；7.5 为较大；5 为极小；大气组分改善-1 表示吸收 CO_2 的生态服务功能；大气组分改善-2 表示制造 O_2 的生态服务功能；大气净化-1 表示吸尘滞尘的生态服务功能；大气净化-2 表示吸收有毒气体的生态服务功能。

6.3.3 宁国市生态绿当量计算

设区域总面积为 $S_\text{总}$，区域最佳森林覆盖率为 R，按最佳森林覆盖率要求的区域林地面积为 $S_\text{林}$，区域实际林地面积为 $S_\text{实}$，i 类用地的面积为 S_i，绿当量为 g_i，i 代表用地的类型 （$i=1$，2，3，4，⋯），则得到以下模型：

（1）$S_\text{林} = S_\text{总} \times R$，其对应的绿当量为 $\bar{x} = 1$；

（2）城市实际林地绿当量 $x_\text{林} = \dfrac{S_\text{实}}{S_\text{林}} \times 100\%$；

（3）计算得到城市的总绿当量 $x = x_\text{林} + \sum\limits_{i=1}^{n}\left[\dfrac{S_i \times g_i}{S_\text{林}} \times 100\%\right]$，$n = 6$；

（4）比较 x 和 $\bar{x}$ 的大小，从而衡量城市生态是否满足要求。若 $x \geqslant \bar{x}$，则达标，若 $x < \bar{x}$，则需要进行林地、耕地、草地等的结构调整，重新进行反馈计算，使之达标。

确定区域最佳森林覆盖率，采用张健等人的方法进行计算：

$$R = (P \times S_1)/(W \times S_\text{总}) \times 100\%$$

式中，$S_\text{总}$ 为区域土地总面积（hm^2），P 为一年内日最大降水量（t/hm^2），$S_1 = S_\text{总}-$城市、工矿、交通、水田、水面占地面积（hm^2），W 为森林土壤单位面积饱和蓄水能力（t/hm^2）。

也可以从区域社会、经济现状考虑，参考该区域城市总体规划和土地利用总体规划中关于森林覆盖率的指标，结合公式计算的最佳生态防护效益指标确定最终的最佳森林覆盖率指标值。

根据宁国市气象、农业等部门提供降雨、土壤、气候的资料，并结合林业部门的相关规划确定区域最佳森林覆盖率。取一年内日最大降水量 1923 t/hm^2，森林土壤单位面积饱和蓄水能力 2500 t/hm^2。根据上文叙述的绿当量计算方法，得到最佳森林覆盖率要求下的森林面积。

（1）市域范围。

表 6-12　宁国市域范围内土地利用现状（2005）

土地利用类型	林地	水田	其他农地	园地	牧草地	交通	水域
面积（hm^2）	166087.36	13316.64	7594.24	16074.10	79.57	226.53	7736.64

$S_\text{总} = 242965.84\text{hm}^2$

$R = (P \times S_1)/(W \times S_\text{总}) \times 100\%$

$= [1923\ \text{t/hm}^2 \times 242965.84-(8040.56+226.53+17348.58+7736.64)]/$
$(2500\ \text{t/hm}^2 \times 242965.84) \times 100\%$

$=49.11\%$

$S_{林}=S_{总}\times R=242965.84\times49.11\%=119312.02\mathrm{hm}^2$

（2）城乡结合区范围。

表 6-13　城乡结合区土地利用现状（2005）

地类	灌溉水田	其他农地	园地	林地	牧草地	建设用地	水域	其他用地
面积（hm²）	3488.21	939.66	354.64	10087.79	0	2110.13	1049.76	2276.33

$S_{总}=20298.78\mathrm{hm}^2$

$R=(P\times S_1)/(W\times S_{总})\times100\%\quad 6649.42\quad 13649.36$

　　$=[1923\ \mathrm{t/hm}^2\times(20298.78-(1771.73+272.86+63.55+3493.42+1047.86)))]/$

　　$(2500\ \mathrm{t/hm}^2\times20298.78)\times100\%$

　　$=51.7\%$

$S_{林}=S_{总}\times R=20298.78\times51.7\%=10499.08\mathrm{hm}^2$

（3）城区范围。

表 6-14　城区土地利用现状（2005）

土地类型	城市	工矿	交通	水域	林地	旱地	园地	牧草地
面积（hm²）	708.17	53.98	30.55	215.62	155.35	99.62	15.32	0

$S_{总}=1825.85\mathrm{hm}^2$

$R=(P\times S_1)/(W\times S_{总})\times100\%\quad 1008.32$

　　$=[1923\ \mathrm{t/hm}^2\times(1825.85-(708.17+53.98+30.55+215.62))]/$

　　$(2500\ \mathrm{t/hm}^2\times1825.85)\times100\%$

　　$=34.4\%$

$S_{林}=S_{总}\times R=1825.85\times34.4\%=628.84\mathrm{hm}^2$

6.3.4　宁国市实际林地的森林覆盖率

　　根据之前计算的生态绿当量，林地为 1.00，水田为 0.744，其他农地为 0.663，园地为 0.725，牧草地 0.710，城市绿地 0.587，水域 0.830。

　　但实际上由于地区之间的气候差异，同一时间各个地区、各种用地的绿当量是不同的，同一地区不同时间的各种用地的绿当量也是不同的。考虑到各地区作物的不同生长期与熟制，以上所要计算的各生态系统的绿当量结果还需要乘以一个相对于全年满种的生长期系数。宁国属于东南西南热带，亚热带一年两熟的区域，由此调整得到的绿当量分别为：水田：0.5，旱地：0.42，自然草地：0.51，牧草地：0.49，其他类型用地绿当量与前面计算结果相同。

表6-15　各类土地的全年平均绿当量

类型	东北西北温带	华北暖温带		东南西南热带，亚热带	
熟制	一年一熟	一年两熟	两年三熟	一年两熟	一年三熟
相对于全年满种食物生长期系数	0.46	0.67	0.5	0.67	0.83
水田平均绿当量（基数取0.77）	0.35	0.5	0.38	0.5	0.62
旱地平均绿当量（基数取0.68）	0.29	0.42	0.32	0.42	0.52
自然草地平均绿当量（基数取0.76）	0.35	0.51	0.38	0.51	0.63
牧草地平均绿当量（基数取0.73）	0.34	0.49	0.37	0.49	0.61

根据表6-12，表6-13，表6-14中所示的不同土地利用类型的面积，可以计算出宁国市的实际当量林地面积，由于 $S_{林}$ 为按合理森林覆盖率要求的区域林地面积，其对应的绿当量为 $X=1$。

$X_{林}>X$，所以从区域而言，其森林覆盖率满足要求，$X_{林}<X$，则绿地面积小，不满足要求。计算结果如下：

（1）市域范围。

$S_{实}=166087.36×1+13316.64×0.5+7594.24×0.42+16074.10×0.725+79.57×0.49$

$=166087.36+6658.32+3189.58+11653.72+38.99$

$=187627.97hm^2$

$X_{林}=（S_{实}/S_{林}）=187627.97/124168.59=1.51>1$，满足要求。

（2）城乡结合部范围。

$S_{实}=10087.79×1+3488.21×0.5+939.66×0.42+354.64×0.725$

$=10087.79+1744.11+394.66+257.11$

$=12483.67hm^2$

$X_{林}=（S_{实}/S_{林}）=2483.67/10499.08=1.19>1$，满足要求。

（3）城区范围。

$S_{实}=155.35×1+518.78×0.5+99.62×0.42+15.32×0.725+312×0.587$

$=155.35+66.05+11.11+183.14$

$=415.65hm^2$

$X_{林} = （S_{实}／S_{林}） = 415.65／628.84 = 0.66 < 1$，不满足要求。

6.3.5 宁国市不同尺度下绿容率的比较

传统的绿地指标一般用绿化覆盖率、绿地率、人均绿地、人均公共绿地和人均公园面积来表示，这些指标在一定程度上只反映了一个城市绿地面积的多少。而实际上，绿地生态服务功能的大小还与其植物种类、体量、生物量、结构和空间分布等有很大关系。因此，判断一个城市绿化水平的高低。首先要看该城市拥有绿地的数量；其次要看该城市绿地的质量；第三要看该城市的绿化效果，即自然环境与人工环境的协调程度。绿色容积率（GPR）是指一个地块面积与所有植物的单面叶面积总和之比，是一个立体的绿化效果衡量指标，它的强弱反映了生物生产力和生态服务功能，规划中把它作为宁国市绿色空间的控制指标。

表 6-16 常见植物的绿色容积率表

植被类型	绿色容积率
草坪	1
花园或小灌木	3
农田作物	4
以乔木为主的高密度植物群落	6
湿地	6

计算方法如下：根据 2004 年土地利用现状图分别提取城区，城乡结合部及市域范围内具有绿量的用地类型，并用 ARCGIS 软件计算其面积。按照上表中不同植被类型绿容率，得出研究区内的总绿量（$G_{总}$），绿色容积率=总绿量/土地面积。

（1）城区范围。

表 6-17 城区具有绿量的用地面积

土地类型	林地	农田作物	园地	牧草地	城市绿地	湿地
面积（hm^2）	155.35	618.4	15.32	0	312	215.61

$$G_{总} = 155.35 \times 6 + 618.4 \times 4 + 312 \times 1 + 215.61 \times 6 + 15.32 \times 3$$
$$= 932.1 + 2473.6 + 312 + 1293.66 + 45.96$$
$$= 5057.32$$
$$GPR = 5057.32／1825.85 = 2.77$$

（2）城乡结合部。

表 6-18　城乡结合区具有绿量的用地面积

土地类型	农地	园地	林地	牧草地	水域
面积（hm²）	4427.87	354.64	10087.79	0	1049.76

$$G_{总} = 10087.79 \times 6 + 4427.87 \times 4 + 354.64 \times 3 + 1049.76 \times 6$$
$$= 60526.74 + 17711.48 + 1063.92 + 6298.56$$
$$= 85600.7$$
$$GPR = 85600.7/20298.78 = 4.22$$

（3）市域范围。

表 6-19　市域内具有绿量的用地面积

土地类型	农地	林地	园地	牧草地	水域	城市绿地
面积（hm²）	29769.07	166087.36	16074.10	79.57	3925.61	312

$$G_{总} = 29769.07 \times 4 + 166087.36 \times 6 + 16074.10 \times 3 + 79.57 \times 1 + 3925.61 \times 6 + 312 \times 1$$
$$= 119076.28 + 996524.16 + 48222.3 + 79.57 + 23553.66 + 312$$
$$= 1187767.97$$
$$GPR = 1187767.97/242965.84 = 4.89$$

由此可以看出，整个市域范围内绿色容积率较高，植被覆盖条件好，但城区范围内总绿量及绿色容积率都比较低，且具有较高绿容率的植被类型如农田作物及林地占主要部分，城市绿地面积小，另外绿化树种群落结构单一，更使其生态效益降低。规划中以提高城区范围内绿容率为主，通过城市森林的营造，改善城市环境和绿地质量。

6.3.6　宁国市人均生态用地分析

由于城市化进程的加剧，导致建设用地扩张，由于土地总面积有限，于是使得直接利益低下的大量的生态用地被建设用地占用，具有重要生态服务功能的生态用地不仅数量大幅度减少而且质量也明显降低，这不仅破坏了生态系统的平衡，也导致人类生存环境的恶化，从而导致了经济、社会、生态发展的不协调。生态用地不仅包括农业用地、林业用地和城市绿地等绿色空间，也包括河流、湖泊、湿地等蓝色空间和一些未利用地和裸地，因此，单独强调人均绿地率是不能够完全地反映城市人均生态系统服务功能的强弱，本规划引入"人均生态用地"的概念进行评估。

　　根据 2004 年宁国市土地利用图分别计算得出市域及城区范围内的生态用地面积，由统计年鉴得出其人口数量，人均生态用地计算公式如下，结果表明城区范围内的人均生态用地远远低于市域范围内的人均生态用地，从而导致了生态服务功能的差异。

　　　　人均生态用地（PSP）＝区域生态用地（EL）／人口数量（P）

（1）宁国市域范围。

$$EL = S_{\mathfrak{实}} = 1876.28 km^2$$
$$P = 38.3 \text{ 万人}$$
$$PSP = EL/P = 1876.28 \times 10^6 / 38.3 \times 10^4$$
$$= 4898.9 \text{（m}^2/\text{人）}$$

（2）城区范围。

$$EL = 4.17 km^2$$
$$P = 10 \text{ 万人}$$
$$PSP = PSP = EL/P = 4.17 \times 10^6 / 10 \times 10^4$$
$$= 41.7 \text{（m}^2/\text{人）}$$

第 7 章 城市生态用地的综合评价、系统规划与动态模拟

7.1 研究区概况

7.1.1 地理位置

常州市面积 4375km²，人口 349 万，其中常州市区面积 1864km²，人口 217 万。其位于江苏省南部、长江三角洲西北、太湖平原西北部，北纬31°09′~32°04′、东经119°08′~120°12′之间。东与无锡市为邻，西与镇江句容、南京溧水、南京高淳接壤，西北与丹徒、丹阳毗邻，南与宜兴、安徽省广德、郎溪交界，北为江阴，隔长江与扬中、泰兴、靖江相望。

7.1.2 自然环境

在地质地貌上，常州市属中国东部扬子古陆江南块褶带。历史上属于少震区，市区地势平坦、河网稠密、沟塘众多。地面高程 3~6m 的占 94.9%，3m 以下的占5.1%，西北略高，东南略低。气候温和湿润，雨量丰沛，日照充足，无霜期长，干湿冷暖，四季分明，适合作物生长，属北亚热带季风气候区。耕地土壤类型单一，市郊土壤可分为水稻土和黄棕壤 2 个土类以及 5 个亚类、5 个土属、16 个土种和 1 个变种。99.89% 系水稻土类。河流属长江水系太湖水网区。北临长江、南濒太湖、市区西南为滆湖。全区共有干、支流河道 200 余条与江、湖相连。沟、塘星罗棋布。

7.1.3 国民经济

2007 年综合实力稳步攀升，产业结构持续改善。实现地区生产总值 1881.3 亿元，按可比价增长 15.6%，按户籍人口计算人均突破 7000 美元；财政收入实现了跨越式的

增长，全年实现地方一般预算收入 158.1 亿元，比上年增长 33%；地方一般预算收入占 GDP 的比重继续提高，由上年的 7.6% 提高到 8.4%。农业总产值达到 108.9 亿元，增长 6.7%；规模以上工业产值突破 4253 亿元，增长 13.5%，城市居民家庭人均可支配收入 19089 元，增长 14.7%；农民人均纯收入超过 9033 元，增长 12.9% 以上；城乡居民存款余额 1092.1 亿元，当年新增 78.2 亿元；城镇登记失业率控制在 3.2%（常州市统计局，2008）。

7.1.4　产业结构

投资规模不断扩大，结构调整成效显著。全年完成全社会投资 1203.9 亿元，比上年增长 26.5%，投资结构得到优化，全年工业投入 680.9 亿元，增长 21%，其中高新技术产业完成投资 156.5 亿元，比上年增长 99.3%；服务业实现投资 516.3 亿元，比上年增长 34.4%，在全社会投资中所占比重由上年的 40.4% 提高到 42.9%。

2007 年全市完成现价工业总产值 5243.4 亿元，规模以上工业中，轻工业完成产值 1031.5 亿元，增长 13.5%；重工业完成产值 3222.4 亿元，增长 35.1%。各种经济类型全面增长，工业企业的营运能力和获利水平有所提高，工业经济整体效益稳步攀升。全市规模以上工业列统企业达到 4768 家，比上年净增 535 家。大企业、大集团发展取得显著成效。全市 54 家列统企业集团中年营业收入超过 20 亿元的有 25 家，比上年增加 3 家；营业收入超过 50 亿元的有 10 家，比上年增加 1 家。百兴集团、常林集团、申特钢铁 3 家企业（集团）全年营业收入首次突破百亿元大关，全市百亿企业（集团）数量由上年的 2 家增加到 5 家，中天钢铁集团以超过 200 亿元的营业收入和超过 10 亿元的利税居全市百亿集团的榜首。

主要行业的产业集中度有所提升。全市工业经济涉及的 34 个行业大类中，经济总量居前五位的行业分别是黑色金属冶炼及压延加工业、化学原料及化学制品制造业、电气机械及器材制造业、纺织业和通用设备制造业，五大行业全年完成产值 2354.9 亿元，在全市规模以上工业中所占比重达 55.4%。

7.1.5　社会事业

科技创新步伐加快，创新能力不断增强，连续 10 年被评为全国科技进步先进市。特色产业基地进展良好。新批建设国家输变电特色产业基地，国家特色产业基地累计达 8 家，年末全市拥有各类专业技术人员 31.1 万人，比上年增长 6.1%；引进各类专业技术人才 2.2 万人，其中博士 54 名，硕士 855 名，分别比上年增长 1.2 倍、36.8%。全市新增劳动力人均受教育年限达 14.4 年，多项教育主要指标达到或接近中等发达国家水平。深入推进"蓝天计划"，大力实施"春晖工程"，全市 10.4 万名流动儿童、少年 100% 由教育部门安排接受义务教育，其中 78% 以上在公办学校就读，农村中小学办学条件明显改善。

全市建成城市社区卫生服务机构 75 个，其中社区卫生服务中心 23 个、服务站 52 个。社区卫生服务中心以街道为单位覆盖率达 100%，城市居民人口覆盖率达 88% 以上，覆盖率居全省第二。

7.1.6 城市建设

基础设施日臻完善，高架路一期工程拆迁、管线迁移结束，实现结构基本贯通，其他道路建设项目均完成年度计划目标。弱电杆线入地、市容环境综合整治、背街小巷整治、水环境整治污水截流工程等已经全面完工。江边污水处理厂二期已完成前期准备工作，排江口工程年内完成高位沉井、配电间施工，供水、燃气管网和公交场站建设等工程全面完工。所有辖市区都通上高速公路，年末全市等级公路总里程达 6209km，其中高速公路总里程达 221km，分别比上年末增长 24%、88.9%。京杭运河常州市区段完成南移，改建后的新运河为苏南地区第一条高等级、现代化三级航道，它的建成有力提升了苏南运河"黄金水道"的通行能力，巩固了常州区域性交通枢纽城市的地位。快速公交（BRT）一号线正式通车运行，276 辆个体中巴车收购工作全面完成，市区公交资源一体化整合结束。

完成一期 268 条背街小巷综合整治工程，自来水"一户一表"改造 1 万户，城区供水总量 3.2 亿 m^3，其中居民生活用水 0.95 亿 m^3，供水普及率达 100%。全社会用电量 230.6 亿 $kW \cdot h$，比上年增长 8.4%，其中城乡居民生活用电 18.7 亿 $kW \cdot h$，增长 8.1%。年末市区管道燃气用户达 22.9 万户，比上年增长 18.5%；城市供气气化率达 98%。全市生活污水日处理能力为 40 万 t，城区生活污水处理率达 82%。城市照明科技含量和照明设施防盗能力不断提升，年内解决照明盲区 33 个，年底城市路灯总数达 9.4 万盏，比上年增长 19.6%。

7.2 常州市社会经济和自然生态问题辨识

城市是以人类技术和行为为主导，生态代谢过程为经络，受自然生命支持系统所供养的社会-经济-自然复合生态系统。城市可持续能力的维系有赖于对城市环境、经济、社会和文化因子间复杂的人类生态关系的深刻理解、综合规划及生态管理。在该复合生态系统中，自然生态子系统是城市发展的基础，经济生态子系统是城市发展的动力，社会生态子系统是城市发展的最终目的。城市的健康发展不是取决于某一子系统的发展，只有三个系统和谐健康发展城市生态系统才能维持在可持续稳定的发展状态。对城市自然生态要素的辨识，有助于客观认识城市现状发展的动力、优劣势以及未来发展的潜力，能优化并调控城市的未来发展。

常州地处江苏省南部，沪宁线中段，属长江三角洲沿海经济开放区。位于北纬 31°09′~32°04′，东经 119°08′~120°12′之间，北倚长江天堑，南与安徽省交界，东濒太湖并与无锡市相连，西与南京、镇江两市接壤。

7.2.1　常州市土地生态要素辨识

常州市区土地面积 1864km²，市区内 87% 的土地为平原，市区 70% 的土地面积适宜为城市建设用地，地基较好。2007 年市区绿地覆盖率达 41.6%，人均绿地面积 11.4m²，呈现逐年增长趋势。

随着城市化的快速发展，建设用地面积在不断增大，相应的耕地面积在不断减少（图 7-1）。

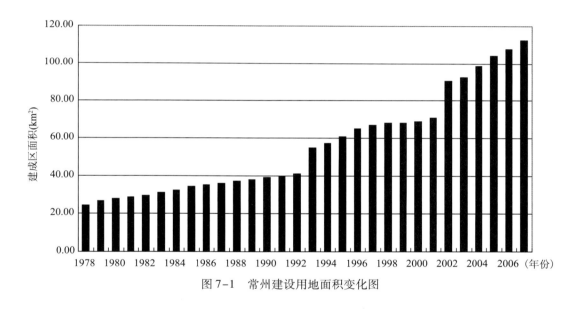

图 7-1　常州建设用地面积变化图

自 1997 年以来，常州市的单位耕地面积产量在不断的减少（图 7-2），主要原因有：

（1）农业种植结构发生了很大变化，近年来产业结构的变化，本地农业人口拥入城市从事第二产业，使农村生产劳动力发生了变化，相当部分耕地转为其他用途。

（2）农业经济作物的种植面积和产量日益增多，占用耕地，林、果、苗圃等经济作物的种植面积比例在不断增加。

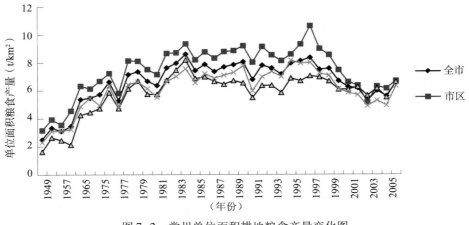

图 7-2　常州单位面积耕地粮食产量变化图

7.2.2　常州市水生态要素辨识

常州北枕长江，东扼太湖，江南运河横贯其间，境内河网纵横交错，湖荡库塘星罗棋布，是典型的江南水乡。市内多年平均降水量为 1037～1164mm，由北向南递增，年最大面平均降水量为 1991 年的 1888.5mm，年最小面平均降水量为 1978 年的 639mm。

7.2.2.1　水系构成

常州市区属太湖流域上游地区，北沿长江，拥有岸线约 17.2km；东南濒太湖，界内湖岸线长 5.4km；境内还有江苏十大淡水湖泊之一——滆湖（境内部分约占 2/3）位于市区南部，水面面积约 137km²，平均水深 1.0m；京杭大运河（运河）横贯市区中部，过境段长达 44.7km。市区河流纵横交错，并与长江、京杭大运河及湖泊交接在一起，共同构成了一个北引长江、汇流运河、南注两湖的自然水系。常州市市区拥有大小河道近 500 条，水体面积占市区总面积的 3.5%，若加上滆湖，水面率则达 8.4%。按河道的正常流向及地理位置分布，市区的河道以京杭大运河为界，大致可分成三个子水系：长江水系、太滆水系和运河水系。

7.2.2.2　水资源量

1998 年全市地表水资源量 16.95 亿 m³，较多年平均偏大 32%；年平均径流深 377mm，较常年偏大，但地区分布不均匀。1998 年全年地下水资源量为 6.73 亿 m³，1998 年全市地下水开采量 0.83 亿 m³。1998 年全市水资源总量为 20.98 亿 m³。全市多年平均水资源总量 16.72 亿 m³。

7.2.2.3　水环境

近年来，常州市城市地表水环境质量不容乐观。2005 年常州市区干流、支流及湖泊各断面基本不能达到功能区要求，支流污染较干流严重。水体污染以有机污染为主，主要污染物为氨氮、总磷、石油类、生化需氧量、化学需氧量、高锰酸盐指数和挥发酚，其中氨氮、总磷、挥发酚的污染较为严重，明显影响河湖水质。

2005 年长江常州段共设水质监测站点 4 个，从上游到下游断面依次为西来桥、剩银河口、长江魏村和圩塘码头。2005 年长江常州段总体水质尚好，水质类别多为 Ⅱ～Ⅲ类，长江魏村断面个别时段出现 Ⅴ 类水，主要超标项目为总磷。京杭运河常州段上游 3 个断面已达到水域功能要求，但下游 4 个断面均未达标，影响水质类别的主要污染指标是氨氮。近年来运河污染已呈减轻趋势，但从全段来看，运河在通过自河水厂往东的中心城区及工业发达地区段污染仍较严重。

从各水体来看，水库和湖泊水质较好，河道较差。水库水质良好，基本稳定在 Ⅱ～Ⅲ类。湖泊内氮、磷含量较高，富营养化基本达中-富营养水平，滆湖和南天荒湖的高锰酸盐指数超标。河道污染较为严重，其中运南各河道由于流经城市和企业比较发达的乡镇，接纳了大量的工业污水和居民生活污水，污染十分严重，以采菱港为最，河水黑臭，水质常年为劣 Ⅴ 类，基本失去使用功能；运北各通江河道经常引入长江水，水质较好。

7.2.3　常州市大气环境辨识

常州市历年平均气温 15.7℃，平均最高气温 37℃，平均最低气温-7.6℃，常年主导风向东南偏东。

可吸入颗粒物（PM10）是常州市主要的大气污染物，常武地区酸雨问题严重，这主要与常州市产业结构有关。近年来常州市工业发展迅猛，工业企业主要能源以原煤为主，近年能源使用量的变化见图 7-3。

常州市近年工业废气的排放量与能耗相对应，呈现出相应的变化。常州市是中国酸雨分布区（图 7-4），2006 年市区降水的年平均 pH 值为 4.89，较上年略好，但酸雨频率为 66%，较 2005 年加重。

7.2.4　常州市的生物多样性

常州地处长江三角洲苏南平原中部，境内西南部低山延绵，丘陵起伏，一派山乡风貌。丰富多样的地貌特点造就了该地区丰富多样的生物资源，常州市自然植被中，自然针叶林 5 种、自然阔叶林 14 种、竹林 9 种，裸子、被子植物 1000 余种（分属 100 多科），阔叶乔木树种 152 种（占全省同类树种的 80%），木本树种 260 多种，植物类

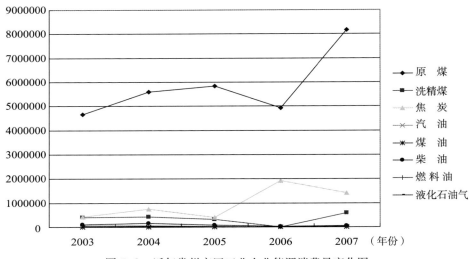

图 7-3 近年常州市区工业企业能源消费量变化图

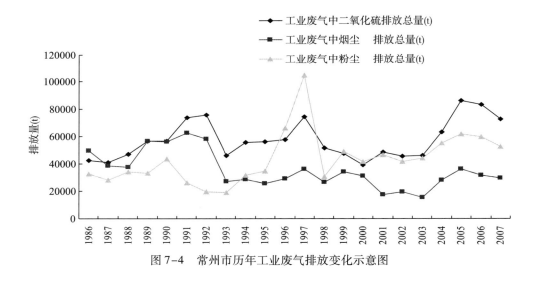

图 7-4 常州市历年工业废气排放变化示意图

药材物种 912 种。主要水生植被群落近 10 种，高等水生维管束植物 40 余种。主要人工林、经济林 20 多种，农作物品种包括旱生、湿生近 200 个，城市绿地系统绿化树种 200 多种。鸟类百种以上，鱼类（不包括长江和太湖）60 余种，兽类 20 多种，两栖类 20～30 种，常见环节、软体、节肢动物门的物种至少在 200 种以上，人工养殖的畜、禽、鱼等经济动物品种近百种。

7.2.5　常州市矿产能源生态要素辨识

常州市拥有较为丰富的矿产资源。已发现可供利用的金属矿产有铁、锰、铜、金（均为小型矿），非金属矿产有岩盐、石灰岩、方解石、硅灰石、膨润土、陶土、玄武岩、石英砂岩、砖瓦黏土、矿泉水等共18种。全市有矿产地约35处，其中大型矿床3个，中型矿床6个，小型矿床26个。金坛盐矿储量高达163亿t，并且矿层厚、品位高、易开采；溧阳方解石储量为2700万t，居全省首位。已探明的矿泉水储量为2.7万t/d以上。

7.3　常州城市可持续发展的 SWOT 分析

7.3.1　优势

7.3.1.1　地理位置优越，自然资源丰富

常州市位于太湖流域西部江南平原水网地区，境内仅有极少量丘陵分布，地势低平，土壤肥沃，以水乡古城、工业城市、文化名城和职业技术教育发达的科教城市而闻名。市区北临长江，南濒太、滆湖，境内水系发达，通江达湖，水量丰富并且含有较为丰富的矿产资源。市区四季分明，气候宜人，生物品种多样，是著名的鱼米之乡。

7.3.1.2　经济基础底子厚，第二产业发达

作为长三角地区和沿江产业带的重要工业城市之一，制造业比较发达。目前已经形成了农业机械制造、输变电设备制造、工程机械、车辆及配件制造、新型纺织服装四大支柱产业，电子信息设备制造及软件、生物医药及精细化工等三大新兴产业。工业优势明显，目前已经成为国内变压器、工程机械、轨道交通部件及设备、中高档牛仔布、灯芯绒等的重要生产基地。第二产业优势明显，是主要以第二和第三产业为主的城市。

7.3.1.3　文化底蕴深厚

常州历史悠久，自公元前547年季札受封于延陵始，常州有文献记载的历史已有两千五百多年。常州城镇布局顺应水势，巧妙结合，京杭大运河穿城而过，不仅形成了城河相依的景观特色，而且孕育了独特的运河文化，同时传统的吴文化在常州积淀深厚。以运河文化为代表的水文化和才智艺术型的吴文化交融发展，形成了常州具有特色的"水文化"、"龙文化"、"吴文化"、"名人文化"、"崇学文化"。"天下名士有部落，东南无与常匹俦。"常州自古以来就是诗书礼仪之乡、钟灵毓秀之地。自从2500年前延陵季子（吴公子季札）在常州开邑以来，常州就以物产丰富、经济发达、文化

兴盛、人才辈出而著称。

7.3.2 劣势

7.3.2.1 产业结构欠合理

常州市产业结构性矛盾突出，高耗能、高污染产业所占比重大，以纺织、石油加工、炼焦及核燃料加工、化学原料及化学制品、黑色有色金属冶炼及压延加工、通用设备制造和电器机械及器材制造为主，2007年该七大行业工业产值占全市工业总产值的66.6%，这些企业多是高耗能、高污染行业。

7.3.2.2 土地利用集约化程度低

以生产加工和制造业为主导产业的常州，土地利用集约化程度较低，以市区北部沿江工业区用地占地为例，产业结构雷同，相同产品生产型企业占地面积不大但数量多，企业间合作少。单位土地面积GDP产值小，效率低下。

7.3.2.3 生态建设与区域经济建设矛盾突出

城市可持续发展面临自身经济建设与城市化进程的需求，有限的土地资源与城市发展建设用地、生态建设用地需求间的矛盾突出。近几年来，常州市加大了环保建设力度，但是能力有限，城市化的快速发展，城市建设步伐不断加快，道路改造、居民住宅建设、老城区的拆迁、新工业上马造成的环境问题使得环保的步伐难以赶上城市化进程。

7.3.2.4 水环境形势严峻

常州市水环境容量小，属于水质型缺水城市。地表水水功能区水质达标率不到50%，滆湖、太湖富营养化，长江饮用水源地取水口已受到污染威胁。常州水源基本为客水，客水水质污染严重加上自身排放是造成常州地表水水质污染严重的主要原因之一，包括长江在内，客水水质基本为 V 类，甚至劣 V 类。常州市城市污水处理率2007年达89.1%。

7.3.3 机遇

7.3.3.1 政府积极引导，打造绿色常州

近年常州市政府通过加强市区的环境整治工作，开展城乡绿化"十大工程"和"整治村庄环境、共建小康家园"专项行动，"建设绿色常州、优化人居环境"，把常州建设的更加优美，并推进绿色常州和水环境建设，继续提高城乡居民生活质量和环境。

7.3.3.2　经济发展迅速，社会发展势头尚好

常州市正处于加速城市化阶段，城市基础服务设施在不断完善，人民生活水平在不断提高，人民生活环境逐步得到改善。

7.3.3.3　产业结构逐步转型，环保意识增强

知识经济浪潮的掀起及国内经济体制改革对传统发展模式的摒弃和对技术创新、体制改革和能力建设新模式的探索与追求，实施国家可持续发展及科教兴国战略以及国家建设和谐社会发展循环经济，建设生态文明社会的时代需求，常州市近年逐步加大环境保护的力度，环保意识增强，产业结构面临新的调整和转型，将有利于地区可持续经济类型的发展。

7.3.4　挑战

7.3.4.1　区域协调发展面临挑战

由于思想观念解放不够，经济体制转轨不快，市场体系发育不全，区域经济结构性的矛盾突出，产业发展重叠，高新技术产业、新兴产业发展速度不快，科技人才和技术力量不足，人才制约问题突出。区域之间、城乡之间缺乏有效的合作机制。

7.3.4.2　部门之间缺乏有效合作

城市的可持续发展依赖于政府各个部门之间有效的合作和交流，缺乏专门的协调机构和组织来协调各部间的工作，这是城市可持续发展的主要挑战。政府部门必须更新观念，开拓创新，建立信息共享、及时反馈和有效决策的机制。

7.3.4.3　环境-经济近远期效益冲突

城市环境问题的形成其实质是资源代谢在时间空间尺度上的滞留或耗竭，系统耦合在结构、功能关系上的错位和失谐，社会行为在经济和生态关系上的冲突和失调。企业只注重经济成本而忽视了生态成本，只看到污染物质的环境负价值，而忽视其资源可再生利用的正价值。城市的可持续发展有赖于环境效益和经济效益在近远期尺度上的双赢。

7.4　常州市区土地利用的动态变化分析

7.4.1　常州市区土地利用现状

常州市区土地利用现状见表7-1。

表 7-1　常州市区土地利用现状 （2005—2006）　　　　　　（单位：km^2）

土地利用类型	钟楼区	天宁区	戚墅堰区	新北区	武进区	合计
居民点工矿	42.0	46.4	15.6	128.0	274.9	507.0
交通	5.0	4.1	2.1	24.1	34.3	69.5
水利设施	0.0	0.5	0.2	2.8	4.7	8.2
耕地	11.0	6.4	7.3	176.0	402.4	603.2
园地	0.9	0.5	1.1	24.3	101.1	127.9
林地	0.0	0.0	0.0	1.5	8.4	9.9
牧草地	0.0	0.0	0.0	0.0	0.0	0.0
其他农用地	4.1	3.2	3.1	60.2	183.0	253.7
荒草地	0.0	0.0	0.0	0.1	3.6	3.7
河流水面	3.5	3.7	1.8	39.3	70.6	118.9
湖泊水面	0.1	0.0	0.0	0.0	154.4	154.5
苇地	0.0	0.0	0.1	2.5	3.0	5.6
滩涂	0.0	0.0	0.0	1.1	0.8	1.9
其他	0.0	0.0	0.0	0.0	0.1	0.1
合计	66.6	64.9	31.4	459.9	1241.3	1864.0

资料来源：《常州市土地利用基础图件与数据更新项目分析报告》。

7.4.2　土地利用的动态变化分析

由于经济发展的需求，常州市区面积自 1995 年来从原来的 280km^2 扩大到目前 1864km^2，增加了近 6 倍（表 7-2）。市区建成区面积从 1995 年 60.6km^2 扩大到 2005 年 104.31km^2，到 2020 年规划建成区达 216km^2。由历次城市规划的城市土地利用现状图 （1995 年、2005 年）以及 2020 年土地利用规划图计算得出市区工业用地自 1995 年 27km^2，增长到 2005 年 86km^2，规划到 2020 年为约 100km^2。在 2005 年以前，包括到 2010 年前后，建成区增长主要来源于市区工业用地的增长，2010—2020 年，按城市总体规划，市区工业用地将维持在相对稳定的水平。市区工业用地发展方向上从 1995 年前的东西向沿运河及铁路发展，到 2005 年后的南北向沿江及沿湖发展，并逐渐远离主城区，这也是因为常州主导产业由原来的以物流业为主到以现代制造业为主的转变，城市居住水平的重新定位。

表 7-2　常州市区及其建成区面积变化表

年份	市区（km²）	建成区面积（km²）
1949	11.68	6.60
1952	75.10	8.80
1959	166.57	15.60
1964	73.58	18.70
1973	149.50	20.25
1978	94.00	24.44
1987	187.00	35.90
1992	190.00	54.80
1995	280.00	60.60
1998	280.00	68.14
1999	280.00	68.14
2000	280.00	68.95
2001	280.00	70.95
2002	1864.00	90.50
2003	1864.00	92.28
2004	1864.00	98.50
2005	1864.00	104.31
2010	1864.00	170.00
2020	1864.00	216.00

　　为了进一步了解常州市区工业用地的土地利用效率，我们对全市区用地及工业用地的地均 GDP 进行分析（表 7-3）。2005 年以前，由于行政区划面积的变化，市区地均 GDP 有所变化，而工业用地地均 GDP 维持在同一水平，不管是市区地均 GDP，还是工业用地地均 GDP，都在相对较高的水平，说明目前常州市区土地利用率比较高。按城市总体规划目标，在 2020 年市区 GDP 要达 3700 亿元，这样市区的地均 GDP 需达到 1.985 亿元/km²，市区工业用地地均 GDP 需达到 18 亿元/km²，土地利用效益较高。

表7-3 常州市区及工业用地均GDP比较一览表

年份	1991	1995	2005	2020
常州市区面积（km²）	190.000	280.000	1864.000	1864.000
市区地区总产值（亿元）	72.050	279.190	981.450	3700.000
市区地均GDP（亿元/km²）	0.379	0.997	0.527	1.985
市区工业用地面积（km²）	—	27.000	86.000	100.000
市区工业地区总产值（亿元）	—	170.200	571.460	1800.000
工业地均GDP（亿元/km²）	—	6.304	6.645	18.000

7.5 常州市热岛效应及其空间分布特征

7.5.1 研究方法

采用从中国科学院遥感卫星地面站购得的美国陆地资源卫星（Landsat-5）于2006年9月18日9：58过境拍摄的TM卫星图片（WRS：119/38）；"地下气象站"网站（www.wunderground.com）提供的卫星过境时的温湿度数据。遥感与地理信息系统操作软件选用Arcgis9.2以及ENVI4.3。采用"单窗算法"，利用现有卫片影像反演卫星过境时的地表温度，获得地表温度分布图像。

以常州市为研究区域，运用"单窗算法"，对TM卫星第六波段进行解译，得到常州市区的地表温度分布图。结果表明：常州市城区地表温度的热岛强度为3.81K；常州热岛效应的空间分布特征为一个片区结合多个副中心，且与城市发展方向保持一致，证明城市化是热岛效应形成的主要原因；城市工业用地布局的地表温度极显著高于城区地表温度，证明工业生产对常州市热岛效应的形成以及热岛强度的提高有促进作用。

7.5.2 常州市热岛效应的强度及其空间分布特征

热岛效应强度是指城市内部的近地表温度与郊区的近地表温度的差异，温差越大则热岛效应的强度越大，温差越小则热岛效应的强度越小。常州市城市内部的地表最高温度为316K，郊区（包括水面）的最低温度为290K，温差为26K，常州市地表温度的热岛强度为3.81K。常州市热岛效应以一个中心片区加多个副中心的空间形式分布。一个片区是指以老城区为核心的处于城市中心地带的大面积建成区，包括钟楼、天宁区、武进区、戚墅堰区以及新北区的南部。这个片区主要沿着两条轴线发展，一是沿着京杭运河发展，另一条是向南北两翼扩展，这两条轴带则是过线和现在城市的发展方向。多个副中心主要指北边的孟河镇、西夏墅镇、沿江化工区，西部的奔牛镇以及南部的湟里镇、前黄镇、雪堰镇。表7-4表示的中心片区和各个副中心的地表温度属性以及热岛强度。

表7-4 主要地区地表温度属性与热岛强度

地名	最低温度（K）	最高温度（K）	平均温度（K）	热岛强度
城区	292	316	302.92±7.39	3.81
全市工业区	292	315	303.66±6.4	4.55
郊区	290	314	299.11	0
孟河镇	298	310	304.24	5.13
西夏墅镇	298	312	303.14	4.03
沿江化工区	296	312	302.99	3.88
奔牛镇	298	311	303.60	4.49
湟里镇	298	309	303.01	3.90
前黄镇	296	307	301.74	2.63
雪堰镇	298	309	304.22	5.11
各区域平均	290	316	302.86±1.50	4.17±0.77

7.5.3　城市工业用地的热岛效应

对城市工业用地的地表温度和城区的地表温度进行"u检验"得到：

$$s_{\bar{x}_1 - \bar{x}_2} = 0.00931, \quad u = 79.81, \quad |u| > u_{0.01} = 2.58, \quad P < 0.01$$

即城市工业用地的地表温度极显著高于城区地表温度。由于工业区与城区的地表覆盖类似，大部分是由不透水地面构成，其地表辐射率与地表温度比率等指标处于相同水平，而在相同地表属性的基础上工业用地的地表温度极显著高于城区的地表温度的现象主要是由工业厂房大量排放的人为热造成的。首先，工业区的能量、物质代谢强度高，利用效率低，导致了大量的能量以人为热的形式排放到大气当中，促成了较强热岛效应的形成。另外，企业经营者为了追求利润最大化将厂区范围内的每寸土地都加以利用，这直接导致了工业区范围内绿色植被的覆盖率较少、水面比例不足，进而提高了热岛效应强度。

7.6 常州市可持续发展面临的生态问题

7.6.1 土地资源有限

常州人均土地面积仅仅为 0.07hm^2，2007 年实有耕地面积 161090hm^2，人均耕地面积仅为 0.045hm^2，人均耕地面积已低于联合国粮农组织确定的 0.8 亩（约合 5.3m^2）警戒线。

7.6.2 土地利用效益较低

市区继续扩展蔓延，呈摊大饼发展趋势。工业用地占地比例较高，且布局分散；功能分区不太合理，单位面积 GDP 较低。滨江工业区总规划面积 13km^2，是石化企业相对集中区；重点发展以苯、氯碱为主要原料的基本化工原料、有机化工新材料等。本园区只有 20 家企业入驻，即平均每家企业占地 0.65km^2（975 亩）。

7.6.3 生态环境敏感区保护力度较低

近年来城市发展，特别是工业区的开发与交通建设对城市生态景观带来一定的影响，阻隔生态景观廊道的空间联系，降低其约束城市无序蔓延，净化空气、水质，调节气候等生态服务功能，进而影响城市生态安全。长江段、滆湖、太湖周边、铁路沿线等敏感区生态保护不够，部分河流廊道和交通廊道绿化带宽度不够。土地利用与生态服务功能评价在有些地段存在矛盾。以新藻江为例，对部分河道采取填平、河岸硬化等措施，阻碍水系连通性，不利自然物质循环；大运河沿岸部分则成为工业、家庭废水的出口，洗涤剂、重金属等物质直接对水质产生影响，亦不利于两岸生态旅游产业开发。

7.6.4 生态系统结构单一，生态服务功能较低

全区高生态服务功能的森林地面积较少，且分布于城市中心区外围，主要生态功能依赖农地及少量农地间林地、灌丛支持；城市中心绿色景观面积小、分布零散，无法与中心区外围绿地联系，较难对城市本身静风日数较多的问题产生帮助。

7.6.5 城市工业污染严重，经济粗放增长

工业城市，污染严重，结构型矛盾突出，高耗能、高污染产业所占比重较大。2003 年常州万元工业增加的废水、化学需氧量高于江苏省的平均水平。空气质量未达标，可吸入颗粒物（PM10）是主要的污染物。

常州 2004 年万元 GDP 能耗为 1.24t 标煤，水耗为 74.8m^3，而同年江苏省万元 GDP

能耗仅为 0.99t 标煤。单位土地面积 GDP 产出少于苏州和无锡。

7.6.6　生态基础建设比重偏低

建成区内不透水地面面积扩大，阻止了雨水渗入土壤，加重建成区的内涝问题。另外，城市中心区公园绿地比重较低，缺乏足以净化环境的生态廊道。

7.7　常州市不同发展情景模拟与合理模式选择

7.7.1　土地复合生态系统的动力学机制分析

土地是陆地表层具有一定空间尺度的自然生态系统，是人类赖以生存的物质基础，同时也是地球上数量有限的自然资源。由于世界人口的不断增加，特别是近百年来的成倍增长，给土地造成的负载越来越重，并且使土地的生态功能受到极大的破坏。备受世界各国关注的人口、资源与环境等问题，无不与土地生态系统有密切的关系，成为学术界的研究热点。

土地是城市一切社会经济活动赖以生存的载体，也是提供生态服务、保障城市社会经济发展的必要前提。作为人口和经济活动密集的空间，土地不是一种单一物理属性的商品，而是一类社会—经济—自然复合生态系统，具有物理属性、生态属性、社会属性和经济属性，为人类提供生产、生活、供给和还原的功能。作为一种自然资源，土地具有物质生产、水源涵养、环境净化、调节气候、保持生物多样性等自然生态服务功能，及为人类提供生活空间和空间连通、人类劳动和就业等社会服务功能及景观、休憩、旅游、历史文化承载等人文生态服务的功能。长期以来对土地价值的认识仅仅停留在单纯的经济价值基础上，大量农田和生态用地被占用。耕地被占用所损失的不仅仅是粮食，还有其为人类提供的生态服务功能。

土地复合生态系统的结构层次包括：

● 物理层次：地理的、物理的、水文的、气候的、地球化学的、空间格局及进化过程的整体性、通达性、流通性及清净性程度；

● 生命层次：动物、植物、微生物的生产力、多样性、还原再生能力，对环境的适应能力和协同进化能力；

● 技术层次：生产、流通、消费、还原和调控的生命周期全过程；

● 人文层次：不只是生产和生存的环境，也是一种美学的、文化的、心理的及精神的实体。

● 以上每一层次都是以前几层次为基础。

土地复合生态系统的动力学机制来源于自然和社会两种作用力。区域的地质、地貌、水文、土壤、光照等自然因素对土地利用格局具有一定的影响，但是人口、经济、技术等社会因素对北京市土地利用的作用力是土地利用变化的重要原动力。

人口因素 人口对土地的影响表现在人口数量和质量两个方面。人口数量的自然增长是土地需求增加的内在动因，新增人口带来对住房、交通用地、娱乐用地等建设用地的新的需求。人口的文化素质、观念及劳动技能等也会对土地利用方式产生作用。随着收入的增加和现代通讯技术的发展，人们对居住空间扩大、居住环境绿化、对空气质量等的新要求，导致了人们居住方式的郊区化。另一方面，大量外来人口涌入地租较便宜的城乡结合带，从事废品回收等低技术含量的职业，导致城乡结合带私搭乱建住房，占用大量土地。

经济因素 经济的持续快速发展、大量基础配套设施的开发是推动建设用地增加的重要动力。人们对土地经济价值的关注、对土地生态价值的忽视，导致利益较低的农业用地向经济效益较高的二、三产业用地转移，同时也带来了资源耗竭、生态退化等问题。建立包括生态价值、劳动价值和社会价值在内的新的价值核算体系，是合理配置土地资源的基础。

政策因素 在改革开放以前，我国土地实行国家所有、行政划拨和无偿使用的政策，城市土地得不到优化利用，使用效率普遍性低下。80 年代，随着市场经济的引入和土地使用税的征收，逐步形成了土地市场。目前的城市土地利用仍主要由政府行为所控制，市场调控的范围和力度均极为有限。并且，由于对市场管理者和参与者的双重身份于一体的政府行为缺乏公正有效的约束与监督，致使他们常常为了获取高额的地方利益而争相大量圈地办开发区或开发房地产，从而造成城市土地市场严重供过于求，既浪费了宝贵的土地和资金，又严重侵害了农民的利益。建立合理的价格机制，完善土地市场建设，同时通过建立完善的评价、监控体系和配套的法律法规体系是未来土地管理的重要内容。

随着我国经济的不断发展，生产建设对土地的需求越来越多，尤其是在经济发达的城市地区，土地供需矛盾就更为突出，城市的加速扩展使得城市和城郊原有的绿地、湿地以及具有生产和生态功能的水体、耕地、林地等被大量占用，城市生态系统赖以维持的本来就十分脆弱的生态系统功能日趋恶化。城市内部污染物滞留如大气沉降，环境介质如水体的净化功能丧失，生物栖息地的破坏导致的物种多样性的丧失，地表硬化面积的增多导致水土流失严重等，这些环境问题的出现使人们在物质生活水平不断提高的同时，生活环境质量却呈现下降的趋势。随着社会对生存环境和生存质量的日益关注，保护城市脆弱的生态系统和改善城市生态环境质量已经成为城市可持续发展的主要目标之一，科学合理的城市规划是解决城市生态环境问题的主要手段。生态系统的维持和发展，需要有一定的生态腹地作为基础，所以在城市规划中必须要考虑到除建设用地之外的另一类土地即生态用地的合理规划，作为城市生态系统的支持和依托，为城市提供有形和无形的生态服务是必不可少的。

7.7.2　常州市不同发展情景下城市复合效益比较分析与模式选择

发展情景一：基于城市自然增长的现状摊大饼发展模式

基于城市自然增长的现状摊大饼发展模式，城市以现状主城区为中心，沿南北向发展扩展，同时东部地区沿运河方向连成一体，继续向东部扩展至沿江城际铁路和沪宁高速交叉三角地带；南部地区沿太湖方向延伸，北部地区突破沪宁高速铁路和公路与沿江重化工发展带连成一片。城市北部为重化工滨江工业发展区，同时发展信息电子制造、机电制造等产业，现状城区中心为行政、商业、文化服务等的中心，东部地区为铁合金、精细化工工业和物流业发展区，南部为休闲观光旅游、轻工业发展区。为满足工业经济增长的体量，土地利用延续现状粗放型的利用方式，但是居民点和废弃地得以部分整理。城市由东西和南北向的快速公路以及主城区的环线联系，主要交通工具为公共交通。

发展情景二：基于多片区多组团近"米"字形的城市发展模式

按照"一体两翼、一城七片十一个组团"总规发展思路，以现状城市主城区为中心，横向发展轴东西向沿运河方向继续延伸发展，纵向发展轴南北向沿现状"两翼"发展，在西北和东南方向以及东北和西南方向形成新的发展带，全市呈近"米"字形遍地开花式的多片区多组团发展。发展轴仍然以北部滨江工业区和南部休闲观光区为主，同时在运河东西向将形成新的地产开发发展轴，沿西北和东南方向以及东北和西北方向将在现有基础上发展形成各自产业园区。为满足地区经济发的快速发展需要，土地的利用延续现状粗放型的利用方式，但是部分居民点和废弃地得以整理。主城、片区和组团之间由主城区放射状的道路网联系，主要交通工具为公共交通。

发展情景三：基于生态服务功能的近"才"字形的主动脉发展

城市发展规避敏感和脆弱的生态系统，将城市发展的生态风险降低到最小限度。在城市中有意营建和积极保育生态系统为人类活动可能提供的生态服务功能，诱导和强化生态利导因子的积极作用。结合土地生态服务功能评价的结果，优化城市的用地结构布局，避开东部湿地敏感区的发展，同时在现状的基础上，强化西部的经济发展轴。以现状城市主城区为中心，限制城市继续东向横扩以及南北方向摊大饼蔓延扩展，在西部沿孟河、奔牛和沿湟里、卜弋形成新的两条人文和产业发展轴，西南发展轴在未来将延伸至金坛和宜兴方向，促进区域发展。城市发展轴中各部分由轻轨交通连接，市区形成近"才"字形景观格局。城市产业发展进行重组，北部为滨江工业发展区、南部为休闲观光旅游和高档地产开发区，湟里卜弋新区为林木花卉生产基地，孟河奔牛新区发展轻工业、电子产业。城东工业区与主城区由绿化带隔离开，防止继续东扩对重要湿地造成更加严重的生态胁迫，产业有限制的发展，限制现状轻纺、轻化工的入住，将"大而多，小而全"的企业重组形成新的生态产业园区。南部漕桥以及沿太漏湖形成高档地产和休闲观光旅游区,严格禁止污染生产型产业进驻。土地利用集约化,高效利用土地,禁止占用基本农田等生态服务用地,可适当开发未利用的土地。城市三条发展轴线由轻轨相衔接,同时结合城市现状的快速交通系统,铁路为主,公交为辅。

表7–5 不同发展情景下的城市土地复合生态效益分析

	情景一:基于城市自然增长的现状摊大饼发展模式	情景二:基于多片区多组团近"米"字形的城市发展模式	情景三:基于生态服务功能的近"才"字形的主动脉发展模式
城市发展示意图			
湿地调蓄洪能力	严格保护市域大型湿地,但城市东部水网密集,城市自然东扩将不可避免造成大量水域湿地被占用,湿地调蓄洪能力大大减弱	严格保护市域大型水域湿地,积极疏导城市主要河道。城市发展有选择地避开排蓄洪湿地。但由于多片区多组团的开发,仍然占用大量湿地水域	严格保护市域大型水域湿地,积极疏导城市河道,大小河道相连相通。避免城市东扩,积极保护东部水域湿地,西部发展轴有意避开关键水域湿地,有少量水域湿地被占用
植被覆盖率	城市中心区植被绿化将维持在现状水平,但中心区外围现状人工绿地或自然绿地被城市建设用地蚕食,植被覆盖在现有水平上不断减少	中心区植被覆盖水平维持不变,由于多片区多组团的开发,现状中心城外围的绿地覆盖将不断减少,自然绿地消失,尽管建立人工楔形绿地和绿廊,但是总体绿化覆盖大大减少	维持现状中心城,构筑现状南北两翼的绿化防护带,同时建立东部绿化防护屏障。在西部发展轴和中心发展轴之间营建楔形绿地和绿廊,提高植被覆盖率和服务功能
生物质生产能力	市区南扩大量良田被建设用地占用,土地粮食生产能力减少	城市建设用地发展有意避开生产性良田,由于市域南部大部分用地为农业生产用地,所以,南部多片区多组团的发展不可避免的要征用部分良田。土地粮食生产能力大大减少	城市建设用地发展积极避开生物生产性农田,由于采取了限制城市东南北部的扩张,农田的占用主要在西部,通过生态补偿,当前的生物生产水平至少不下降

	情景一：基于城市自然增长的现状摊大饼发展模式	情景二：基于多片区多组团近"米"字形的城市发展模式	情景三：基于生态服务功能的近"才"字形的主动脉发展模式
生态服务用地边缘效应	城市建设用地占用，用地结构单一，边缘效应最小	由于多片区多组团的发展，用地结构重组，非建用地斑块数量减少，边缘效应呈现漫天星的减少趋势	中心城区的生态服务用地的边缘效应将维持在现有水平上，由于西部的发展轴的城镇发展，使边缘效应有所减少
森林景观面积	维持现状不变	维持现状不变	面积和生态功能提高
土壤质地	城市摊大饼式的蔓延，硬化地表的面积不断增加，土壤的质地随着建成区的增加而下降	中心城区周围小城镇的建设用地的突然增加，使得建成区土壤质地迅速下降，并且较情景一下降趋势明显	同样由于建设用地水平的增加，一定程度上较现状水平有所下降，但是由于用地集约高效，土壤质地较前两者下降幅度要小
热岛效应	建成区成片的增加，市中心距离郊区越来越远，湿地消失，农田和绿地被占用，城区大气流通受阻，热岛效应明显	多片区多组团的硬化地表面积的增加使得自身的热岛效应增加，另一方面，构建的绿色廊道和绿楔一定程度上缓解了热岛效应。但总体上会较现状热岛效应明显	西部发展轴的城市呈现带状发展形态，并且构建的绿楔和绿廊，以及保留的湿地水域很大程度上减少了热岛效应的产生
人口压力（人口密度）	中心城区的人口密度将不断增加。第一产业人口大量拥入城市	中心城区人口受到片区和组团的就业机会吸引力，中心城区人口密度较情景一要小，但是片区和组团人口密度增加。总体趋势增加	中心城区人口密度开始下降，西部两带人口的密度增加。但是由于很好地保留了农田，一部分当地的人将继续从事生物性生产。整体市域的人口密度相对于前两者要小
工业用地占地	工业占地遵从满天星的发展态势，北部、东部、南部工业占地继续增加。但是土地使用效率低下	新的产业园区的形成，一定程度上占地率较情景一有所增加，且各个片区和组团的产业功能仍然不明确。土地利用效率依然低下	在现状基础上对产业布局进行重组，中心城市和两带城镇的产业功能明晰，重叠发展的局面得以改善。集约高效利用土地，工业用地的占地在现有水平上有下降趋势
交通用地占地	城市交通仍然以现状南北向交通干道和环线联系，随着大饼越来越大，道路占地将增加。但中心城与周围乡镇的相互影响力不足	在现状的交通网络水平上，形成以主城区为中心的放射状交通线，以快速交通工具联系各个卫星城。组团之间将通过城市大环线联系。交通占地较情景一还要增加	积极发展轻轨交通，通过轻轨联系城市各主要部分，另一方面充分利用现状交通网络，交通占地相对较小

表7-6　不同城市发展情景的土地生态服务综合评价

情景一：基于城市自然增长的现状摊大饼发展模式	情景二：基于多片区多组团近"米"字形的城市发展模式	情景三：基于生态服务功能的近"才"字形的主动脉发展模式

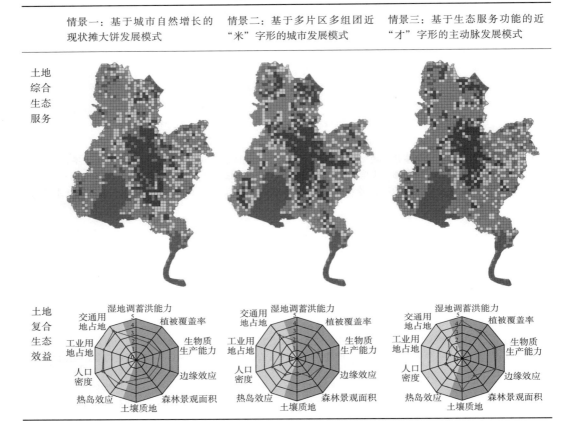

*上图浅色区域代表生态负效应，深色区域代表生态正效应。

从情景分析的结果来看（表7-6），情景一和情景二的发展模式占地面积最大，城市为了社会经济的发展必然会利用大量的非建设用地，即生态用地的占用，这样导致了土地的生态服务水平下降，生态负效应开始增加。情景一是按照现状城市总体规划的发展思路对未来城市土地生态服务功能的分析，城市的主城区功能得以进一步强化，并对周围的区域产生辐射效应，致使围绕中心土地的城区被成片开发，摊大饼的趋势不可阻挡。但是相比情景二而言，无论是社会经济的发展体量或者是土地开发利用的强度，情景二都比情景一的影响更为深刻。城市生态用地的生态服务在功能和体量上受到最大程度的破坏，景观破碎化程度加剧，同时由于城市化的成片成块发展，相当一部分从事第一性生产的人口就业问题将凸显，没有就业技能的农业劳动人口转为工业生产或者服务业的生产，在一定程度上会激化社会矛盾，成为城市发展前进的主要社会问题，同时，由于城市生产结构的不合理也会加重产业转型的负担，尽管经济体量也在增加，但是从长远来看，这种发展模式是不可持续的，风险将不断加大。相对前两种发展情景而言，情景三在一定程度上遏制了城市满天星、摊大饼的趋势，在城市发展的空间结构上，通过生态廊道的建立和城市发展空间管制，中心城区向外蔓延的趋势受到阻挡，部分生态用地的生态服务功能得以保存，通过优化内部城市空间格局和产业结构调整，使得土地的利用效率得到提升；在经济体量上，西部的两条新的发展轴会弥补由于限制生态用地的开发而损失的经济效益，而且这两条发展带在当前已经形成雏形，这种自发有机的发展和合理的土地开发限制的结合相对前两者而言更加科学。在社会效益上，当前从事农业的人口将得以保留一部分，一定程度上缓解了城市人口的就业竞争和压力；同时在生态效益上，农业用地自身就为城市提供了相当的服务功能，这是城市工业化不可获得的。另外加强了城市主要生态廊道的建设和生态用地的保护力度，城市发展中的生态安全得以巩固。在经济效益上，土地集约化和高效的利用、产业的重组和合并，逐步形成大而强的优势产业。而西部发展带的经济功能加强和中心城区的经济地位的提升，在一定程度上避免了由于限制土地开发而损失的经济效益。因此情景三的发展模式是常州市城市发展的合理选择。

7.8　常州市生态框架与生态廊道建设

常州城市生态框架需以保持良好的城市生态结构并达到社会、经济及生态功能最大化为目标。一方面结合区域自然环境特色，在现有基础上进行生态服务功能的提升，另一方面展现城市文脉，通过当前城市发展轴线妥善保护城市历史文化单元，支持产业发展，并为城市未来发展的空间方向提供指导依据。

7.8.1　自然和人文生态框架构建原则

● 维持城市人居环境质量，同时满足城市产业发展需求。

在主城区与新北和武进区之间构建生态缓冲带，有效隔离重工业或化工产品生产过程中的空气、噪音等污染，保障城市中心区环境质量；集约工业用地，明确产业的功能分区，构建和孵化生态产业园，统一集中管理，提高产业规模、降低建设成本，同时减低生态风险发生的潜在危险。

● 整合生态景观，完善现有框架。

城市区域内具有维持生态稳定与环境质量功能的景观类型包括林地、草地、农地、水体、湿地、公园等通过加强其间的空间结构联系，可提升整体生态功能。整合防护绿带、河岸带、生态廊道、生态保护区及境内山体、森林，配合禁止开发区与限制开发区的划定，提高生态景观连通性。

● 建设高效的城市格局，展现城市文脉。

明确人文发展轴线，调整现阶段辐射状的发展轴线，约束城市的空间蔓延，提高土地利用效益。结合城市文化产业，强调文化底蕴，展现城市独特风貌。

7.8.2 自然生态框架

利用交通轴线、高压线走廊与河流廊道等，构建大型生态缓冲带。由于常州市地形平坦、自然植被数量少，生态廊道构建需结合市域范围内河流水系、交通轴线和高压线走廊等。在水系方面重要生态廊道包括具有引清、防洪、景观功能的南北向河流新孟河、德胜河、藻江河、三山港，及具有东西向联系功能的新运河、老运河、太滆运河。在交通路线上沪宁高速、联三高速、西绕城高速三条交通干线可对城市空间发展起到一定的限制作用。另外，通过西绕城高速与德胜河的约束及滆湖、太湖、太滆运河沿岸可构建较大范围的楔形绿地等生态廊道。

基于城市发展与生态环境保护的考虑，常州市自然生态框架应包括生态功能区及生态廊道两部分。其中功能区分为 3 个水体功能区、3 个山体功能区及 3 个大型城市湿地绿地，生态廊道系统则包括 2 条大型生态缓冲带、4 条楔形绿带及 5 条小型生态廊道，形成由绿斑、绿楔、绿带、绿环、水体等点、线、面构成的结构多样、功能丰富的绿色空间网络（图 7-5）。

● 生态功能区。

生态功能区包括常州市境内具有较高生态功能的区域，是维护常州市基本生态功能的重点区域。

▶ 水体功能区（3 个）：长江沿岸、太湖、滆湖。

▶ 山体功能区（3 个）：东北方的石堰山、鸡龙山、芳茂山、清明山；西北方的黄山；东南方的青天山、龙泉山、四顶山、大茅山、老鸦山、酱缸山、杨湾岭、黄家山。

▶ 大型城市湿地绿地功能区（3 个）：淹城、宋剑湖湿地、芙蓉镇湿地。

● 生态缓冲带与生态廊道。

生态缓冲带与生态廊道的设立具有联系生态功能区，提高区域整体生态质量的优点。

▶ 生态缓冲带（2 条）：分别处于原沿江铁路两侧和太滆运河两侧，用于分隔主城区与新北和武进区，具有维护生态环境质量的功能，一方面可防止建设用地无序蔓延，朝向摊大饼的方向发展，另一方面结合城市主导风向，可改善市域范围的空气循环。

▶ 楔形绿带（4 个）：分别处于西绕城高速与德胜河间、西绕城高速与滆湖沿岸间、京沪高速铁路与京沪高速公路间及联系滆湖与宋剑湖的缓冲带（南起滆湖，东以武进港为界，西邻太滆运河、溧漕河，沿武进港两岸至宋剑湖）。在土地的保护与利用上，

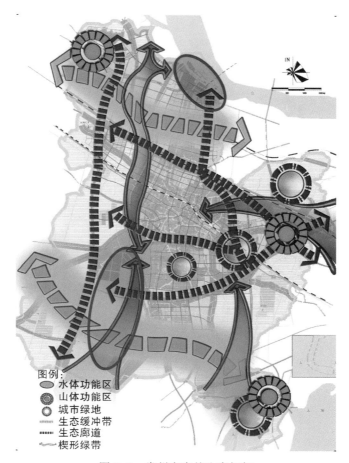

图 7-5　常州市自然生态框架

可结合休闲、科技、环保等低污染产业的配置，达到发展与保护并重的目标。

▶ 小型生态廊道（5 条）：新孟河、藻江河、新运河、老运河及联三高速至三山港。

7.8.3　人文生态框架

常州市当前的人文生态发展应强化南北向的产业发展轴线，约束低效分散的工业区布局。适当引导低污染、环保、创意产业向滆湖西岸发展，以强化对金坛等地区资源的利用与联系，提高区域整体竞争力。构建近"才"字形产业和人文发展轴，同时利用滆湖、太湖及长江天然水系与历史文化古迹、街区，展现城市文化风貌（图 7-6）。结合常州市自然背景与发展现状，人文生态框架可划分为文化中心区、环保工业区、创意产业区及 3 个高新产业区。

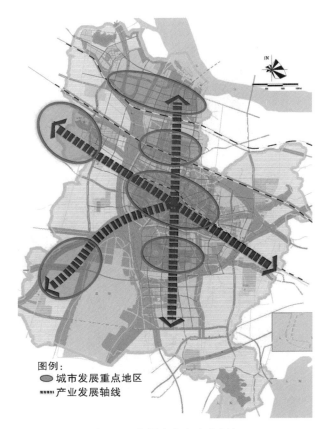

图例：
⬬ 城市发展重点地区
▪▪▪▪▪ 产业发展轴线

图 7-6　常州市人文生态框架

● 文化中心区。

文化中心区是全市的行政、商贸、金融和文化中心。分别以沪宁高速、德胜河、新运河及青洋路为界。土地的规划与开发需遵循城市整体风貌，并具备高度的社会经济效益。

● 环保工业区。

范围为北至长江，南至 338 省道，西以新孟河东以藻江河为界。可利用长江水利优势，发展重工业，但须以不影响长江水质与市民饮用水为前提。

● 创意产业区。

位于滆湖西岸，以德胜河、滆湖路、环湖西路及南环线为界。结合环保主题，利用滆湖自然风光，吸引科教、休闲旅游、园艺、文化等产业。

● 高新产业区。

位于文化中心区外围，以发展电子、软件产业、新材料、生物医药等高新技术产业为主，强调最低的环境影响，并创造最高的经济效益。规划上须结合生态工业园区与生态廊道设计，保障安全发展。

分别包括常州国家高新技术产业开发区、武进高新技术产业开发区及奔牛镇。

7.8.4　生态廊道及其控制要求

生态廊道是连接、隔离或切割不同类型生态系统的景观斑块、维持城市生态服务功能的水道、风道和生物廊道，包括单功能廊道（如高压电力传输走廊、河流水系、公路铁路等交通廊道，其中公路廊道在交通拥挤时是污染产生和扩散的廊道，而在交通轻闲时是大气流通、污染物稀释和热岛效应切割的生态廊道）和多功能综合廊道（如大型带状绿地、公园、农林水复合生态系统等）。由于常州市地形平坦、自然植被数量少，生态廊道构建需结合市域范围内河流水系、交通轴线，一方面约束城市无序发展，另一方面保障城市生态环境质量，降低工业对城市的影响。在水系方面重要的生态廊道包括具有引清、防洪、景观功能的南北向河流新孟河、德胜河、藻江河、三山港，及具有东西向联系功能的新运河、老运河、太滆运河。在交通轴线上沪宁高速、联三高速、西绕城高速三条交通干线可对城市空间发展起到一定的限制作用。另外，通过西绕城高速与德胜河的约束及滆湖、太湖、太滆运河沿岸可构建较大范围的生态廊道，这些生态廊道与山体、绿地斑块、森林公园、农田等构成了相互联系的完整的生态功能网络。其中在北面原规划的沿江高速铁路处构建一东西向的生态缓冲带，将主城区与新北区隔开，保持良好的城市形态和服务功能。在南面太滆运河一带构建东西向的生态缓冲带，将主城区与武进区隔开，保持良好的城市景观生态格局。另外在新孟河、德胜河、藻江河、新老运河、沪宁高速铁路、联三高速公路、西绕城公路等沿线建设绿色生态廊道。

对于绿色廊道宽度的规划设计，国内外有不少案例研究，一般来说，控制要求如下：

（1）河流绿色廊道。河流植被宽度一侧至少在 30m 以上，能有效降低温度、提高生境多样性、增加河流中生物食物供应、控制水土流失和过滤污染物等。

（2）江河防护林。长江市区段防护林带宽度不小于 50m，横塘河、丁塘河、新藻江河等通航河道两侧防护林带宽度各不低于 50m，有条件地段适当加宽。

（3）道路绿色廊道。包括铁路、高速公路和城市快速路等，道路廊道一侧至少 60m 以上，可满足动植物迁移、传播以及生物多样性保护等，有条件地段适当加宽。

（4）组团隔离带。根据城市空间发展布局，在组团与组团之间控制大型绿色开敞空间，并借助道路、河流等形成屏障，绿带廊道宽度应为 600 ~ 1200m，至少为 500m 以上，有条件地段适当加宽，以创造自然化的物种丰富的景观。

（5）生物廊道。为保护某一物种而设计的廊道宽度，依被保护物种的不同而有较大差异。如雪白鹭（Snowy egret）较为理想的河岸湿地栖息地宽度为98m，而栖息在硬木林和柏树林中的鸣禽（Prothonotary）则需要168m的宽度。

（6）城市高压走廊。高压走廊两侧防护林带宽度按国家有关规范严格控制。

（7）卫生隔离带。规划工业区与生活居住区之间卫生防护林带，一类、二类工业园区与生活居住区之间原则上建设宽度不低于20m的林带，三类工业区与生活居住区之间原则上建设宽度不低于50m的林带。

7.9 常州市生态分区与空间优化对策

7.9.1 生态分区与控制要求

通过生态服务功能评价、生态安全敏感区分析和空间结构分析，结合社会经济发展情况，将常州市区未来土地利用划分为生态服务功能区及城乡建设发展区两大类（图7-7），其中生态服务功能区约1190km²，占全市区域面积的63.8%，包含禁止开发区588km²（31.5%）、限制开发区602km²（32.3%），其对城市区域具有固定二氧化碳、稳定大气、调节气候、水文调节、水资源供应、水土保持、土壤熟化、营养元素循环、废弃物处理、生物控制、食物生产、原材料供应、休闲娱乐以及科研、教育、美学、艺术等功能。城乡建设发展区约674km²，占全市域面积的36.2%，包括调整开发区305km²（16.4%）、优化开发区279km²（15.0%）、潜在发展区90km²（4.8%）3个子分区（图7-8），是当前与未来城市开发、建设与社会、经济、文化活动的主要区域。常州市目前现状生态用地率为79.8%，为保持良好的城市景观结构和生态安全，从生态服务需求角度考虑，结合国内外发展趋势，在未来发展中常州市的生态用地率应保持在60%以上，按照绿线严格控制。按照生态分区，规划目标与现状用地相比较，建设用地存在约100km²的增长空间，还有约100km²的城市预留发展空间，各占市区面积1864km²的5%左右（表7-7）。

表7-7 规划目标与现状用地的比较

类型	现状	规划目标
建设用地（城乡建设发展区）	376 km²（20.2%）	674km²（36.2%）
生态用地（生态服务功能区）	1488 km²（79.8%）	1190 km²（63.8%）

现状数据来源：常州市勘测院（2006）。

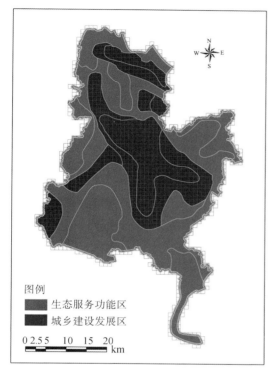

图 7-7　常州市区一级生态分区

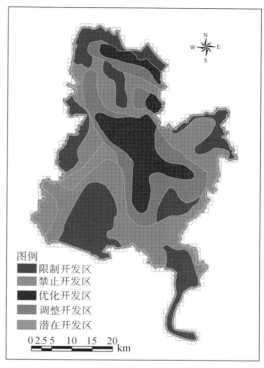

图 7-8　常州市区二级生态分区

7.9.1.1　禁止开发区

- 控制范围。

为具有重要的生态价值的山体、湖泊、河流、自然景观保护区、湿地及其他的城市绿地，主要包括为常州重要生活用水取水口的长江沿岸，维持区域生态平衡及保育生物多样性的太湖、滆湖及青天山、舜过山等低山丘陵。另外，亦包含具有保障粮食安全重要意义的大面积耕地。

- 控制要求。

区内应严格禁止任何对土地进行开发的活动。基于对重要水源、风景名胜、自然保护区、集中成片的基本农田及区域内森林及郊野的保护，禁止开发区内不再批准任何土地开发项目，对已批建设项目，要优先考虑环境保护，加强各项配套环保及绿化工程建设，严格控制开发强度。对已建合法建筑物、构筑物，不得擅自改建和扩建。禁止保护区范围内水域的养殖活动。

● 规划措施。

1）强化沿江生态防护绿廊。沿长江建设生态防护绿廊，重点保护城市用水取水口外围生态环境，同时结合沿江工业区规划防护绿带，有效遏止工业废气扩散。

2）合理利用城市内部与外围自然资源。在太湖、滆湖、重要湿地及丘陵山地等地区及其周围地区规划禁止开发区域，结合现有的自然资源，建设郊野森林公园，保护生态环境并提高城市居民生活质量。

3）结合限制开发区规划，提高城市生态用地效能。整合市域禁止开发区与限制开发区内的具有资源与环境保护生态功能的区域、调整开发区中的防护绿地及优化开发区中的城市公园作为全市生态功能网络基础，结合河流绿带、绿廊等设计，提高生态景观连通性。例如，通过淹城、宋剑湖等已有的开放空间与自然资源，设置大型都会与郊野公园，以改善城市核心区公共绿地不足的状况；结合常州市历史文化景观保护区与古木的布局，规划市区旅游线，构建生态网络，可达到保护环境、稳定生态及提高城市开放空间价值等目标。

7.9.1.2　限制开发区

● 控制范围。

其分布于太湖、滆湖沿岸及其他自然保护区周围，维护太湖、滆湖水质与自然保护区的生态环境质量，另外也包含重要的绿色景观廊道与蓝色景观廊道，为常州市区提供气流、物质等自然循环的通道。

● 控制要求。

区内需遵循相关法令规章，对土地资源进行有条件的开发。为维护生态完整性、提高城市生态环境质量、保障生态安全，限制开发区内除重大道路交通设施、市政公用设施、旅游设施及公园外，其他开发项目有条件在范围内进行建设，任何开发项目均需进行可行性研究、环境影响评价及规划选址论证。为范围内道路两侧、河流两侧设置缓冲绿带，并通过市域绿地系统整体规划，强化生态空间的功能联系，以降低城市热岛效应、控制水土流失、过滤污染物。分阶段逐步拆除位于市区生态服务功能区的建筑和构筑物。

● 规划措施。

1）美化主要河道、运河与沿路防护绿带。沿新孟河、德胜河、藻江河、太滆运河、新运河、铁路与沪宁高速、常澄-常宁高速等建设生态防护绿廊，有效联系长江沿岸与太湖、滆湖等自然资源，提高区域内的生态功能，有效控制建设空间的无序、大面积扩张。

2）整合文化与亲水空间，强化城市景观特色。有效控制水质，利用全市水系纵横的自然特性与历史文化古迹，规划适合公众活动的亲水公园，增加生态空间的休闲游憩功能。

3）结合产业特色，突出城市文脉。结合地区自然环境特色与历史文化古迹，适当引入无污染的环保、创意产业，综合展现城市特色。

7.9.1.3 调整开发区

● 控制范围。

其介于城市中心区外围，属于城市发展边缘地区，具有向外扩张快速、用地效益较低的特性。

● 控制要求。

为保障城市的高效、稳定发展，须重视本区的土地利用规划，并强化规划后的管理与监察。

● 规划措施。

1）重视城市边缘区的土地利用规划。引导城市空间发展，避免无序增长、占用耕地与土地利用效益低下，需约束城市边缘的空间扩张。

2）强化规划后的土地管理。依据土地利用功能分区，定期监察不同功能区的土地开发、利用现状，严格审查变更使用行为。

3）结合土地市场，有序引导土地开发。以城市可持续发展为目标，长期规划为依归，掌握并储备土地资源，规范市场，同时控制土地开发，以确保开发效益。

4）了解开发项目与过程中的社会、经济与环境影响。除规划用地类型外，对进驻的产业与开发项目，明确掌握其开发过程与成效的各方影响。

7.9.1.4 优化开发区

● 控制范围。

为目前社会经济活动较为密集的地区，包括城市中心区与主要工业区。

● 控制要求。

由于土地资源已经开发，且区域内未来可利用的空间有限，因此当前须针对不同地块的土地利用效益进行评估，通过旧城改造或加强土地集约利用的相关办法，提高土地的各项效益。

● 规划措施。

1）强化环境监测，降低区域生态风险。结合工业区、垃圾掩埋场等环境影响调查结果，选择抗污、强健的本地树种，在防护、美化等功能要求下，规划环境防护绿带。长期监测各环境污染源外围水质、空气及土壤情况，结合处罚与环境治理方法，降低环境问题发生的潜在危险。

2）强化环境监测，降低区域生态风险。开展主要工业区土地利用效益与生态环境影响调查，同时对全市区域内闲置土地进行整理。

7.9.1.5 潜在发展区

● 控制范围。

属未来城市发展的储备空间。

● 控制要求。

保障城市当前与未来发展的空间需求。

● 规划措施。

依据其城市开发的投入与经济效益进行评估，就目前土地利用、权属进行整理、调查，并开展土地储备工作。

7.9.2 生态分区与总规的比较分析

对照常州市区生态分区与城市布局结构规划（2004—2020）（图7-9），可知在保障城市生态安全与发展的前提下，目前的城市建设仍以主城区为主，有效控制城市蔓延，通过土地利用效益的管理，淘汰落后工业，课税、收回闲置未利用土地，提高土地利用的集约性；同时配合生态廊道设计、新运河、老运河、德胜河等生态元素，限制城市空间的连片发展，为主城区保持风道及水道的畅通，同时提高主城区生活环境质量。

调整目前"一体两翼"连片的空间发展模式，建立大型生态缓冲带，隔离南边武南组团与北边新龙、新港二个组团与中心城区的空间联系，提高风道及水道的空间连通性。

由于常州市对外交通以铁路为主，为强化外围片区间、中心城区与境外的交通联系，建议于未来交通规划上，规划城市轨道交通，整合目前东西向的铁路，提高城市内部与内外的交通联系，将孟河、奔牛片区——主城区——湟里片区用轻轨连接起来，凸显主动脉及其集聚与辐射效应。另外，通过交通地下化的方式，减轻目前中心城区地上交通的压力。

目前的城市发展应强化孟河片区的产业建设，结合沿江工业区形成生态产业园，集中管理，进而提高土地利用效益。未来的城市建设可适当引导朝向湟里片区，一方面提高对金坛、溧阳的空间联系、资源利用，一方面借由滆湖及其外围水系特色，配合环保、创意产业规划，突出常州城市文脉。

孟河、衡山桥片区境内部分位于禁止开发区与限制开发区境内，其中除了水系交错外，亦包括常州市区重要的自然山体、湿地，不宜大规模开发建设。漕桥片区则为太湖与滆湖水系流通的重要路径，对于太湖、滆湖及长江间的水系调节具有一定的生态意义。其余奔牛、卜弋及洛阳片区基于生态廊道流通、农业用地保护等考虑，亦建议不宜进行大规模开发。

按照生态分区，目前的常州市区建设用地和工业用地与生态分区大致吻合（图7-10，图7-11），但在局部地区有些矛盾，在未来发展上，应引导商业用地向滆湖西岸延伸，

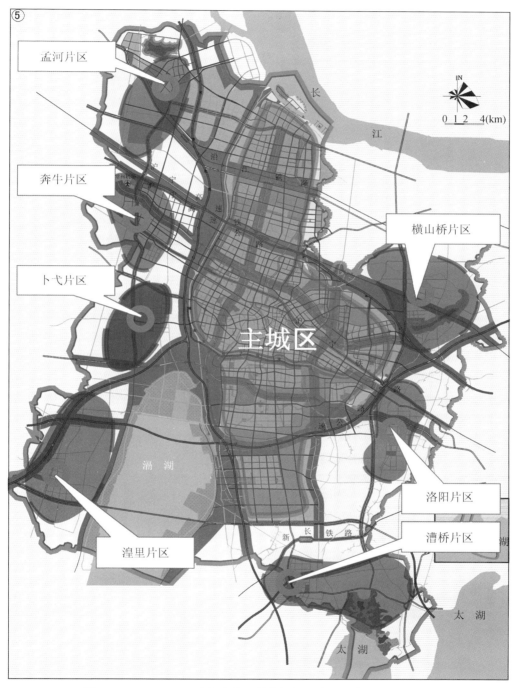

图 7-9　2004—2020 常州市布局结构规划（来源于常州市规划局）

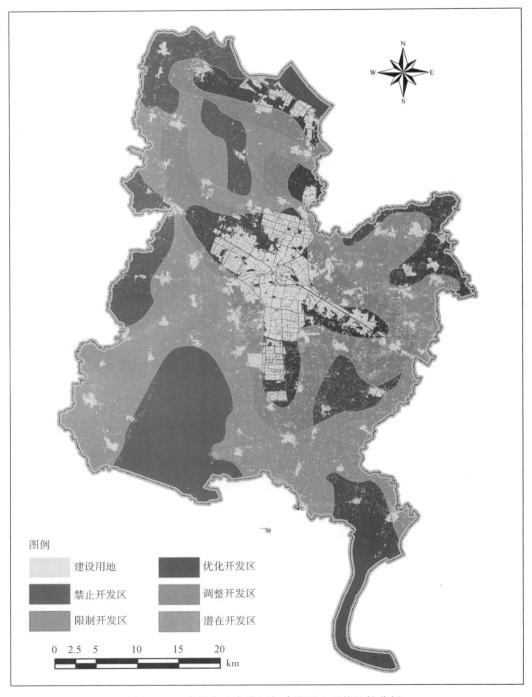

图例

建设用地　　　　优化开发区

禁止开发区　　　调整开发区

限制开发区　　　潜在开发区

0　2.5　5　　　10　　　15　　　20
　　　　　　　　　　　　　　　km

图 7-10　常州市生态分区与建设用地现状比较分析

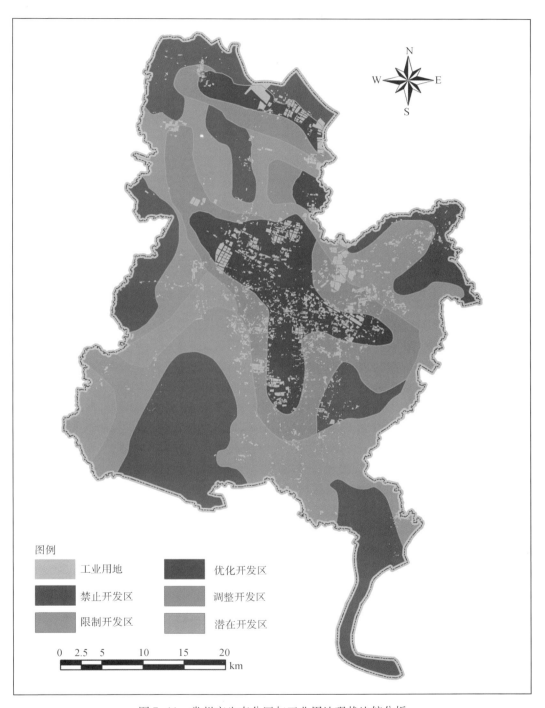

图 7-11 常州市生态分区与工业用地现状比较分析

提高创意产业、生态旅游、服务业发展的发展潜力。另外，在限制开发区中，亦可规划具有生态特色的商业空间，为城市居民提供结合环境教育与商业活动的休闲游憩空间。

当前的常州市区工业用地分布的矛盾（图7-11），主要位于城市中心区外围，表现出分布零散、聚集效益较低的特点，不利于集中管理；部分落于禁止开发区与限制开发区内，存在生态隐患。其中，小河镇、孟河镇的工业工地部分位于禁止开发区内，面积小且零散分布，除提高污染控制标准、规划防护绿带外，同时须配合产业经济效益评估，淘汰高污染、低效益产业。在限制开发区中，安家镇、薛家镇、西夏墅镇的工业用地主要采用提高污染控制标准，并就其对外围新孟河、得胜河水系水质影响进行监测，有条件开放环保、高科技产业。南夏墅镇、前黄镇、寨桥镇间的工业用地由于位于太滆运河两侧，对太湖、滆湖水质影响大，在管理上须以外围水质监测为主，配合强力的整改方案。

交通规划直接引导未来城市发展，目前的路网规划除了表明常州市区交通以公路网为主，另外为强化城市中心区与外围片区的联系，路网也呈现摊大饼的方式发展（图7-12，图7-13），为保护城市区生态环境、降低生态景观破碎化、提高生态服务功能，建议在禁止开发区、限制开发区内结合公共交通、快速轨道交通规划，降低路网密度。

7.9.3　城市规划、建设和管理措施

7.9.3.1　强化城市生态功能网络结构，提高城市生态用地效益

城市区域内具有维持生态稳定与环境质量功能的景观类型包括林地、草地、农地、水体、湿地、公园地等，通过加强其间的空间结构联系，可提升整体生态功能。

整合市域禁止开发区与限制开发区内的具有资源与环境保护的生态功能区域、调整开发区中的防护绿地及优化开发区中的城市公园作为全市生态功能网络基础，结合河流绿带、绿廊等设计，提高生态景观连通性。

通过淹城、宋剑湖等已有的开放空间与自然资源，设置大型都会与郊野公园，以改善城市核心区公共绿地不足的现状；结合常州市历史文化景观保护区与古木的布局，规划市区旅游路线，构建生态网络，达到保护环境、稳定生态及提高城市开放空间价值等目标。

7.9.3.2　基于城市承载力，严格管理城市成长，提升整体功能

无法控制的成长会带来不可预期的破坏，城市的发展必需遵守着既定的目标，同时确保土地环境、社会及经济效益的增加。由于城市化过程中对生态环境的影响具有难以逆转的特性，为降低对土地资源粗放利用，城市开发的方案必须经过严格社会、经济与环境影响评价，并事先提出降低开发过程的功能影响方案。

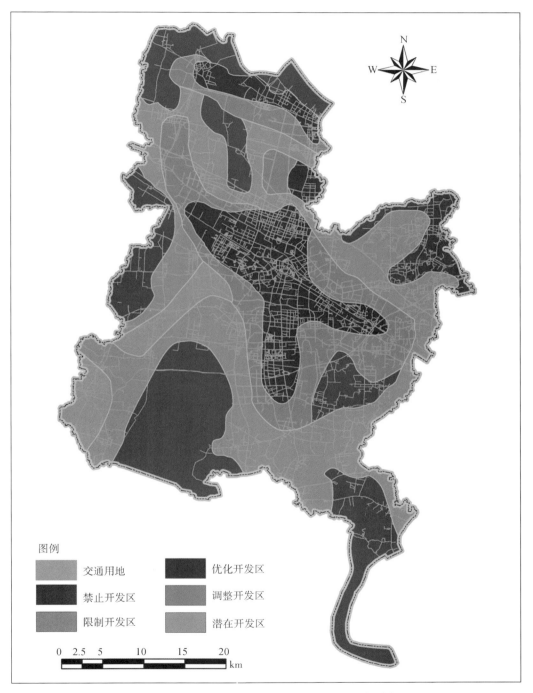

图 7-12　常州市生态分区与交通用地现状比较分析

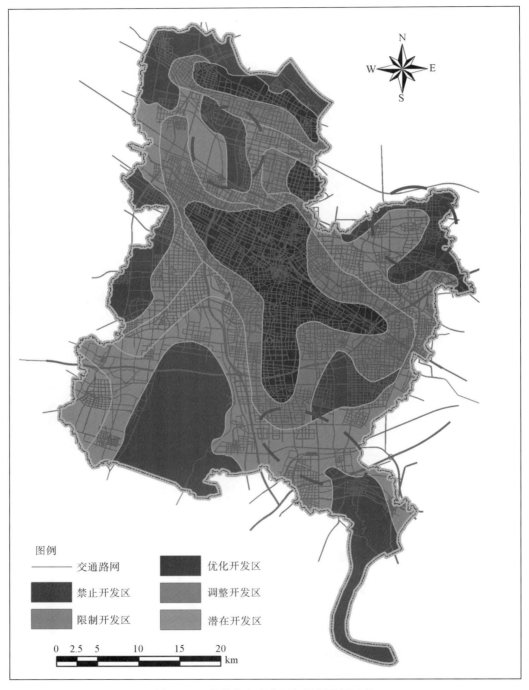

图例

—— 交通路网

禁止开发区

限制开发区

优化开发区

调整开发区

潜在开发区

0　2.5　5　　10　　15　　20
km

图 7-13　常州市生态分区与规划路网比较

（1）结合土地市场，有序引导土地开发。以城市可持续发展为目标，长期规划为依归，掌握并储备土地资源，规范市场，同时控制土地开发，以确保开发效益。

（2）了解开发项目过程中的社会、经济与环境影响。除规划用地类型外，对进驻的产业与开发项目，明确掌握其开发过程与成效的各方影响。

（3）掌握重点区域土地利用效益。开展主要工业区土地利用效益与生态环境影响调查，同时对全市区域内闲置土地进行整理。

7.9.3.3　有效利用城市废弃物，整合城市经济与生态系统

转换城市部分废弃物为无害的资源，使城市居民的食物链与经济系统的投入产出相结合，过程中充分利用了农业系统的废弃物，减轻了对环境的污染，从而减小了社会用于治理环境污染所花费的费用，减轻了由于环境污染对人体健康和社会造成的直接和间接经济损失。建立生态管理机制，有条件辅助绿色产业，并依据产业差异建立不同管理对策；结合环境影响评价推广环境管理认证，确保基础设施建设的生态化；扩大生产者责任，强制污染排出，产业负担环境赔偿（唐荣智、于杨曜 2003）。

7.9.3.4　孵化生态产业园区，结合生态保护与经济建设

根据核心产业定位规划不同产业生态链，发展企业内循环、企业间循环、园区大循环。特别是沿江工业区内的产业规划，须整合能源与产品的生产链，朝向循环经济为目标的高科技工业区发展。

（1）推动循环经济。根据产业上、下游关系、技术及经济可行性及环境友好要求，通过核心产业与相关产业的共同产品、资源、能量、信息及资金网络结构，组成稳定成长的生态与经济关系。

（2）逐步淘汰落后、污染型产业。根据污染与产值调查，规范产业整改方案，逐步淘汰不适宜的产业。

7.9.3.5　强化生态文化教育，提升对城市生态环境与历史文化的认识

文化具有民族、区域与环境特性，城市的生态文化内涵涉及自然环境、社会经济发展与人文精神，具有高度的综合性。生态文化的教育系统需包含生态学、环境科学、经济学及社会学等层面，需在阐述生态环境保护必要性的基础上，强化城市文化底蕴。通过学校与生活教育及日常宣导等系统的生态教育，有助于提升对城市生态环境与历史文化的认识，从根本上抑制城市的无序发展。

7.9.3.6　土地调控对策

为保持良好的城市景观生态结构和服务功能，在主城区与新北和武进区之间构建生态缓冲带；集约工业用地，明确产业的功能分区，构建和孵化生态产业园；明确长江段、滆湖、太湖周边、高压线、交通廊道和河流生态廊道的保护要求；分析生态服

务功能区（禁建、限制）、城乡建设发展区（调整、优化区、潜在发展区）与现状用地的矛盾。

7.10 常州市重点功能区生态规划

为进一步落实生态服务用地的利用方式，本研究分别选择常州市城市中心区、滆

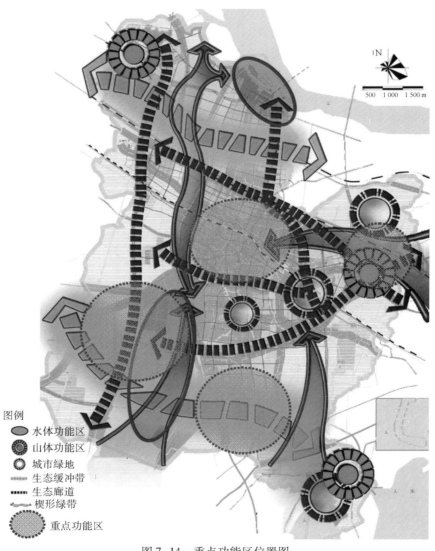

图例
- 水体功能区
- 山体功能区
- 城市绿地
- 生态缓冲带
- 生态廊道
- 楔形绿带
- 重点功能区

图 7-14 重点功能区位置图

湖西北岸、太滆运河沿岸及东北部横山桥镇及其外围区域为重点功能区。

7.10.1　中心城区生态廊道规划

　　城市居民生活、生产所衍生的磷和氮是构成城市区域大气环境、河流水体污染的主要元素，其中有机态和矿质态的磷主要通过地表径流进行运输，而且通常依附于沉积物颗粒一起运动，因而完善的中心城区绿地系统具有保护生物多样性、过滤污染物、防止水土流失、改善空气质量等多种功能。为保障常州市城市中心区环境质量、提高城市中心区生态功能，并体现城市文化特色，应整合现有河流与交通结构，构建中心城区绿网（图 7-15）。

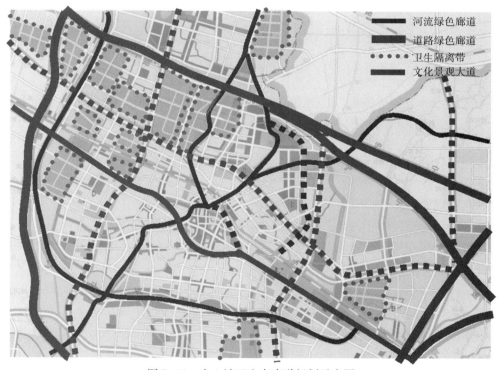

图 7-15　中心城区生态廊道规划示意图

7.10.1.1　河流绿色廊道

　　河岸缓冲带能够通过吸附、滞留、分解等方式有效地过滤地表营养元素。在美国西北太平洋地区，人们普遍使用 30m 的河岸植被带作为缓冲区的最小值。华盛顿州海岸线管理法案规定，位于河流 60m 范围内或 100 年一遇河漫滩范围内，以及与河流相联系的湿地都应该受到保护，在河流两岸150m范围内的任何人类活动都应该得到相关机构和公众的监督。相关研究表明，当河岸植被宽度大于30m时，能够有效地降低温度、增加河流生物食物供应、有效过滤污染物。当宽度大于80～100m时，能较好地控制沉积物及土壤元素流失。但在控制边界的确定上须结合河流类型、河床的坡度、土壤类型、植被覆盖、温度控制、河流结构、沉积物控制以及野生动物栖息地等因素进行考虑。

由于常州市城市中心区河流廊道以防治污染功能为主，原则上主干河道按两侧林带不低于50m控制；次干河道宽度40m以上河流，按两侧林带不低于30m控制；宽度30～40m河流，按两侧林带不低于20m控制；一般河网宽度30m以下河流，均按两侧林带不低于15m控制。

7.10.1.2　道路绿色廊道

道路绿色廊道作为城市绿化的基础，首先须保证交通安全，其次则须强调其生态功能，包括提升环境质量，并提供城市居民休闲游憩场所。在规划设计上，可强调居民的参与性，融合城市的特色，使其具有景观效果上的文化内涵。

道路绿色廊道包括铁路、高速公路和城市快速路等，原则上铁路除沪宁铁路两侧林带为50m外，其余铁路均按两侧林带不低于100m控制；高速公路按两侧林带不低于100m控制；除338省道局部段两侧林带为50m，其余各国道、各省道按两侧林带不低于30m控制；快速路按两侧林带不低于20m控制，交通性主干道两侧林带控制不低于15m。

铁路交通廊道：沪宁铁路、沪宁高速铁路、沿江城际铁路。

高速公路廊道：沪宁高速公路、沿江高速公路、常泰高速公路。

城市公路廊道：新机场路、外环路、外环西路、312国道、青洋路等。

7.10.1.3　城市高压走廊

因高压走廊的特殊性，建设绿化带时对树种要求很高，能够防火、抗风、抗倒伏、抗有害气体的树种是选择栽种的主要参考因素。高压走廊绿化带作为城市绿地系统中具有生态防护功能的绿化屏障，是弥补城市绿地面积不足的重要手段，在滞尘防风保护人体健康、改善环境质量、维护生态平衡、构造城市特色、美化城市景观等方面具有其他城市基础设施不可替代的作用。

高压走廊两侧防护林带宽度按国家有关规范严格控制，依据电压、绕回方式不同，防护林带宽度由10～70m的控制标准。

7.10.1.4　卫生隔离带

规划工业区与生活居住区之间卫生防护林带，高新技术产业区与生活居住区之间原则上建设宽度不低于20m的林带，化工等重工业区与生活居住区之间原则上建设宽度不低于50m的林带。常州市城市中心区卫生隔离带应设于经济开发区、高新技术产业开发区、经济技术产业开发区及其他工业区外围,以降低其对外围居住区的影响。

7.10.1.5 文化景观大道

结合常州市运河文化与环境保护、休闲游憩等需求,通过老城区保护、更新改造,于常州市老运河、关河东路沿岸构建文化景观大道,一方面提升中心区环境质量、保护古城文化,另一方面提升外围土地资源的经济价值。

7.10.2 滆湖西北岸生态休闲区规划

现代化的生态产业区应该是一个具备多种功能的生态农业示范区、观光产业区、创意产业区以及科普教育和苗木科技示范园,从而实现生态效益、经济效益和社会效益三者的统一。

图7-16 滆湖西北岸生态休闲区规划示意图

7.10.2.1 生态农业示范区

生态农业示范区设计应采用多种生态农业模式进行布局,目的是通过生态学原理,在全区建立起一个能合理利用滆湖自然资源、保持外围区域生态稳定和持续高效的农业生态系统，提高农业生产力，获得更多苗木资源和其他农副产品，实现可持续的生态农业，并对边缘地区的产业结构进行调整和产业化发展进行示范，体现生态保护与经济协调发展特色。

7.10.2.2 休闲观光产业区

观光产业区规划将紧紧围绕农业、苗木生产，充分利用苗木栽培景观、当地的民族风情和乡土文化，在体现自然生态美的基础上，运用美学和园艺技术，开发具有特色的农副产品及旅游产品，以供游客进行观光、游览、品尝、购物、参与农作、休闲、度假等多项活动。挖掘、利用区域苗木、农业、文化及传统工艺资源，提升传统工业品的附加值，形成独具特色和个性的产业。结合滆湖生态景观特色，与现代艺术结合，吸引艺术文化人才，培养本地人才资源，打造具有区域特色的观光产业园区。

7.10.2.3 绿色食品生产园

在"绿色消费"已成为世界总体消费的大趋势下，生态园的规划应进一步加强有机绿色农产品生产区的规划，以有机栽培模式采用洁净生产方式生产有机农产品，并注意将有机农产品向有机食品转化，形成品牌。

7.10.2.4 科普教育园

通过在园区内建设农业博物馆、展示厅等，对广大游客和中小学生开展环保教育和科普教育。同时，应当前区域农业发展及农业结构调整的需要，把园区规划成农业及苗木技术交流中心和培训基地以及大专院校学生实习基地，体现观光生态园的旅游科普功能，进一步营造旅游产品的精品形象。

7.10.2.5 苗木培育示范区

由区、镇政府整合市场信息、销售渠道、技术，向设施化、园艺化、专业化、品种化的转变，发展具有主导性、代表性的苗木品种，同时奖励孕育特色品种，并保障苗木质量和产量，同时定期举办推广教育活动，以在市场竞争中取得优势。

7.10.2.6 湖岸生态缓冲带

由生态系统管理角度出发，保护河岸带生态系统的独特性、复杂性和动态性，针对河岸带地区具有独特的植被、土壤、地形、地貌和水文特性进行分析，确定周围土地利用方式对湖泊生物群落的影响，详细调查径流、沉积物和营养物的产生和影响的地区的面积及根据人类活动如农业、林业、郊区或城市建设的强度以决定缓冲带宽度。基于污染防治的考虑，缓冲带需大于30m，因为人类活动影响的差异，基于水土保持的需求考虑，缓冲带应介于20～200m之间，而考虑到生物多样性的保护，当缓冲区大于600m时，可打造出接近自然的生态景观。

7.10.2.7　道路绿色廊道

本区道路绿色廊道以城市快速路为主，道路廊道一侧至少 30m 以上，可打造沿湖城市风道，改善城市中新区空气质量，满足动植物迁移、传播以及生物多样性保护等需求。

主要道路包括沿江高速、延政路、常溧线、金武线等。

7.10.3　太滆生态旅游区规划

通过开展城市生态旅游，支持区域特色产业、文化与自然资源的有效利用，有助于城市内部生态环境的保护，进一步展现城市人文风貌（图 7-17）。基于区位、资源特色将本区分为景观旅游与文化旅游。其中，文化旅游是在城市历史文化的基础上，结合开放空间与旅游动线的绿、美化，目的是在保护文化的同时，营造舒适的旅游环境；景观旅游则重点利用当地湿地及半自然资源，以保护为优先对资源进行适度开发，在提升资源经济价值的同时，强化城市居民环境保护意识。

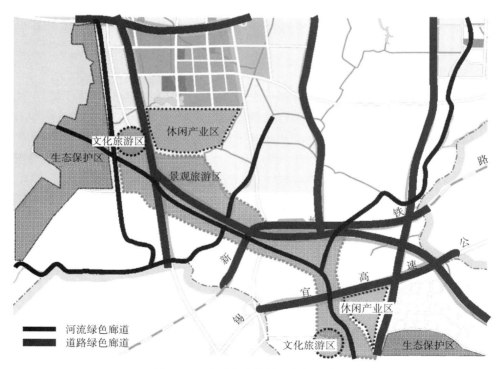

图 7-17　太滆生态旅游区规划示意图

7.10.3.1 休闲产业区

结合太湖、漏湖景观特色、生态农业产品与传统文化、饮食、服饰、购物娱乐等活动，提供游客安全、有机的餐饮体验与丰富的游憩活动，住宿设施的建设应与山水自然风光结合，降低对环境与景观的冲击，完善生态软硬件配套，突出生态服务的特点。

7.10.3.2 文化旅游区

展示友善环境，便利的交通和合理的旅游服务成本，尤其重要的在于对每一个景观文化背景的提供，包括友好直观利于接受的解说，音乐以及补充的文字说明。整修旅游景点周边环境，修订景点周边建筑设计（建物立面及量体、植栽、停车空间、招牌、街道家具、铺面）、景观设计、活动系统、广告招牌设置、奖励等相关管制法令事项。建立旅游产品信息中心，利用科技手段对产品进行集中表现，在重要景点景区通过多媒体浏览常州市文化旅游产品；收集常州市各种文化典故（古都文化、宗教文化以及民俗文化等），让游客在此享受到常州市旅游文化及文化教育。由于古文化旅游产品具有高雅和严肃性，故应该多开发一些文化与趣味并重的项目，吸引游客参加，从而延长游客停留时间。如在民俗文化旅游产品里，民俗博物馆可开发游客参与性旅游项目。

7.10.3.3 景观旅游区

景观旅游区规划必须以可持续发展理念为基础，一切硬件与软件以不破坏生态为前提。旅游整体定位在于使游客在大自然的意境和情趣中充分体验湿地、运河、自然植被等景观资源；建筑设施整体色调和建筑形式充分与生态环境和谐，游憩设施依循自然环境架构的风格，设计大型建筑、设施所组成的城市化公园，充分展现寓游于乐、寓游于教。区内的景观道路或步道两侧应适当配置植物并保持原始状态，此外顺应自然地形地物，将游客观光游憩的设施串联起来。于密集游憩区内可适当配置兼顾观赏性与实用性的生态性游憩设施，在旅游区内设立具有环境教育功能的基础设施，如有关于生态环境景观、鸟类、湿地信息等解说系统，教育民众生态环境知识，进而灌输其生态保育的重要性。由于景观旅游以静态的观赏为主，部分区域可结合常州市古运河游船展示或解说，使游客深刻感受生态环境之美与文化特色。

7.10.3.4 生态保护区

鉴于太漏运河重要的环境功能，于其两岸划设生态保护区，限制开发行为，以湿地修复等方式，改善运河水生生态系统。

7.10.3.5 河流绿色廊道

于进入太湖、漏湖的主要河流及运河沿岸水系设置不低于50m宽度的河岸植被带，配合生活污水管线埋设与污水处理场设置，降低人类活动对太湖、漏湖水系的污染。主要为武宜运河、锡溧漕河两岸。原则上主干河道按两侧林带不低于 50m 控制；次干河道宽度 40m 以上河流，按两侧林带不低于 30m 控制；宽度 30～40m 河流，按两侧林带不低于 20m 控制；一般河网宽度 30m 以下河流，均按两侧林带不低于 15m 控制。

7.10.3.6　道路绿色廊道

本区道路绿色廊道以城市快速路为主，道路廊道一侧至少 30 m 以上，可打造沿湖城市风道，改善城市中新区空气质量，满足动植物迁移、传播以及生物多样性保护等需求。主要包括新长铁路、湖滨路、常漕路两岸等。

7.10.4　横山桥生态产业区规划

平衡湿地生态保护与开发建设，对恢复和改善生态环境，促进当地经济、社会的可持续发展，具有特殊的意义。山水产业区规划目的就是通过产业带动的方式，按照循环经济的理念，整合土地、水等自然资源，在发展当地经济的同时，改善当地生态环境，实现经济、社会和环境效益的统一（图 7-18）。

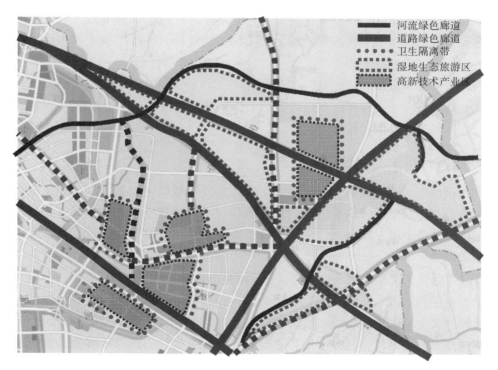

图 7-18　横山桥生态产业区规划示意图

7.10.4.1　湿地生态旅游区

湿地具有较高的生物生产力，是多样生物的储存库并具有调节气候、蓄洪防旱、净化环境等作用，通过发展湿地生态旅游的方式，可保护湿地资源同时开发湿地经济价值。本区以绿廊道串联区内舜过山、鸡龙山、清明山、湿地及湖泊、河塘、水系等，打造连片山水绿带，不仅提高区域景观美学价值，同时可进一步提升其生物多样性保护的功能。

7.10.4.2　高新技术产业区

园区以发展无污染的轻工业和高新技术产业为重点，包括综合服务、科技研发、商务办公、商贸服务、文化教育、研发产业功能。

7.10.4.3　河流绿色廊道

原则上主干河道按两侧林带不低于50m控制；次干河道宽度40m以上河流，按两侧林带不低于30m控制；宽度30～40m河流，按两侧林带不低于20m控制；一般河网宽度30m以下河流，均按两侧林带不低于15m控制。

7.10.4.4　道路绿色廊道

本区道路绿色廊道以城市快速路为主，道路廊道一侧至少30m以上，可打造沿湖城市风道，改善城市中新区空气质量，满足动植物迁移、传播以及生物多样性保护等需求。

7.10.4.5　卫生隔离带

高新技术区与生活居住区之间设置卫生防护林带，原则上设置宽度不低于50m的林带，以降低其对外围居住区的影响。

7.10.5　常州市土地调控和管理方法

常州市城市的土地共轭生态规划旨在协调建设用地扩展和非建设用地保育之间的生态关系。当前城市经济发展迅速，需要更多的土地物理空间，但是城市非建设用地的土地生态服务不足，城市同样需要土地生态服务空间。针对当前的矛盾，提出如下共轭的生态规划方法。

7.10.5.1　强化人文生态轴线，构建城市自然生态网络

综合常州市城市土地的生态服务功能评价和城市土地利用的现状分析，构建引导城市发展的人文生态轴线和限制城市盲目发展的自然生态轴线。一方面城市发展要避开东部过度开发的区位，进行湿地生态保育，积极引导城市西部发展轴，强化西部经济发展潜力；另一方面营建城市人工自然生态网络，诱导土地的生态服务功能，防止城市盲目发展造成的土地生态服务功能减弱。

7.10.5.2　集约化利用城市建设用地，优化利用生态服务用地

提高城市建设用地的集约化利用程度，城市建设与城市旧城区更新相结合，加强城市旧城区居民点的整合、旧工业区的改造，提高旧城区的土地容积率和利用率，改变土地利用重数量轻质量的粗放型建设模式。依据土地生态服务评价和土地利用现状，进行常州市的土地生态功能分区，确定常州市近远期可以适当开发的生态服务用地和禁止开发利用的生态服务用地，确保城市生态安全，至少保证在现有经济发展水平下，将来城市土地的生态环境质量不下降。

7.10.5.3　水污染环境治理规划和水生态工程规划

以净化、活化、美化城市水域环境为目标，进行城市水体和湿地的人工环境治理规划，从水污染的源头上严格限制污水排放措施；加强城市水处理基础设施的建设；积极疏导河流航道；同时增强城市的防灾能力。通过人工湿地生态修复工程建设，增强城市密集河网和湿地水域的水体环境净化功能以及城市景观功能。

7.10.5.4　城乡、城市与区域的生态整合规划

促进市域内常州与金坛、溧阳，城市与乡村，常州与区域范围内城市的生态和生产互利共生的联系。常州市城乡居民收入相差大，城市和农村的基础建设水平相差也大，城乡二元结构明显。常州农业生产已经萎缩，随着城市化的进程，农业生产将会进一步减少，但是农业始终是国民经济的基础，是农村劳动力就业和农民收入的主要来源，人民的生活离不开农业。同时城市外围的农业生产还为城市提供了强大的生态服务功能。合理规划城市与乡村的生产力布局，增加农民收入和农村生态和生产的基础设施建设，统筹城乡发展。

区域统筹规划常州与周围城市的经济发展和生态建设，促进区域生产力的发展的同时，加强区域环境的治理和生态保护。常州市内水环境形势十分严重，尽管市内水资源丰富，但是该城市属于水质性缺水城市，市内水体环境污染一方面由于自身对于水体保护不足，另外一方面与上游城市的水环境保护不力有很大的关系，过境河流基本都存在严重的水体污染，结果造成无锡太湖水体的富营养化严重。区域统筹不仅注重经济生产的统筹，还要注重生态保护的统筹。

7.10.5.5　提高城市建设用地空间的生态服务功能

发展城市生态农业、城市屋顶绿化、垂直绿化。减小城市热岛，美化城市环境，增强城市自生能力。充分利用地下空间，发展地下交通、停车场、商业服务设施，发挥单位土地的生产效率，减小对生态服务用地占用。

7.10.5.6　落实科学发展观，发展循环经济产业

常州市生态赤字大，工业用地浪费严重，高耗能高污染的企业多。产业发展重叠，

造成资源浪费。如今常州粗放型的产业发展模式正面临转型。落实科学发展观，和谐发展常州市的经济和环境。促进物质利用的闭路循环，能源多级利用，实现工业园区内、城市范围内乃至区域范围内的物质循环和能量多级利用。积极发展城市静脉产业，如城市污水、垃圾、粪便、固体和危险废弃物代谢的运输、储存、净化、处理和循环再生产业，包括污水资源的集中和分散处理相结合的净化、再生、循环利用规划，固体废弃物和粪便的无害化、资源化和生态工程建设规划。

7.10.5.7 城市生态文明建设规划

城市的共轭生态规划关键在于人与自然的共轭，历史和现状以及将来的共轭，目的是实现可持续的城市发展。生态文明是物质文明和精神文明在自然与社会生态关系上的具体表现，包括体制文明、认知文明、行为文明、心态文明。常州市生态文明建设的主体是人，政府能力建设和决策体制的文明建设是基础，公众的参与是关键，革新政府纵向管理体制，促进部门之间、上下级之间、公众与政府之间的横向耦合机制，诱导公众的行为、形态文明。

7.10.5.8 土地调控对策

为保持良好的城市景观生态结构和服务功能，在主城区与新北和武进区之间构建生态缓冲带；集约工业用地，明确产业的功能分区，构建和孵化生态产业园；明确长江段、滆湖、太湖周边、高压线、交通廊道和河流生态廊道的保护要求；分析生态服务功能区（禁建、限制）、城乡建设发展区（调整、优化区、潜在发展区）与用地现状的矛盾。

第8章 城市生态用地的监测、审计与管理方法

8.1 城市生态用地的监测方法与指标体系

　　土地生态监测的目的是对土地生态服务功能的指标变化趋势进行全程动态监测，对自然及人类的开发活动所引起的土地的生态服务功能的变化进行监测和评价，用以确定合理的开发利用方式和综合治理规划途径。同时，通过长期监测数据的积累和分析，可以进行预测预报和影响评价，为政府部门的土地开发决策提供科学依据。

　　生态监测的空间尺度应该包括宏观监测和微观监测两个部分，按组分应该分为生物监测和环境监测。宏观监测的对象是整个研究区，监测整个区域范围内土地生态服务功能的动态变化和空间分布格局，从而有利于管理部门从宏观上把握区域内土地服务功能的变化趋势。宏观监测主要依赖于空间技术，特别是遥感技术。微观监测主要是对每一个土地单元内各环境因子的变化进行跟踪，对土地利用方式的变化及其对生态服务功能的改变进行连续记录。

　　（1）生态监测的指标体系。

　　气象条件：包括太阳辐射强度和辐射收支、气压、气温、湿度、风向、日照、降水量、蒸发量、大气干沉降以及热岛效应等。

　　水文条件：包括地下水位、土壤水分、径流系数、流速、地表径流量、地下水储量、水温、水深、透明度等。

　　土壤要素包括：土壤养分及有效态含量、土壤结构、颗粒组成、土壤温度、微生物含量、酶活性、土壤孔隙度、透水率、饱和含水量、凋萎水量、pH 值、阳离子交换量、土壤有机质含量、土壤容重、土壤透水率等。

　　大气污染物：颗粒物、SO_2、NO_x、CO、碳氢化合物、H_2S、HF、O_3等。

　　水体污染物：包括水体的常规监测指标。

土壤污染物：主要包括土壤环境质量监测的常规指标，主要是重金属、六六六、滴滴涕、pH、POPs 等。

生物要素：生物个体大小、外来种、指示种、重点保护种、濒危种、对人类有特殊价值的物种、典型的或有代表性的物种。种群数量、密度、盖度、频度、多度、凋落物量、种群的动态、空间格局。群落组成、群落结构、优势种、生活型、群落外貌、季相、层片、群落空间格局、食物链网。

生态系统监测要素：生态系统分布范围、面积、生物生产量、生物量、物质循环周转时间、生态效率、斑块、廊道、基底、动态变化过程。

社会经济指标：人口数量、流动人口数、工业人口、农业人口、工农产值、能源结构、人均收入等。

为了避免指标过于繁琐，在实际操作过程中，应该选取关键的、具有代表性生态监测指标，其选取的原则是依照土地的复合生态服务功能，方便核算和管理。

（2）生态监测技术。土地生态服务功能的生态监测技术包括常规的监测技术、自动监测技术和现场快速监测技术及"3S"空间监测技术。通过使用常规的观测仪器可以对常规生态因子进行跟踪观测记录。自动监测系统是由若干个监测站平台组成。现场快速监测所使用的仪器轻便、操作简单，主要是为了应对突发事件。"3S"技术则是对土地生态服务功能变化及其与人类开发活动关系进行全面、系统研究的有效工具。

8.2 城市生态用地的综合审计模型

8.2.1 生态审计的内涵

生态审计是指对某个地区生态系统生态服务功能的损益进行核算和审计，并将其作为考核干部政绩的指标之一。生态审计是一项系统工程，是对审计工作从理论上提出的新的倡导，是科学审计理念的重要组成内容，是运用科学的世界观、方法论来研究现阶段审计运行态势提出的理念。生态审计是在建设可持续发展、和谐社会理念的背景下所提出的。其目的是约束地方政府为追求经济增长单一目标的行为，将经济发展的环境代价计入政府官员的政绩考核体系，促进地区的社会、经济、自然的和谐发展。

在以往的干部考核中，政府往往只看重经济增长指标，忽视了资源指标、环境指标的考查，这使环境恶化的现象不能从根本上得到遏制。据了解，我国在过去20多年里年均9.5%的GDP增长是以18%的资源和环境的透支为代价的。推行生态审计制度，在考核经济指标增长的同时，对生态环境状况进行审计考核，将土地的经济审计和生态审计挂钩，以此作为地方政府官员的考核指标，消除干部对经济指标单一增长的急功近利的思想。实行生态审计，不仅可以更加科学、公正地评价干部的为政得失，而且有利于资源的合理利用，实现可持续发展。例如，昆明市启动领导干部任期生态审计，全市 4 个区 2 个县的 14 个项目被列为环保责任专项审计项目，生态审计的结果将作为干部考核、选拔任用的重要参考依据。江西资溪县实施生态审计措施以来，县内的生态环境质量大幅提高，同时，由于环境改善带来的生态旅游收入大大增加，生态和经济并行发展。

8.2.2　生态审计的程序

土地的生态审计就是将地区经济发展过程中的土地生态服务的损益纳入地方官员、企业个人的政绩考核体系中。长久以来，人类对于土地的认识不足，忽视了土地的生态服务功能，在经济发展过程中导致土地资源利用效率低，生态服务功能降低，人居环境恶化，追其因但无果。

为客观真实的对土地的生态服务功能进行审计，审计工作应当由政府和土地使用者之外的第三方机构来承担，该机构必须拥有相应的生态审计资质，审计人员由相应的环境学、生态学、地学、地理学、生物学、社会学、经济学等相关的专家组成。主要程序包括：

1）地区土地生态系统调查。包括土地利用的结构、布局以及土地利用生态过程，土地利用历史变化，土壤的生物、物理、化学组分和结构等。主要是通过历史资料收集、社会访谈和咨询。

2）土地生态审计指标体系的建立。包括经济生态指标体系，自然生态监测指标体系以及社会生态指标体系。

3）土地生态审计的核算与评估。包括土地生态资产的核算，土地生态服务功能的核算与评价，土地利用过程的生态、环境影响预测与评价等。

4）土地生态审计的验收。土地生态审计的验收单位应该由上一级政府部门承担，根据审计的结果，评价官员为官得失，同时地方官员可以由此评价地方厂矿、学校、机关、农场等相关部门的行政得失。

5）审计结果的实施。依据审计的结果，给通过审计的单位颁发许可证，未通过审计的单位，必须禁止建设活动，控制开发，并提出生态功能补偿的条件和措施。对于未通过生态审计的官员和单位个人，不得提干并留任整改。

8.2.3　土地生态审计指标、方法与综合模型

开展土地生态审计的关键是审计的指标体系。土地的生态审计包括社会的、经济的、自然的指标体系，指标的选择遵从宜少不宜多、代表性、可获得性、独立性、稳定性和可操作性的原则。本研究仅对生态审计指标体系的建立起一个抛砖引玉的作用，

仅供参考。

土地经济生态服务功效指标：单位土地经济投入和产出、净增收益、粮食产量。

土地自然生态服务功效指标：生物质生产潜力（单位面积土地的耕作层厚度、有机质含量）、土壤孔隙度、饱和含水量、生物酶活性、植被覆盖率、生物多样性、地下水质及埋深、地表水质及常年存量、大气环境质量。

土地社会生态服务功效指标：失地农民生产生活安置率、居民社会福利、居民社会安全感、健康指数。

基于各项指标的数据，运用综合指标法对基准土地生态功能及开发利用后的土地生态功能进行比较评估。综合评估模型为：

$$\Delta E = \sum_{i=1}^{n} (E_{hi} - E_{qi}) \times W_i \qquad (i = 1, 2, \cdots, n)$$

式中：ΔE＝土地开发前后土地生态服务变化量；

E_{hi}＝土地开发利用前的 i 项指标值；

E_{qi}＝土地开发利用后的 i 项指标值；

W_i＝i 项指标的权重；

当 $\Delta E > 0$ 时，表示土地的生态功能经过开发利用后，得到了改善和提高，可以认为这种开发模式是合理的。当 $\Delta E < 0$ 时，表示开发利用后，该土地的生态服务功能受到了损失，可以认定这是一种不合理的开发利用方式。

当 $\Delta E = 0$ 时，需要对控制指标体系当中的个别关键性指标进行监测，如土地生物质生产潜力，该指标在进行生态审计时是最为关键的指标。

各级土地管理部门要对每一个企业、厂矿、机关、学校、社区和农场的土地利用的生态服务功能实施年度考察审计制度，对土地交易、转让、变更用途的行为，生态审计部门对各单位（包括已建和在建区）所占用土地的社会、经济和生态效益、生态资产盈亏情况和生态服务功能兴衰动态进行评估并酌情予以奖惩，并逐步建立市域土地生态资产和生态服务功效的数据库，利于实时监督。

审计方法案例应用：以某居住区为例，一年前居住区 45% 为住宅用地，32% 为公建用地，8% 为道路用地，15% 为绿地。为满足市民的居住要求，居住区一年内在现有基础上占用 12% 的公建用地用于住宅的新开发，4% 的绿地用于道路建设。依照土地生态审计的程序，对居住区的土地利用进行生态服务评价。结果表明，因公建用地被开发为住宅，居住区单位土地的年均经济效益减少了 5%，居住区人口密度比一年之前人口增加了 12%，但是原居民对自己的生活环境的质量满意度明显下降，社会安全感降低。4% 绿地用于道路建设导致了土地生物生产潜力下降，植被覆盖率降低。生态审计的结果显示 $\Delta E < 0$，说明该居住区的变更土地用途是不合适的。政府部门根据审计结果

对居住区采取了惩罚措施，将土地的经济损失价值和人居环境质量的下降以及土地的生态服务损失归于开发商，由开发商进行复合生态损失的补偿，补偿的费用用于居住区服务设施的改善，并要求一年内必须强化土地生态服务功能。否则政府部门将限制该开发商在城市的任何的开发活动。

8.3　城市土地共轭生态管理的内容与方法

生态管理是运用生态学、经济学和社会学等理论和现代科学技术来管理人类行为对生态环境的影响，力图平衡经济发展和生态环境保护之间的冲突，最终实现经济、社会和生态环境的协调可持续发展。

共轭生态管理是一类协调人与自然、资源与环境、生产与生活、城市与乡村以及空间与时间之间共轭关系的复合生态系统调控方法。这里的共轭指矛盾的双方相反相成、协同共生，生态包括自然生态（水、土、气、生、矿等自然生态要素间的系统关系）、经济生态（生产、消费、流通、还原、调控等经济生态活动间的系统关系）和人文生态（认知、体制、文化等上层建筑间的系统关系）三层含义。而管理则指按生态学的整体、协同、循环、自生原理去系统规范，从时间、空间、数量、结构、序理五方面去调控人类对其赖以生存的生态支持系统的各种开发、利用、保护和破坏活动，使复合生态系统的结构、功能、格局和过程得以高效、和谐、持续运行的系统方法。

土地共轭生态管理，旨在将单一的生物环节、物理环节、经济环节和社会环节组装成一个强生命力的生态系统，从技术革新、体制改革和行为诱导入手，调节土地利用的结构与功能，保证生命支持系统功能和居民身心健康得到最大限度的保护，土地的经济、生态和文化功能得以持续、健康的发展，促进资源的综合利用，环境的综合整治及人的综合发展。

共轭生态管理的核心是生态整合，包括城市结构的整合、功能的整合、过程的整合。改变传统规划方法中的用地开发服务于经济、无视保护生态服务用地的思想，强调建设用地和生态服务用地的平衡建设。城市土地生态管理的实质是建设用地和生态服务用地的共轭、人与自然的共轭，城市土地共轭生态管理目的就是保证城市"社会—经济—自然"复合生态系统良性运转的同时，谋求三者之间最优的组合发展。一方面通过人工生态建设和生态保护，降低或减小城市建设对土地生态服务功能的破坏，诱导土地对城市的生态服务功能得到最大限度的发挥；另一方面合理利用土地、适当开发，在保证土地生态功能的前提下，社会经济效益最大化。

土地共轭生态管理的内容包括：

1）与建成区管理相对应的区域、流域和腹地生态整合管理，促进区域水、土、气、生、矿五大自然生态要素的可持续开发、利用与有效保护；

2）与环境敏感区、生态脆弱带、自然保护区限建管理相对应的风水廊道、生态网络和生态服务功能管理，将生态限建的红线控制与生态服务的网络建设相结合，控制和诱导城乡生态的健康发展；

3）与人口管理相对应的社会生态建设管理，以及与文物古迹、风景名胜和历史文化遗址保护相对应的生态机理、社会文脉和人文生态功能管理；

4）与建设用地管理相对应的非建设用地（农、林、草、水、园、废弃物堆放场及开放空间）管理，将城市红色、绿色、蓝色空间和灰色廊道、斑块有机结合，发展包括城市绿业（园林）、城市农业、城市林业、城市水业和城市（废弃）物业在内的城市综合生态服务业；

5）与二维土地利用管理相对应的地下和近地空间的三维资源利用、环境保育和生态服务功能管理；

6）与生产、生活用水相对应的自然生态用水管理，以及与水污染控制和水利工程管理相对应的水生境活化、水生态工程和湿地生态建设管理；

7）与能源聚积、耗竭相对应的能源耗散、更新管理，以及与物理环境污染控制管理相对应的生态服务功能管理，减少人居环境的热岛效应、污染效应、温室效应和扰民效应；

8）与物流、人流、交通动脉和资源供给设施建设相对应的废弃物循环再生静脉设施和生态卫生管理；

9）与纵向、树状管理体制相对应的横向耦合、综合决策、系统监测、信息反馈和能力建设管理（王如松等，2010）。

土地共轭生态管理的方法包括：

1）土地利用的经济功能区走向复合生态功能区划。改变传统的土地利用开发的经济效益最大化方式，追求土地复合生态系统内社会—经济—自然全面发展的最优组合，实现生态功能和生产功能的动态平衡。根据土地利用功能区划，以生态功能为单位，对土地的生物质生产力、生态服务功能和人文生态资产进行核实，建立综合土地生态服务功能清单，在生态功能区范围内的土地开发以此清单为依据，实现土地开发的功能动态平衡，维持或强化功能区的土地生产力和生态服务水平。

2）土地生产和生态功能的占补平衡。城郊土地合理利用、健康经营。鼓励开发商、政府与当地农民合作，按生态功能单元对土地进行整体开发和经营。经营土地要以最小生态功能区为单元整体进行。开发商在确保强化或至少维持该功能区原有生物质生产量、原有生态服务功能和符合城市及区域规划要求的前提下可以自主安排区内的土地利用，组织包括第一、二、三产业在内的多功能生产，并把当地农民纳入园区统一安置，通过土地的开发促进城乡共生、工农联营，从根本上解决三农问题，在园区内实现生产和生态服务功能的占补平衡。

3）实施对各生态功能区土地利用的生产和生态功能总量的科学控制，开发后的土地生物质生产力应高于或至少不低于原土地，表层熟土总量，地表及地下水文平衡状态，温湿调节能力，可更新能源利用率，环境净化能力，废弃物流出量以及生物多样性维持能力等应优于或至少不低于原土地的生态功能；对已占耕地和已建成的新区，也实行同样的生产和生态功能就地平衡的政策。通过采用先进技术和提高经营水平，充分利用屋顶、墙面进行绿化、发展城市农业，提高土地的生产力和生态服务功能。同时，原住地居民的工作安置、经济收入、社区的文脉等至少不低于原社区的人文生态功能。

4）建立土地生态服务功能的市场交易和生态补偿制度，对于某些确实无法就地恢复生产和生态两项功能的园区，一方面通过建立生态服务功能交易的制度，通过异地人工生态建设来弥补其已占用的土地的功能额度，另一方面通过生态补偿解决原居地居民的生产生活。

5）建立科学的土地生产和生态服务功能评估、监测和审计体系，对新开发利用的土地进行生产和生态服务功能的系统评价。针对当前土地管理政出多门、步调不一、主体缺位以及调控失效的问题，政府部门可以把监管工作交给专门的非政府机构去承担，实行终身问责制，并通过行政指导和社会监督去确保其结果的公正性，以减少政府的负担。

8.4　城市土地生态功能管理的观念转型

8.4.1　从平面结构资源管理到立体空间的生态管理

所谓平面结构资源的管理指的是土地开发和利用的平面延伸与拓展；土地立体空间的生态管理指的是土地利用三维模式，即地上地下和近地表的空间开发。

很久以前，人类对土地资源的利用就已经突破了二维空间，尽管当时土地资源的稀缺性还没那么严重。可以说，最初人类将土地利用的对象指向空间，这一行为基本上是自发性的，其终极目标最多只是想从单位土地面积上获得更大的产出，然而，就是前人的这种纯属偶然的获益行为给我们以无限启迪：在农用地中，间作、套作、混作等各种措施的应用无疑使单位面积上产出大幅乃至成倍（大棚蔬菜）增加；林业用地中采用林冠草结合大大提高了土地的利用效率；渔业中采用上中下层鱼类混养也提高了渔业产出。

在城市生态系统中，生产活动基本集中在二维的土地表面，随着现代技术的发展，人类的生产生活开始向地下和近地表延伸。在加强地下空间利用，实现土地立体开发方面，日本东京、加拿大蒙特利尔等城市是世界上地下空间利用较为成功的国家。日本政府和一些建筑公司积极推行地下建筑计划，设想到 2020 年建成一座小型的地下城市。加拿大蒙特利尔已经建立起当今世界最大的地下城市——在 $4km^2$ 的土地上建造了1600 家商店、200 家饭店、34 家剧院、2 座会展大厅、1600 套住宅等，每天大约 500万行人通过 150 个通道进出这个地下城。

城市地下地上和近地表土地空间的开发和利用，一方面使人类的生存空间得到了拓展，集约化利用城市的土地；另一方面有效地减缓了城市的环境压力，扩大了城市的容量。城市建筑空间扩展了，但是生态服务的空间如绿地、湿地等基本上还是集中在二维土地表面上几乎与城市建筑用地面积相等的屋顶空间。数倍于建筑用地面积的内外立面空间并未用于生态服务。在提高城市立面空间的生态服务方面，国外已经做出了实践。新加坡历来被世人称作花园城市，街道两侧、屋顶、阳台、墙面等都被绿色所染；日本在立体绿化方面成就也很突出，如东京等各大城市开展的屋顶绿化、兴建天台空中花园；巴西风行"生物墙"立体绿化。在立体绿化技术方面，德国、日本已经走在世界前列。

如何通过各种生态工程合理开发和利用城市地下和近地表空间的土地和环境资源，为城市提供更强的立体生态服务，是我国城市土地开源节流的关键。

8.4.2 从土地利用的异地数量占补平衡到就地功能占补平衡

所谓异地占补平衡是在现有土地利用制度下，对于因建设发展需要占用耕地，而耕地后备资源少，无法实现耕地总量动态平衡的区域，在国家宏观调控和市场机制引导的前提下，利用耕地后备资源丰富区域的耕地保有指标，实现耕地占补平衡。目前开展耕地异地占补平衡研究与实践的主要法律依据是《中华人民共和国土地管理法》。耕地异地占补平衡，意味着耕地的占与补在空间范围上扩大以及社会管理成本的增加。《基本农田保护条例》规定：经国务院批准占用基本农田的，应该补划数量和质量相当的基本农田。但是在执行的过程中由于"质量相当"没有可操作的硬性指标加以控制，占补平衡变成了数量的占补平衡，结果导致农田生产力下降，有的地方甚至通过毁林开荒和陡坡地开垦来增加耕地，造成水土流失，生态退化。同时还带来社会生态问题，如当地居民的就业安置、社会保障等问题。过去北京市门头沟区在城镇发展和开矿过程中，由于实施耕地占补平衡措施，相当一部分土地转移至裸地、坡地，甚至开垦次生林，造成区内景观破碎，破坏面积高达 5%，而且新增的土地由于质量低，区位差，产量低，利用率不高。有些城镇的农民失地后得不到很好的安置，已经背井离乡。

按照土地利用柔性规划管理模式可以获得最大的复合生态服务功效，全面发挥土地的社会—经济—自然的服务功能，这些功能的发挥的前提是：建设用地可以适量增加，但是必须通过其他技术手段提高被占土地的生态服务功能，并保证土地的生物质生产潜力不变，例如发展立体农业、立体绿化等。东京规定，凡是新建建筑物占地面积超过 1000m² 者，屋顶必须有 20% 的绿色植物覆盖，弥补建设带来的绿色空间损失，调节城市气候；北京也于 2005 年规定，市内土地的开发高层建筑物 30% 要进行屋顶绿化，底层建筑中 60% 要进行屋顶绿化。屋顶绿化还能保持水土，如单体建筑的绿化可以减少 54% 的城市雨水流失。土地开发后，发展城市的集约化城市农业、立体农业一方面能起到气候调节，保持水土等原有土地的生态服务功能，另一方面还具有生产功能，解决原居住地居民的就业。

以"功能占补平衡"替代"数量占补平衡"的土地管理原则，建议按生态系统方法实施"最有活力的土地管理"。改变土地管理与经济、生态脱节的正反馈控制政策，变土地数量的异地占补平衡为土地生产和生态服务功能的就地占补平衡，变土地的单目标地籍管理为多目标的社会、经济、环境复合生态管理。在开发利用土地时，必须综合考虑土地资源的社会、经济和生态属性，在获得经济效益的同时，要保护和提高土地的生态服务功能。土地生态管理的最终目标是在保障原有土地的生物质生产潜力不变的基础上，强化其城市生态服务功能，提高原住地居民生活质量和促进当地经济发展。

8.4.3　从饼状集结用地到轴向糖葫芦串型结构集约和功能优化用地

京东平原城市发展模拟证明，摊大饼式的土地利用规划方式带来的经济效益是最佳的，这一点在几何学上可以证明，即一定周长的外环线所包围的城市其面积以圆形为最大，或一定面积的城市土地其外环线的周长以圆周为最短，即以圆周为外环线的城市其单位面积的交通建设成本最低且利用率最高。这就是为什么许多大中城市多取环形摊大饼格局向外扩张的动力学原因。

但是在生态学上，却有着相反的结论：由于城市生态学强调的是人与自然最大程度的交流，认为城郊结合部相对市区具有较大的边缘效应和较高的生态服务功能，其生态服务的强弱的高低与人和自然边缘线的长短呈正相关，即单位周长的边缘线服务的城市面积越大生态效益越差。而一定面积的城市土地其外环线的周长以圆周为最短，所以一定面积的城市建成区其生态效益以圆周形格局为最差。摊大饼的发展形态以生态服务功能的蚕食为代价，生态效益低下，经济可持续能力也不高，很难进行结构性改造。只能通过逆摊饼进程从自然和经济生态功能上进行疏导，诱导城市向经济潜力大、环境承载力大、生态服务功能强壮的主动脉方向发展，让板结的饼长出肢体，向四周伸展、活化。逆摊饼生态工程将生态服务功能搜入或渗入城市建成区内的（建筑物、构筑物占地）和空间（交通用地、废弃地和闲置荒地），将建成区逐步改造成生态功能完善的人居环境而又不大动筋骨，形成一种功能完善的自然和人文生态经济体系。

绿楔、绿廊、绿带的最大功效是增加边缘效应、改善景观多样性，强化生态服务功能。

相比摊大饼的用地发展而言，糖葫芦串的土地利用格局见［图8（c）］能在确保生态环境的基础上，可以释放出较多的土地。糖葫芦串型生态经济主动脉和多功能生态城镇的设计就是要通过加大城市生产生活环境与自然生态系统交流的边缘长度和系统的连通性和便捷性，一方面满足城市经济发展的用地需要、快捷方便的交通需求以及基础设施的高效共享要求，另一方面满足城市居民高的生态服务需求和亲近自然、融于自然的愿望，努力让自然回归城市、让城市融入自然、让生活充满生机。

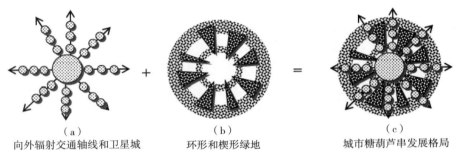

（a）　　　　　　　　　　（b）　　　　　　　　　　（c）
向外辐射交通轴线和卫星城　　　环形和楔形绿地　　　城市糖葫芦串发展格局

图8　城市轴向糖葫芦串结构发展示意图

8.4.4　从严格的土地数量管理到最合理的功能管理

以控制土地生态服务功能总量不减少为前提，合理增加城市建设用地。土地管理的重心从增量和存量土地的一次性审批和数量控制扩展到现有建设和生态服务用地的连续性生态评估、监测、审计、奖罚等功能性管理。

为了维护国家粮食安全，国家明文规定对耕地实施严格的保护措施，严禁基本农田的占用为建设用地，并实施耕地占补平衡。耕地数量管理便于土地管理部门实时掌握耕地的动态变化，然而却忽视了土地作为复合生态系统的特性。一方面它是一个生命的构成体，具有生产能力，其生产能力大小由土地中的水、肥、气、生、热等诸多环境因子和人为耕作措施所决定，单纯的数量管理往往造成"以劣代优"的情况，实际土地数量没变，但是土地的生产能力大大降低。另一方面，土地最为重要的也往往是管理者所忽视的功能，土地的生态服务功能。如环境净化、气候调节、物质循环以及提供生物栖息地等生态服务功能，土地管理应该保护这些功能，并使之充分发挥其作用。但长期以来，对土地价值的认识仅仅停留在单纯或狭义的经济价值基础上，忽视了土地所拥有的于市场之外的生态服务功能，对社会来讲，还意味着土地在用途改变过程中造成了大量的社会福利的损失。

　　科学发展观是坚持以人为本，全面、协调、可持续的发展观。可持续，就是要统筹人与自然和谐发展。在土地管理上就应该统筹"生产与生态"的用地需求，统筹人类经济建设和生态环境保护，提高城市人类的生活质量。以合理的功能管理代替土地的数量管理是当前土地管理的新思路，经济的发展是解决"吃饭和建设"的问题，一定数量土地的经济价值将得以发挥，但最终目的是提高人的生活环境质量。经济的发展也不能以土地资源的破坏为代价，必须保证土地的生态服务功能维持在相应的水平，或者通过生态补偿至少不小于当前的生态服务水平，以功能平衡代替数量平衡，建立连续性生态评估、监测、审计、奖罚等功能性管理机制。此外，实现从基本农田生态保护到基本城市生态用地保护的转变，实施区域规划和城乡一体化统筹，早日制定城市生态用地及其服务功能标准、规范与导则。

8.5　城市生态用地管理的体制创新与政策措施

8.5.1　观念、体制与技术创新

　　城市环境问题的症结归根结底在于不合理的用地规划和管理。传统的用地规划和管理涉及城市规划和土地管理两个部门，城市规划部门管理的重心在建设用地，而土地管理部门的管理重心在耕地，土地管理主体之间的冲突导致了当前土地管理矛盾不断——重数量轻质量、重结构轻功能、重后果轻过程、重物态轻生态、重堵截轻调节。

　　城市生态用地管理的新框架包括：

　　● 观念更新

　　土地的多维生态属性；土地的主体生态冲突；土地的生态服务效应；土地的生态功能管理；

　　● 体制革新

　　土地的共轭生态规划；土地的生态服务审计；土地的生态补偿政策；土地的生态信息管理；

　　● 技术创新

　　土地生态建设工程；土壤生态修复技术；水文生态修复技术；生物多样性保育技术；景观生态工程技术；

8.5.2　建立土地生态服务功能的生态监测体系与年审制度

　　对土地进行年审的目的是对每个土地单元的状况、问题、潜在风险及责任进行确认，从而将潜在的、可能出现的生态风险降到最低限度。并在此基础上，结合其他数据来源，制定相应的调控措施。应该针对土地生态管理，成立独立的生态审计小组，

制定审计标准和实施规范。在审计结果的基础上，有关部门可以通过颁发许可证制度，控制人为活动对生态敏感区的破坏，从而确保只有相容的开发活动才能在特定的土地单元中进行。

8.5.3 建立完善的生态监测及管理系统

依托监测站，设立专门的土地生态服务功能监测室，配备专职的人员和经费，负责土地生态服务功能的监测，为土地的生态管理提供第一手资料。经过调研和专家组讨论，确定生态监测的具体监测内容和监测方法。同时，充分利用原有各部门的固定监测点，实现数据的共享。建立基于 GIS 技术的土地管理的信息系统，收集每个土地单元的基本信息，包括生态的、经济的和社会的内容，为政府及有关决策部门提供土地生态服务功能的动态变化信息。

8.5.4 建立三个层次的监管体系

- 政府部门

加强各权力部门的统一协调，明确各责任单位的职责。落实土地生态服务管理责任制。将土地的生态功能管理作为一个重要的考核内容。

- 专家小组

成立专家小组，对土地的生态管理提供咨询与指导。对于生态敏感区的开发和利用，必须经过专家小组的论证。同时定期召开专家会议，对土地生态审计的内容及土地生态管理的措施进行评估和调整。

- 公众参与

公众是土地管理最直接的利益相关者，在很大程度上公众的意愿代表着土地利用的得失，最基本的条件是土地的开发和利用不得影响他们的生产、就业和生活质量，通过生态教育和宣传使公众了解土地生态管理的基础，成为土地生态管理最为有力的监管者。

8.5.5 强化生态审计制度的政策保障

生态审计要贯穿于土地的一切开发活动之中，与建设项目的环境影响评价"三同时"制度相结合，对项目开发前和开发后均要进行生态审计。对项目的批准单位、实施单位以及使用单位和管理单位进行监督。实施奖惩制度的目的是为了诱导土地利用者积极进行土地的生态服务功能保育，解决土地开发与土地自然生态服务的矛盾。

8.5.6　制定土地生态服务生态补偿政策

《环境科学大辞典》将自然生态补偿（Natural Ecological Compensation）定义为"生物有机体、种群、群落或生态系统受到干扰时，所表现出来的缓和干扰、调节自身状态使生存得以维持的能力，或者可以看作生态负荷的还原能力"；或是自然生态系统对由于社会、经济活动造成的生态环境破坏所起的缓冲和补偿作用。目前，国内外通常将生态环境补偿机制分为广义和狭义两种。广义的生态环境补偿机制包括污染环境的补偿和生态服务功能的补偿。狭义的生态环境补偿机制，则专指对生态服务功能的补偿，包括对为保护和恢复生态环境及其服务功能而付出代价、做出牺牲的单位和个人进行经济补偿；对因开发利用土地、矿产、森林、草原、水、野生动植物等自然资源和自然景观而损害生态功能、或导致生态服务功能衰退或丧失的单位和个人收取经济补偿。从根本上来说，实际上所谓的狭义的概念中其实也包括了对污染环境的补偿，因为污染环境本身也是使生态系统某种服务功能受到损害，一般是其净化功能受到损害，如对水污染或土壤污染的补偿其实是对水或土壤的净化功能进行补偿。因此，将生态补偿机制进行这样的所谓的狭义和广义之分，并不合适，从根本上来说，生态补偿即是对生态服务功能进行补偿。李文华等（2006年）认为生态补偿是用经济的手段达到激励人们对生态系统服务功能进行维护和保育，解决由于市场机制失灵造成的生态效益的外部性并保持社会发展的公平性，达到保护生态与环境效益的目标。

针对土地生态服务功能的生态补偿可以包括几方面：

（1）作为经济发展的需要。将会有部分生态服务用地转化为生产、生活功能用地，土地原有的生态服务将不可避免地存在一定的损失，如生物质生产、大气调节、生境维持、水源涵养等。通过生态审计，分析功能损失和社会经济功效的核算，造成生态环境损失应该实行"谁受益谁补偿，谁破坏谁恢复，谁保护谁受益"的机制，这种补偿将是连续性而非一次性的补偿。

（2）作为土地的生产者和经营者。具有进行土地开发满足自身发展的需要的权利，因保护土地的生态服务功能而使土地生产者和经营者丧失经济发展能力的，同样需要进行生态补偿。

（3）生态补偿有多种方式。包括自补偿的调节和保育，以及他补偿的修复和建设。依照行为对象和行为的主体又可以分为功能补偿和能力补偿。

一是功能补偿。功能补偿包括生态因子、生态过程、生态关系和生态服务的功能补偿。

由于土地使用者为获取自身的利益而对土地的不合理开发利用导致了土地生态系统结构破坏、生态过程受阻以及生态服务功能下降，即土地使用者自身的不当行为产生了生态破坏的后果。在该条件下，使用者必须通过生态修复或建设对土地进行生态功能修复才能获得与生态破坏之前相同的利益。如城市用水地下水开采过度，导致地下水位下降，城市必须采取相应的水生态修复或者禁采措施涵养地下水源，使地下水位上升，也就是水的功能补偿。

二是能力补偿。包括资金、技术、人才、体制、产业和政策的能力补偿。

能力补偿是指因利他行为导致自身无法获得发展的社会补偿，当前的土地生态补偿一般都强调进行他补偿，而忽略了自补偿。实际上土地复合生态系统具有自我调节的能力，如休耕养地、休牧还草等都是一种自补偿。在进行土地生态服务生态补偿时，既要强调他补偿，也要兼顾自补偿。

参 考 文 献

［1］AG Bunn, DL Urban, TH Keitt. Landscape connectivity: a conservation application of graph theory ［J］. Journal of Environmental Management. 2000, 59 (4): 265–278.

［2］Antrop M. Landscape change and the urbanization process in Europe ［J］. Landscape and urban planning, 2004, 67 (1–4): 9–26.

［3］Asakawa S, Yoshida K, Yabe K. Perceptions of urban stream corridors within the greenway system of sapporo, Japan ［J］. Landscape and Urban Planning, 2004, 68 (2–3): 167–182.

［4］Astles K L, Holloway M G, Steffe A, et al. An ecological method for qualitative risk assessment and its use in the management of fisheries in New South Wales, Australia ［J］. Fisheries research, 2006, 82 (1): 290–303.

［5］Barredo, J. I. , Kasanko, M. , McCormick, N. and Lavalle, C. , Modelling dynamic spatial processes: simulation of urban future scenarios through cellular automata. Landscape and Urban Planning, 2003. 64: 145–160.

［6］Billen G, Garnier J, The Phison River plume: coastal eutrophication in response to changes in land use and water management in the watershed. Aquatic microbial ecology, 1997, 13: 3–17.

［7］Bonnard R. Risk communications: around the world common errors in the use of the CalTOX model to assess the human health risks linked to in dustrial emissions of pollutants ［J］. Human and Ecological Risk Assessment, 2006. 12 (5): 1000–1010.

［8］Burghardt W, Lu Y, Zhang G L, et al. The Stage of Soil Degradation by Compaction of Different Site Uses of Nanjing City, China, In: Proceedings of International Conference on Remade Lands, Fremantle, Western Australia 2000, 30 November–2 December.

［9］Ding C. Urban spatial development in the land policy reform era: evidence from Beijing ［J］. Urban studies, 2004, 41 (10): 1889–1907.

［10］C. W. EPPS, J. D. WEHAUSEN, V. C. BLEICH, et al. Optimizing dispersal and corridor models using landscape genetics ［J］. Journal of Applied Ecology. 2007, 44 (4): 714–724.

［11］Cairns J. Jr. Balancing Ecological Eestruction and Restoration: The only hope for sustainable use of the planet ［J］. Aquatic Ecosystem Health & Management, 2: 91–95.

［12］ Chang S H, Kuo C Y, Wang, J W, Wang, K S. Comparison of RBCA and CalTOX for setting risk-based cleanup levels based on inhalation exposure ［J］. Chemosphere, 2004, 56 (4): 359-367.

［13］ Chapman PM, Wang FY, Janssen CR, et al. Conducting ecological risk assessments of inorganic metals and metalloids: Current status ［J］. Human and Ecological Risk Assessment, 2003, 9 (4): 641-697.

［14］ Chapman PM. 2002. Ecological risk assessment (ERA) and hormesis ［J］. The Science of the Total Environment, 288 (1-2): 131-140.

［15］ Chen CM, Liu MC. 2006. Ecological risk assessment on a cadmium contaminated soil landfill——a preliminary evaluation based on toxicity tests on local species and site specific information ［J］. Science of the Total Environment, 359 (1-3): 120-129.

［16］ Chen Y C, Ma H W. Model comparison for risk assessment: A case study of contaminated groundwater ［J］. Chemosphere, 2006, 63 (5): 751-761.

［17］ Cheng, J. and Masser, I. Modelling urban growth patterns: a multiscale perspective ［J］. Environment and Planning A, 2003, 35: 679-704.

［18］ Christine C. Qualitative risk assessment of the effects of shellfish farming on the environment in Tasmania, Australia ［J］. Ocean & Coastal Management, 2003, 46: 47-58.

［19］ Cornelia Baessler, Stefan Klotz. Effects of changes in agricultural land-use on landscape structure and arable weed vegetation over the last 50 years ［J］. Agriculture, Ecosystems & Environment. 2006, 115 (1-4): 43-50 .

［20］ Costanza, R., d'Arge, R., De Groot, R., et al. The value of the world's ecosystem services and natural capital ［J］. Nature, 1997, 387 (6630): 253-260.

［21］ Crawford C. 2003. Qualitative risk assessment of the effects of shellfish farming on the environment in Tasmania, Australia ［J］. Ocean and Coastal Management, 46: 47-58.

［22］ D. Pan, G. Domon, D. Marceau, et al. Spatial pattern of coniferous and deciduous forest patches in an Eastern North America agricultural landscape: the influence of land use and physical attributes ［J］. Landscape ecology. 2001, 16 (2): 99-110.

［23］ D. Urban, T. Keitt. Landscape connectivity: a graph - theoretic perspective ［J］. Ecology. 2001, 82 (5):1205-1218.

［24］ Daily G C. Nature's Services: Societal Dependence on Natural Ecosystems ［J］. Island Press: Wanshington, D. C. 1997.

［25］ De Araujo ALL, De Nadai Fernandes EA, Bacchi MA, et al. Native trees for environmental quality assessment in an ecological corridor of Atlantic Forest ［J］. International Journal of Environment and Health, 2011, 5 (1): 4-18.

［26］ De Groot RS, Wilson MA, Boumans RMJ. A typology for the classification, description and valuation of ecosystem functions, goods and services ［J］. Ecological economics, 2002, 41 (3): 393-408.

［27］ Driezen K, Adriaensen F, Rondinini C, et al. Evaluating least-cost model predictions with empirical dispersal data: a case - study using radio tracking data of hedgehogs (Erinaceus europaeus) ［J］.

Ecological Modelling, 2007. 209 (2-4): 314-322.

[28] Wikramanayake, M. McKNIGHT, E. Dinerstein, et al. Designing a conservation landscape for tigers in human? dominated environments [J]. Conservation Biology. 2004, 18 (3): 839-844.

[29] Efroymson RA, Murphy DL. Ecological risk assessment of multimedia hazardous air pollutants: estimating exposure and effects [J]. The Science of the Total Environment, 2001, 274 (1-3): 219-230.

[30] Emmanuel E, Perrodin Y, Keck G, et al. Ecotoxicological risk assessment of hospital wastewater: A proposed framework for raw effluents discharging into urban sewer network [J]. Journal of Hazardous Materials, 2005, 117 (1): 1-11.

[31] Escobedo F, Nowak D. Spatial heterogeneity and air pollution removal by an urban forest [J]. Landscape and Urban Planning, 2009, 90, 102-110.

[32] Adriaensen, JP Chardon, G. De Blust, et al. The application of least-cost' modelling as a functional landscape model [J]. Landscape and urban planning. 2003, 64 (4): 233-247.

[33] Ferketic JS, Latimer AM, Silander Jr JA. Conservation justice in metropolitan Cape Town: A study at the Macassar Dunes Conservation Area [J]. Biological Conservation, 2010, 143 (5): 1168-1174.

[34] Verbeylen, L. De Bruyn, F. Adriaensen, et al. Does matrix resistance influence Red squirrel (Sciurus vulgaris L. 1758) distribution in an urban landscape [J]. Landscape ecology. 2003, 18 (8): 791-805.

[35] Gao Di Xie, Chun Xia Lu, Yun Fa Leng, et al. Ecological assets valuation of the Tibetan Plateau [J]. Journal of Natural Resources. 2003, 18 (2): 189-196.

[36] GC Daily. Developing a scientific basis for managing Earth's life support systems [J]. Resilience Alliance, 2001.

[37] GC Daily. Nature's services: societal dependence on natural ecosystems. Island Pr, 1997.

[38] Germann-Chiari C, Seeland K. Are urban green spaces optimally distributed to act as places for social integration? Results of a geographical information system (GIS) approach for urban forestry research [J]. Forest Policy and Economics, 2004, 6 (1): 3-13.

[39] Gibson RH, Pearce S, Morris RJ, et al. Plant diversity and land use under organic and conventional agriculture: a whole-farm approach [J]. Journal of Applied Ecology, 2007, 44 (4): 792-803.

[40] Gidlof-Gunnarsson A, Ohrstrom E. Noise and well-being in urban residential environments: the potential role of perceived availability to nearby green areas [J]. Landscape and Urban Planning, 2007, 83 (2-3): 115-126.

[41] Glorennec P, Zmirou D, Bard D. Public health benefits of compliance with current E. U. emissions standards for municipal waste incinerators: A health risk assessment with the CalTox multimedia exposure model [J]. Environment International, 2005, 31 (5): 693-701.

[42] Hayes KR. Best practice and current practice in ecological risk assessment for Genetically Modified Organisms. CSIRO Biodiversity Sector Ecological Implications of GMOS. Australia: CSIRO Division of Marine Research. 2002.

［43］ He, C. , Okada, N. , Zhang, Q. , Shi, P. and Li, J. Modelling dynamic urban expansion processes incorporating a potential model with cellular automata ［J］. Landscape and Urban Planning, 2008, 86: 79–91.

［44］ He, C. , Okada, N. , Zhang, Q. , Shi, P. and Zhang, J. Modeling urban expansion scenarios by coupling cellular automata model and system dynamic model in Beijing, China ［J］. Applied Geography, 2006, 26: 323–345.

［45］ Liu, M. Liu, H. Tian, et al. Spatial and temporal patterns of China's cropland during 1990–2000: An analysis based on Landsat TM data ［J］. Remote Sensing of Environment. 2005, 98 (4): 442–456.

［46］ J. P. Chardon, F. Adriaensen, E. Matthysen. Incorporating landscape elements into a connectivity measure: a case study for the Speckled wood butterfly (Pararge aegeria L.) ［J］. Landscape ecology. 2003, 18 (6): 561–573.

［47］ J. P. Knaapen, M. Scheffer, B. Harms. Estimating habitat isolation in landscape planning ［J］. Landscape and urban planning. 1992, 23 (1): 1–16.

［48］ Janneche US, Hans JL, Elisabeth L, et al. 2002. Ecological risk assessment of persistent organic pollutants in the arctic ［J］. Toxicology, 181–182: 193–197.

［49］ Jim CY, Judith Y. Soil porosity and associated properties at roadside tree pits in urban Hong Kong. In: Burghardt W and Dornauf. First International Conference on Soils of Urban, Industrial, Traffic and Mining Areas Vol. I. University of Essen, Germany, July 12 – 18, 2000. 51–56.

［50］ Driezen, F. Adriaensen, C. Rondinini, et al. Evaluating least-cost model predictions with empirical dispersal data: a case – study using radiotracking data of hedgehogs (Erinaceus europaeus) ［J］. Ecological Modelling. 2007, 209 (2–4): 314–322.

［51］ Kalantzi O I, Johnson P A, Santillo D, Stringer R L, Thomas G O, Jones K C, 2001. The Global Distribution of PCBs and Organochlorine Pesticides in Butter ［J］. Environmental Science & Technology, 35 (6): 1013–1018.

［52］ Krauss M, Wilcke W. Polychlorinated naphthalenes in urban soils: Analysis, concentrations, and relation to other persistent organic pollutants ［J］. Environmental Pollution, 2003, 122: 75–89.

［53］ L Li, Y. Sato, H. Zhu. Simulating spatial urban expansion based on a physical process ［J］. Landscape and urban planning. 2003, 64 (1–2): 67–76.

［54］ Leuven R, Poudevigne I. 2002. Riverine landscape dynamics and ecological risk assessment ［J］. Freshwater Biology, 47: 845–865.

［55］ Li, X. and Yeh, A. G. –O. , 2000. Modelling sustainable urban development by the integration of constrained cellular automata and GIS ［J］. International Journal of Geographical Information Science, 14: 131–152.

［56］ Liu, X. , Li, X. , Shi, X. , Wu, S. and Liu, T. , 2008. Simulating complex urban development using kernel-based non-linear cellular automata ［J］. Ecological Modelling, 211: 169–181.

［57］ López, E. , Bocco, G. , Mendoza, M. and Duhau, E. , 2001. Predicting land–cover and land–use change in the urban fringe: A case in Morelia city, Mexico [J]. Landscape and Urban Planning, 55: 271–285.

[58] Bélisle. Measuring landscape connectivity: the challenge of behavioral landscape ecology [J]. Ecology. 2005, 86 (8): 1988–1995.

[59] M. Pacione. The internal structure of cities in the third world [J]. Geography. 2001, 86: 189–209.

[60] M. Tan, X. Li, H. Xie, et al. Urban land expansion and arable land loss in China–a case study of Beijing–Tianjin–Hebei region [J]. Land Use Policy. 2005, 22 (3): 187–196.

[61] Maas J, Van Dillen SME, Verheij RA, et al. Social contacts as a possible mechanism behind the relation between green space and health [J]. Health & Place, 2009. 15 (2): 586–595.

[62] Mackay D. Multimedia environmental models: the fugacity approach [M]. CRC press, 2010.

[63] Madureira H, Andresen T, Monteiro A. Green structure and planning evolution in Porto [J]. Urban Forestry & Urban Greening, 2011, 10 (2): 141–149.

[64] Manz M, Wenzel K D, Dietze U, Schuurmann G. , 2001. Persistent organic pollutants in agricultural soils of central Germany [J]. Science of the Total Environment, 277 (1–3): 187–198.

[65] Margaret P, Jennifer M, Emily B, et al. 2004. Ecology for a Crowded Planet [J]. Science, 304: 1251–1252.

[66] María DF, Ekain C, María MV, et al. 2005. Ecological risk assessment of contaminated soils through direct toxicity assessment [J]. Ecotoxicology and Environmental Safety, 62 (2): 174–184.

[67] McConnachie MM, Shackleton CM. Public green space inequality in small towns in South Africa [J]. Habitat International, 2010, 34 (2): 244–248.

[68] Mendoza. G. A, Prabhu, R. Development of a Methodology for Selecting Criteria and Indicators of Sustainable Forest Management: A Case Study on Participatory Assessment [J]. Environmental Management, 2000, 26 (6): 659–673.

[69] Munns W. R. , Robert K, Gilman V, et al. 2003. Approaches for Integrated Risk Assessment [J]. Human and Ecological Risk Assessment, 9 (1): 267–272.

[70] Mürbteg U, Wallentinus H–G. Red–listed forest bird species in an urban environment–assessment of green space corridors [J]. Landscape and Urban Planning, 2000, 50 (4): 215–226.

[71] Naito W, Miyamoto K, Nakanishi J, et al. 2002. Application of an ecosystem model for aquatic ecological risk assessment of chemicals for a Japanese lake [J]. Water Research, 36: 1–14.

[72] Noss RF. 2000. High risk ecosystems as foci for considering biodiversity and ecological integrity in ecological risk assessments [J]. Environmental Science and Policy, 3 (6): 321–332.

[73] Olschewski R, Klein AM, Tscharntke T. Economic trade–offs between carbon sequestration, timber production, and crop pollination in tropical forested landscapes [J]. Ecological Complexity, 2010, 7 (3): 314–319.

[74] R Costanza, R d'Arge, R De Groot, et al. The value of the world's ecosystem services and natural capital [J]. Nature. 1997, 387 (6630): 253–260.

[75] Robert Costanza, Ralph d'Arge, Rudolf de Groot . et al. The value of the world's ecosystem services

and natural capital [J]. Nature, 1997, 387: 253-260.

[76] Rui Juan Duan, Jin Min Hao, Jing Wang. Study on changes of land-use structure and eco-service function value-A case of Datong, Shanxi Province [J]. Ecological Economy. 2005 (3): 60-64.

[77] Sadiq R, Husain T, Bose N, et al. 2003. Distribution of heavy metals in sediment pore water due to offshore discharges: an ecological risk assessment [J]. Environmental Modeling & Soft-ware, 18 (5): 451-461.

[78] SCEP (Study of Critical Environmental Problems). Man's Impact on the Global Environment [M]. MIT Press, Cambridge.

[79] Schipperijn J, Ekholm O, Stigsdotter UK, et al. Factors influencing the use of green space: results from a danish national representative survey [J]. Landscape and Urban Planning, 2010, 95 (3): 130-137.

[80] Schuhmacher M, Meneses M, Xifro A, Domingo J L, 2001. The use of Monte-Carlo simulation techniques for risk assessment: studyof a municipal waste incinerator [J]. Chemosphere, 43 (4-7): 787-799.

[81] Sekizawa J, Tanabe S. 2005. A comparison between integrated risk assessment and classical health/environmental assessment: Emerging beneficial properties [J]. Toxicology and Applied Pharmacology, 207 (2 supp): 617-622.

[82] Solomon KR, Paul S. 2002. New concepts in ecological risk assessment: where do we go from here? [J]. Marine Pollution Bulletin, 44 (4): 279-285.

[83] Stevens, D., Dragicevic, S. and Rothley, K., 2007. iCity: A GIS-CA modelling tool for urban planning and decision making [J]. Environmental Modelling & Software, 22: 761-773.

[84] Strange. E. M, Fausch. K. D, Covich. A. P. Sustaining Ecosystem Services in Human-Dominated Watersheds: Biohydrology and Ecosystem Processes in the South Platte River Basin [J]. Environmental Management, 1999, 24 (1): 39-54.

[85] SuterII GW, Theo V, Munns Jr WR, et al. 2003. Framework for the Integration of Health and Ecological Risk Assessment [J]. Human and Ecological Risk Assessment, 9 (1): 281-301.

[86] SuterII GW, Theo V, Munns Jr WR, et al. 2005. An integrated framework for health and ecological risk assessment [J]. Toxicology and Applied Pharmacology, 207 (1): 611-616.

[87] SuterII GW. 2001. Applicability of indicator monitoring to ecological risk assessment [J]. Ecological Indicators, 1: 101-112.

[88] Sydelko PJ, Hlohowskyj I, Majerus K, et al. 2001. An object oriented framework for dynamic ecosystem modeling: Application for integrated risk assessment [J]. Science of the Total Environment, 274: 271-281.

[89] Tarazona JV, Vega MM. 2002. Hazard and risk assessment of chemicals for terrestrial [J]. Ecosystems Toxicology, 181-182: 187-191.

[90] Trepel M. Assessing the cost-effectiveness of the water purification function of wetlands for environmental planning [J]. Ecological Complexity, 2010, 7 (3): 320-326.

［91］ U. S. EPA. 2000. Supplementary guidance for conducting health risk assessment of chemical mixtures.

［92］ Urs P. Kreuter, Heather G. Harris, Marty D. Matlock. et al. Change in ecosystem service values in the San Antonio area, Texas ［J］. Ecological Economics, 2001, 39（3）：333−346.

［93］ Wackemagel, M. , Ree, W. E. Our Ecological Footprint：Reducing Human Impact on the Earth. ［J］. New Society Publishers, Gabiola Isld, BC and Philadelphia, PA. 1996.

［94］ Wataru N, Ken − ichi M, Junko N, et al. 2002. Application of an ecosystem model for aquatic ecological risk assessment of chemicals for a Japanese lake ［J］. Water Research, 36（1）：1−14.

［95］ Xie G Q, ZhenL, Lu C X, Xiao Y, Li W H. Applying value transfer method for eco−service valuation in China ［J］. Journal of Resources and Ecology, 2010, 1（1）：51−59.

［96］ Yang R Q, Lv, A H, Shi J B, Jiang G B, 2005. The levels and distribution of organochlorine pesticides（OCPs）in sediments from the Haihe River, China ［J］. Chemosphere, 61（3）：347−354.

［97］ Yang Y G, Paterson E, Campbell C. Accumulation of heavy metals in urban soils and its impacts on soil microbes ［J］. Environmental Sciences, 2001, 22（3）：44−48.

［98］ Yin S, Cai J−P, Chen L−P, et al. Effects of vegetation status in urban green spaces on particle removal in a street canyon atmosphere ［J］. Acta Ecologica Sinica, 2007, 27（11）：4590−4595.

［99］ Z. Hu, CP Lo. Modeling urban growth in Atlanta using logistic regression ［J］. Computers, environment and urban systems. 2007, 31（6）：667−688.

［100］ Z. L. Hu, P. J. Du, D. Z. Guo. Analysis of urban expansion and driving forces in Xuzhou city based on remote sensing ［J］. Journal of China University of Mining and Technology. 2007, 17（2）：267−271.

［101］ Zeng F G, Wang W, Wu Y H, Li W, 2001. The research on PAHs in the atmosphere in Beijing Qianmen, Tiantan, Dingling District ［J］. Journal of the National Center University（Natural sciences Edition）, 10（2）：162−166.

［102］ Zhang G L, Gong Z T, Zhao W J, et a1. Features of soils in urban and suburban Nanjing and their environmental effect. In：Burghardt W and Dornauf C. First International Conference on Soils of Urban, Industrial, Traffic and Mining Areas. University of Essen, Germany, July 12 − 18, 2000, 39−44.

［103］ Zhao B, Kreuter U, Li B, Ma Z, Chen J, Nakagoshi N. An ecosystem service value assessment of land−use change on Chongming Island ［J］. China. Land Use Policy, 2004, 21（2）：139−148.

［104］ 柏益尧, 李海莉, 程志光, 等. 生态用地与"三地平衡"［J］. 环境污染与防治, 2004, 26（4）：320−320.

［105］ 摆万奇, 赵士洞. 土地利用变化驱动力系统分析 ［J］. 资源科学, 2001, 23（3）：39−41.

［106］ 蔡艳荣. 环境影响评价 ［M］. 中国环境科学出版社, 2004.

［107］ 蔡毅, 邢岩, 胡丹. 敏感性分析综述 ［J］. 北京师范大学学报（自然科学版）, 2008, 44（1）：9−16.

［108］ 曹新向, 翟秋敏, 郭志永. 城市湿地生态系统服务功能及其保护 ［J］. 水土保持研究, 2005,

12 (1)：145-148.

[109] 常桂秋，潘小川．北京市大气污染特点及变化趋势监测分析 [J]．江苏预防医学，2003，14（3）:48-49.

[110] 常州市统计局，常州统计年鉴 2007 [M]．北京：中国统计出版社，2008.

[111] 车生泉，王洪轮．城市绿地研究综述 [J]．上海交通大学学报（农业科学版），2001，19（3）：229-234.

[112] 陈德平．确保最严格的耕地保护制度有效落实——上海耕地保护工作纪实 [J]．上海房地，2010（1）：26-27.

[113] 陈刚才，甘露，万国江．土壤有机物污染及其治理技术 [J]．重庆环境科学，2000，22（2）．

[114] 陈婧，史培军．土地利用功能分类探讨 [J]．北京师范大学学报（自然科学版），2005，41（5）:536-540.

[115] 陈立定，欧阳安蛟．试论城市地价动态变化与城市动态规划的互动关系 [J]．城市发展研究，2005，12（1）：53-57.

[116] 陈立新．城市土壤质量演变与有机改土培肥作用研究 [J]．水土保持学报，2002，16（3）：36-39.

[117] 陈利顶，傅伯杰，徐建英，等．基于"源一汇"生态过程的景观格局识别方法 [J]．生态学报，2003，23（11）．

[118] 陈敏，王如松，张丽君．中国 2002 年省域生态足迹分析 [J]．应用生态学报，2006，17（3）：424-428.

[119] 陈明星，陆大道，张华．中国城市化水平的综合测度及其动力因子分析 [J]．地理学报，2009，64（4）：387-398.

[120] 陈伟，桂小琴．城市规划对地价空间分布规律影响研究 [J]．城市规划，2006，1：38-41.

[121] 陈燕飞，杜鹏飞．基于最小累积阻力模型的城市用地扩展分析 [J]．和谐城市规划——2007中国城市规划年会论文集，2007.

[122] 陈莹，尹义星，陈爽．典型流域土地利用/覆被变化预测及景观生态效应分析 [J]．长江流域资源与环境，2009，18（8）：765-770.

[123] 程承旗，吴宁，郭仕德，等．城市热岛强度与植被覆盖关系研究的理论技术路线和北京案例分析 [J]．水土保持研究，2004，11（3）：172-174.

[124] 仇志军，姜达，陆荣荣，等．基于核探针研究的大气气溶胶单颗粒指纹数据库的研制 [J]．2001.

[125] 达良俊，陈克霞，辛雅芬．上海城市森林生态廊道的规模 [J]．东北林业大学学报，2004，32（4）：16-18.

[126] 邓红兵，陈春娣，刘昕，等．区域生态用地的概念及分类 [J]．生态学报．2009，29（003）：1519-1524.

[127] 邓莲堂，束炯，李朝颐．上海城市热岛的变化特征分析[J]．热带气象学报，2001，17（3）：273-280.

[128] 邓小文，孙贻超，韩士杰．城市生态用地分类及其规划的一般原则 [J]．应用生态学报，

2005，6（10）：2003-2006.

[129] 丁圣彦，梁国付．近20年来河南沿黄湿地景观格局演化[J]．地理学报，2004，59（5）．

[130] 董斌，苗蕾，李有，等．"郑汴一体化"进程中生态廊道系统建设探讨［J］．气象与环境科学，2008，31（1）：35-38.

[131] 段瑞娟，郝晋珉，王静．土地利用结构与生态系统服务功能价值变化研究——以山西省大同市为例［J］．生态经济．2005（3）．

[132] 方创琳．中国城市化进程及资源环境保障报告［M］．北京：中国科学出版社，2008，241-252.

[133] 方修琦，江海洲，连鹏灵．我国北方农牧交错带降水突变的幅度与速率［J］．地学前缘，2002，（1）：155-159.

[134] 付在毅，许学工，林辉平，等．黄河三角洲湿地区域生态风险评价［J］．生态学报．2001，21（3）：365-373.

[135] 付在毅，许学工．区域生态风险评价［J］．地球科学进展，2001.16（2）：267-271.

[136] 高云峰．北京城市化进程中的农业多功能性问题［J］．北京农业职业学院学报，2005，19（4）：3-7.

[137] 关庆锋．基于人工神经网络的约束型城市扩展CA模型与应用［M］.33-43.

[138] 郭纪光，蔡永立，罗坤，等．基于目标种保护的生态廊道构建——以崇明岛为例［J］．生态学杂志，2009，28（8）：1668-1672.

[139] 郭平，谢忠雷，李军，等．长春市土壤重金属污染特征及其潜在生态风险评价［J］．地理科学，2005，25（1）：108-112.

[140] 郭旭东，杨福林．基于GIS和地统计学的土壤养分空间变异特征研究：以河北省遵化县为例［J］．应用生态学报，2001，4：557-563.

[141] 韩素芹，郭军，黄岁樑，等．天津城市热岛效应演变特征研究［J］．生态环境，2007，16（2）：280-284.

[142] 韩学敏，濮励杰，朱明，等．环太湖地区有效生态用地面积的测算分析［J］．中国农学通报．2010，26（22）：301-305.

[143] 何春阳，陈晋，史培军，等．基于CA的城市空间动态模型研究［J］．地球科学进展，2002，17（2）：188-191.

[144] 何念鹏，周道玮．人为干扰强度对村级景观破碎度的影响［J］．应用生态学报，2001，12（6）：897-899.

[145] 何宇华，谢俊奇，孙毅．FAO/UNEP土地覆被分类系统及其借鉴［J］．中国土地科学．2005，19（006）：45-49.

[146] 侯鹏，蒋卫国，曹广真，等．城市湿地热环境调节功能的定量研究［J］．北京林业大学学报，2010，32（3）：191-196.

[147] 黄成，陈长虹，王冰妍，等．城市交通出行方式对能源与环境的影响［J］．公路交通科技，2005，11：163-166.

[148] 黄贤金，濮励杰，彭补拙．城市土地利用变化及其响应：模型构建与实证研究［M］．北京：科学出版社，2008：25-26.

[149] 贾雪池. 俄罗斯联邦土地管理制度的特点 [J]. 林业经济. 2006 (007)：78-80.

[150] 姜广辉，张凤荣，谭雪晶，等. 北京市平谷区农村居民点用地生态服务功能分析 [J]. 农业工程学报，2009，25 (5)：210-216.

[151] 姜明，武海涛，吕宪国，等. 湿地生态廊道设计的理论、模式及实践——以三江平原浓江河湿地生态廊道为例 [J]. 湿地科学，2009，7 (2)：99-105.

[152] 康向阳，刘志民，李胜功. 转基因林木的潜在风险 [J]. 应用生态学报，2004，15 (7)：1281-1284.

[153] 孔宪辉，于海霞，宁新柱，等. 转基因抗虫棉研究利用现状与前瞻 [J]. 中国棉花，2004，31 (3)：6-7.

[154] 李锋，王如松，Paulussen J. 北京市绿色空间生态概念规划研究 [J]. 城市规划汇刊，2004，(4)：61-64.

[155] 李锋，王如松. 城市绿地系统的生态服务功能评价、规划与预测研究——以扬州市为例 [J]. 生态学报，2003，23 (9)：1929-1936.

[156] 李锋，王如松. 城市绿色空间服务功效评价与生态规划 [M]. 北京：气象出版社，2006，28-39.

[157] 李锋，阳文锐，张小飞，等. 常州城市生态用地及其服务功能优化方法 [J]. 中国人口资源与环境，2009，(19)：343-347.

[158] 李锋，叶亚平，宋博文，王如松. 城市生态用地的空间结构及其生态系统服务动态演变——以常州市为例[J]. 生态学报，2011，31 (19)：5623-5631.

[159] 李广军，王青，顾晓薇，等. 生态足迹对比分析及研究——以深圳和苏州为例 [J]. 东北大学学报 (自然科学版)，2008，29 (1)：121-124.

[160] 李纪宏，刘雪华. 基于最小费用距离模型的自然保护区功能分区 [J]. Journal of natural resources，2006，21 (2).

[161] 李晶，孙根年. 植被对盛夏西安温度、湿度的调节作用及其生态价值实验研究 [J]. 干旱区资源与环境，2002，16 (2)：102-106.

[162] 李文华，李芬，李世东，等. 森林生态效益补偿的研究现状与展望 [J]. 自然资源学报，2006，21 (5)：677-687.

[163] 李晓丽，曾光明，石林，等. 长沙市城市生态用地的定量分析及优化 [J]. 应用生态学报，2010，21 (2)：415-421.

[164] 李延明，张济和，古润泽. 北京城市绿化与热岛效应的关系研究 [J]. 中国园林，2004，20 (1)：72-75.

[165] 李义玲，乔木，杨小林，等. 干旱区典型流域近30年土地利用、土地覆被变化的分形特征分析——以玛纳斯河流域为例 [J]. 干旱区地理. 2008，31 (001)：75-81.

[166] 李玉凤，刘红玉，郑囡，等. 基于功能分类的城市湿地公园景观格局——以西溪湿地公园为例 [J]. 生态学报，2011，31 (4)：1021-1028.

[167] 李月臣，宫鹏，陈晋，等. 中国北方13省土地利用景观格局变化分析 (1989～1999) [J]. 水土保持学报. 2005，19 (005)：143-146.

[168] 梁留科，曹新向，孙淑英．土地生态分类系统研究[J].水土保持学报，2003，17（5）：142.

[169] 梁留科．土地生态利用理论研究与案例分析［M］.科学出版社，2006.

[170] 梁涛，蔡春霞，刘民，等．城市土地的生态适宜性评价方法［J］.地理研究.2007，26（4）：782-788.

[171] 林波，刘庆．中国西部亚高山针叶林凋落物的生态功能[J].世界科技研究与发展，2001，23（5）：49-54.

[172] 林学椿，于淑秋．北京地区气温的年代际变化和热岛效应［J］.地球物理学报，2005，48（1）：39-45.

[173] 刘纪远，刘明亮，庄大方，等．中国近期土地利用变化的空间格局分析[J].中国科学（D辑），2002，32（12）：1031-1040.

[174] 刘健．基于3s技术闽江流域生态公益林体系高效空间配置研究.北京：北京林业大学.2006.

[175] 刘军会，高吉喜，耿斌等．北方农牧交错带土地利用及景观格局变化特征［J］.环境科学研究.2007，20（005）：148-154.

[176] 刘军会，高吉喜．北方农牧交错带界线变迁区的土地利用与景观格局变化［J］.农业工程学报.2008，24（011）：76-82.

[177] 刘黎明．韩国的土地利用规划体系和农村综合开发规划［J］.经济地理.2004，24（003）：383-386.

[178] 刘庆．中国西部亚高山针叶林凋落物的生态功能［J］.世界科技研究与发展.2001，5（5）．

[179] 刘淑丽，卢军，陈静．将城市热岛效应分析融入GIS应用于城市规划［J］.测绘信息与工程，2003，4：48-50.

[180] 刘小琴，朱坦．城市化进程中环境风险评价的一些问题探讨［J］.中国安全科学学报，2004，14（3）：92-95.

[181] 刘孝富，舒俭民，张林波．最小累积阻力模型在城市土地生态适宜性评价中的应用——以厦门为例［J］.生态学报2010，30（2）：0421-0428.

[182] 刘昕，谷雨，邓红兵，等．江西省生态用地保护重要性评价研究［J］.中国环境科学，2010，30（5）：716-720.

[183] 刘延国，彭培好，陈文德．基于GIS的长江上游植被水源涵养功能评价研究［J］.安徽农业科学，2006，34（14）：3323-3325.

[184] 刘玉辉，李辉，王杰，等．图们江流域湿地空间格局变化与保护［J］.吉林林业科技，2004，5（3）：21-24.

[185] 柳晶辉，杨坤，张力．丹江口库区土地利用、覆被与景观格局变化［J］.长江流域资源与环境.2008（03）：456-460.

[186] 卢宏玮，曾光明，谢更新，等．洞庭湖区域生态风险［J］.生态学报，2003，23（12）：2520-2530.

[187] 鲁奇，刘洋．中国湿地消失的因素及保护对策［J］.环境保护，2001（10）：21-23.

[188] 马德毅，王菊英．中国主要河口湾沉积物的潜在风险评价［J］.中国环境科学，2003.23（5）：521-525.

[189] 毛小苓，刘阳生．环境风险评价进展［J］．应用基础与工程科学学报，2003，11（3）：266-273．

[190] 眭长宝，陈勇．土地利用及其生态服务价值演变的驱动力与预测研究——以江苏省为例［J］．水土保持研究，2010，17（4）：269-275．

[191] 欧阳志云，李文华．生态系统服务功能内涵与研究进展．李文华，欧阳志云，赵景柱主编，生态系统服务功能研究．北京：气象出版社，2002．

[192] 欧阳志云，王如松，李伟峰，等．北京市环城绿化隔离带生态规划［J］．生态学报，2005，25（5）：965-971．

[193] 欧阳志云，王如松，赵景柱．生态系统服务功能及其生态经济价值评价．应用生态学报，1999，10（5）：635-640．

[194] 潘竞虎，刘菊玲．黄河源区土地利用和景观格局变化及其生态环境效应［J］．干旱区资源与环境．2005，19（004）：69-74．

[195] 彭建，王仰麟，张源等．土地利用分类对景观格局指数的影响［J］．地理学报．2006，61（002）:157-168．

[196] 任学慧，田红霞，刘瑜．植被覆盖调节气候空间差异性的初步研究［J］．云南农业大学学报，2006，21（6）：806-810．

[197] 尚爱军，胡兵辉，廖允成，等．渭北旱塬生态用地降水资源化潜力的估算及评价［J］．中国人口资源与环境，2008，18（2）：82-85．

[198] 沈彦，刘明亮．城市化进程中的土地资源优化配置研究——以湖南省为例［J］．云南地理环境研究，2007，（2）49-52．

[199] 石进朝，解有利．从北京园林绿地植物使用现状看城市园林植物的多样性［J］．中国园林，2003，19（10）：75-77．

[200] 石璇，杨宇，徐福留，等．天津地表水多环芳烃的生态风险评价［J］．环境科学学报，2004.24（4）：619-624．

[201] 史培军，陈晋，潘耀忠．深圳市土地利用变化机制分析［J］．地理学报．2000，55（2）：151-160．

[202] 史培军，宫鹏，李晓兵．土地利用、覆盖变化研究的方法与实践［M］．北京：科学出版社．2000．

[203] 唐铭．西北地区城市湿地公园评价体系研究——以兰州银滩湿地公园为例［J］．山东农业大学学报（自然科学版），2010，41（1）：80-86．

[204] 唐双娥，郑太福．我国生态用地保护法律制度论纲［J］．法学杂志．2008，29（005）：138-140．

[205] 王国强．中日土地利用管理比较研究［J］．国土资源科技管理．2002，19（004）：5-9．

[206] 王如松，迟计，欧阳志云．中小城镇可持续发展的生态整合方法［M］．北京：中国科学技术出版社，气象出版社，2001．

[207] 王如松，胡聃，李锋，等．区域城市发展的复合生态管理［M］．北京：气象出版社，2010．97-98．

[208] 王如松，胡聃，王祥荣，等．城市生态服务［M］．北京：气象出版社，2004：97．

[209] 王如松，林顺坤，欧阳志云．海南生态省建设的理论与实践［M］．北京：化学工业出版社，2004．

[210] 王如松，徐洪喜．扬州生态市建设规划方法研究［M］．北京：中国科学技术出版社，2005．

[211] 王如松．城市规划与管理的生态整合方法．复合生态与循环经济——全国首届产业生态与循环经济学术讨论会论文集．2003．

[212] 王如松．强化城市生态服务功能的系统整合方法．王如松，王祥荣主编．城市生存与发展的生态服务功能研究．北京：气象出版社，2004．

[213] 王舜钦，张金良．我国儿童血铅水平分析研究［J］．环境与健康杂志，2004，6：355-360．

[214] 王文杰，申文明，刘晓曼，等．基于遥感的北京市城市化发展与城市热岛效应变化关系研究［J］．环境科学研究，2006，19（2）：44-48．

[215] 王瑶，宫辉力，李小娟．基于最小累计阻力模型的景观通达性分析［J］．地理空间信息．2007，5（004）：45-47．

[216] 王玉洁，李俊祥，吴健平等．上海浦东新区城市化过程景观格局变化分析［J］．应用生态学报．2006，17（001）：36-40．

[217] 王振建，李如雪．城市生态用地分类、功能及其保护利用研究——以山东聊城市为例［J］．水土保持研究，2006，13（6）：306-308．

[218] 邬建国．景观生态学中的十大研究论题［J］．生态学报．2004，24（9）．

[219] 伍星，沈珍瑶．长江上游地区土地利用、覆被和景观格局变化分析［J］．农业工程学报．2007（10）：86-92，291．

[220] 肖宝英，邵国凡．生态土地分类研究进展［J］．应用生态学报．2002，13（011）：1499-1502

[221] 肖笃宁，李秀珍．景观生态学的学科前沿与发展战略［J］．生态学报．2003，23（8）：1615-1621．

[222] 肖风劲，欧阳华，程淑兰，等．中国森林健康生态风险评价［J］．应用生态学报，2004，15（2）：349-353．

[223] 谢高地，鲁春霞，成升魁．全球生态系统服务价值评估研究进展［J］．资源科学．2001，23（6）：5-9．

[224] 谢高地，鲁春霞，冷允法，等．青藏高原生态资产的价值评估［J］．JOURNAL OF NATURAL RESOURCES. 2003，18（2）．

[225] 谢绍东，张远航．我国城市地区机动车污染现状与趋势［J］．环境科学研究，2000，13（4）：22-25．

[226] 邢忠，应文，颜文涛，靳桥．土地使用中的"边缘效应"与城市生态整合——以荣县城市规划实践为例［J］．城市规划．2006，30（1）：88-92．

[227] 徐飞，张桂莲，王亚萍，等．上海城市绿地结构初步分析［J］．现代农业科技，2008，（14）：70-73．

[228] 颜崇淮，沈晓明，章依文．上海市儿童血铅水平及其影响因素的流行病学研究［J］．中华儿科杂志，1998，3：142-144．

[229] 阳文锐, 王如松, 李锋. 废弃工业场地有机氯农药分布特征及风险评价 [J]. 生态学报, 2008, 28 (11): 5454-5460.

[230] 杨国清, 吴志峰, 祝国瑞. 广州地区土地利用景观格局变化研究 [J]. 农业工程学报. 2006, 22 (005): 218-221.

[231] 杨建敏, 马晓萱, 董秀英. 生态用地控制性详细规划编制技术初探——以天津滨海新区外围生态用地为例 [J]. 城市规划, 2009, 33 (增刊): 21-25.

[232] 杨金玲, 张甘霖, 赵玉国, 等. 城市土壤压实对土壤水分特征的影响——以南京市为例 [J]. 土壤学报, 2006, 43 (1): 33-38.

[233] 杨立君, 余波平, 王永秀. 净化湖水的垂直流人工湿地的脱氮研究 [J]. 环境科学研究, 2008, 21 (3): 131-134.

[234] 杨鹏, 陆宏芳, 陈飞鹏, 等. 1995 至 2004 年广州土地利用格局变化与驱动分析[J]. 生态环境, 2008, 17 (3): 1262-1267.

[235] 杨宇, 石璇, 徐福留, 等. 天津土壤中萘污染风险分析 [J]. 环境科学, 2004, 23 (2): 115-118.

[236] 尹发能, 王学雷. 基于最小累计阻力模型的四湖流域景观生态规划研究 [J]. 华中农业大学学报. 2010, 29 (002): 231-235.

[237] 于立, 叶隽. 控制城市形态的可持续发展原则 [J]. 国外城市规划, 2005 (6): 31-37.

[238] 余宝林. 耕地总量动态平衡潜力与区域控制—以河北省为例 [J]. 中国土地科学, 2000 (1): 30-33.

[239] 余刚鹏, 李文杰. 城市湿地景观格局演变及湿地恢复重建研究 [J]. 湿地科学与管理, 2008, 4 (3): 12-16.

[240] 俞孔坚, 李伟, 李迪华, 等. 快速城市化地区遗产廊道适宜性分析方法探讨——以台州市为例 [J]. 地理研究. 2005, 24 (1): 69-76.

[241] 俞孔坚, 乔青, 李迪华, 等. 基于景观安全格局分析的生态用地研究——以北京市东三乡为例 [J]. 应用生态学报, 2009, 20 (8): 1932-1939.

[242] 岳德鹏, 王计平, 刘永兵, 等. GIS 与 RS 技术支持下的北京西北地区景观格局优化 [J]. 地理学报. 2007, 62 (011): 1223-1231.

[243] 岳健, 张雪梅. 关于我国土地利用分类问题的讨论 [J]. 干旱区地理. 2003, 26 (001): 78-88.

[244] 曾招兵, 陈效民, 李英升, 等. 上海市青浦区生态用地建设评价指标体系研究 [J]. 中国农学通报, 2007, 23 (11): 328-332.

[245] 张德平, 李德重, 刘克顺. 规划修编, 别落了生态用地 [J]. 中国土地. 2006 (012): 26-27.

[246] 张德平, 李德重, 刘克顺. 土地利用总体规划中的生态用地问题 [J]. 中国生态学会 2006 学术年会论文荟萃.

[247] 张甘霖. 城市土壤的生态服务功能演变与城市生态环境保护 [J]. 科技导报, 2005, 25 (3): 16-19.

[248] 张光智, 王继志. 北京及周边地区城市尺度热岛特征及其演变 [J]. 应用气象学报, 2002, 13

（1）：43-50.

[249] 张红旗，王立新，贾宝全. 西北干旱区生态用地概念及其功能分类研究 [J].中国生态农业学报，2004，12（2）：10-13.

[250] 张丽平，申玉铭. 北京市建设生态城市的综合评价研究 [J].首都师范大学学报：自然科学版，2003，24（3）：79-83.

[251] 张林波，李伟涛，王维，等. 基于 GIS 的城市最小生态用地空间分析模型研究——以深圳市为例 [J].自然资源学报.2008，23（001）：69-78.

[252] 张明娟，刘茂松，徐驰，等. 南京市区景观破碎化过程中的斑块规模结构动态 [J].生态学杂志，2006，25（11）：1358-1363.

[253] 张秋菊，傅伯杰，陈利顶. 关于景观格局演变研究的几个问题 [J].地理科学.2003，23（003）：264-270.

[254] 张伟新，范晓秋，姜翠玲，等. 生态评价方法与区域生态足迹评价——以无锡市为例 [J].南京财经大学学报，2005，132（2）：24-28.

[255] 张小飞，王仰麟，李贵才，等. 流域景观功能网络构建及应用——以台湾乌溪流域为例 [J].地理学报.2005，60（006）：974-980.

[256] 张小飞，王仰麟，李正国. 两岸典型城市生态功能网络的组成与结构 [J].生态学杂志.2007，26（003）：399-405.

[257] 张小飞，王仰麟，吴健生，等. 城市地域地表温度—植被覆盖定量关系分析——以深圳市为例 [J].地理研究，2006，25（3）：369-377.

[258] 张银辉，罗毅，刘纪远，等. 内蒙古河套灌区土地利用变化及其景观生态效应 [J].资源科学.2005，27（002）：141-146.

[259] 张颖，王群，李边疆，等. 应用碳氧平衡法测算生态用地需求量实证研究 [J].中国土地科学.2007，21（006）：23-28.

[260] 张正华，吴发启，王健，等. 土地生态评价研究进展 [J].西北林学院学报，2005（4）：104-107.

[261] 赵丹，李锋，王如松. 城市生态用地的概念及分类探讨 [J].2009 中国可持续发展论坛暨中国可持续发展研究会学术年会论文集（上册）.2009.

[262] 赵海珍，李文华，马爱进，等. 拉萨河谷地区青稞农田生态系统服务功能的评价 [J].JOURNAL OF NATURAL RESOURCES.2004，19（5）.

[263] 赵健，魏成阶，黄丽芳，等. 土地利用动态变化的研究方法及其在海南岛的应用 [J].地理研究.2001（06）：723-730+774.

[264] 赵晶. 上海城市土地利用与景观格局的空间演变研究 [D].上海：华东师范大学，2004.

[265] 赵筱青，王海波，杨树华，等. 基于 GIS 支持下的土地资源空间格局生态优化 [J].生态学报.2009，29（009）：4892-4910.

[266] 赵哲远，吴次芳，盛乐山. 论土地生态伦理与生态文明 [J].国土资源科技管理，2004（21）：50-54.

[267] 周启星，王如松. 乡村城镇化水污染的生态风险及背景警戒值的研究 [J].应用生态学报，

1997, 8 (3): 309-313.

[268] 朱宝光, 李晓民, 姜明, 等. 三江平原浓江河湿地生态廊道区及其周边春季鸟类多样性研究 [J]. 湿地科学, 2009, 7 (3): 191-196.

[269] 朱利中, 刘勇建. 城市道路交通 PAHs 污染现状及来源解析 [J]. 环境科学学报, 2000, 20 (2): 183-186.

[270] 朱强, 俞孔坚, 李迪华, 等. 景观规划中的生态廊道宽度 [J]. 生态学报, 2005, 25 (9): 2406-2412.

[271] 祝宁, 李敏, 王成, 等. 哈尔滨市绿地系统结构初步分析 [J]. 东北林业大学学报, 2002, 30 (3): 127-130.

[272] 宗毅, 汪波. 城市生态用地的"协调-集约"度创新研究 [J]. 科学管理研究. 2005, 23 (6): 32-35.

[273] 宗毅. 生态用地集约利用现状分析与对策研究——以天津为例[J]. 商场现代化. 2006 (07X): 173-173.

[274] 宗跃光, 陈红春, 郭瑞华, 等. 地域生态系统服务功能的价值结构分析——以宁夏武陵市为 例 [J]. 地理研究. 2000, 19 (2): 148-155.

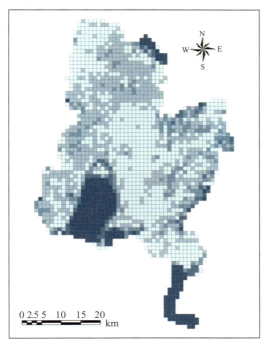

图 3-1　蓝色景观功能空间差异

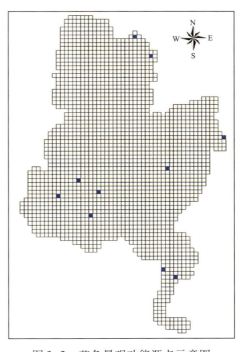

图 3-2　蓝色景观功能源点示意图

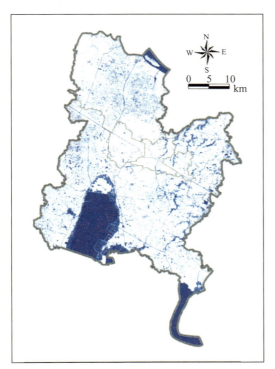

图 3-3　蓝色景观空间分布

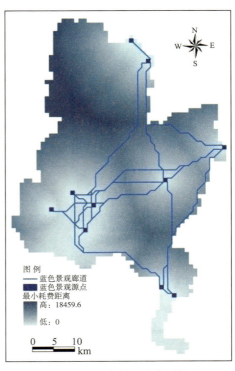

图 3-4　蓝色景观功能网络

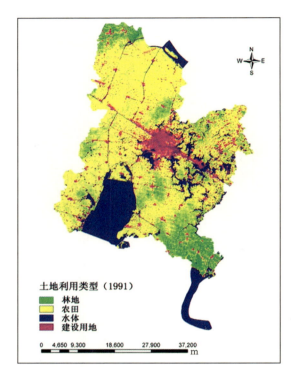

土地利用类型（1991）
- 林地
- 农田
- 水体
- 建设用地

0 4,650 9,300   18,600   27,900   37,200
                                              m

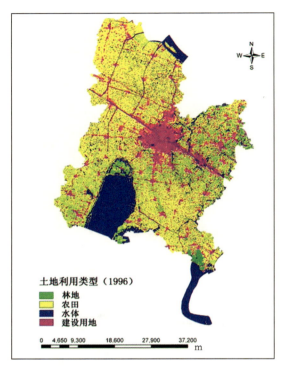

土地利用类型（1996）
- 林地
- 农田
- 水体
- 建设用地

0 4,650 9,300   18,600   27,900   37,200
                                              m

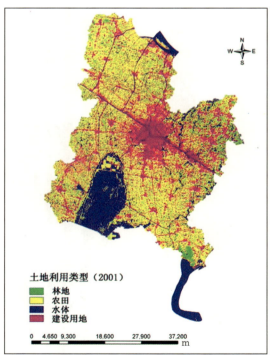

土地利用类型（2001）
- 林地
- 农田
- 水体
- 建设用地

0 4,650 9,300   18,600   27,900   37,200
                                              m

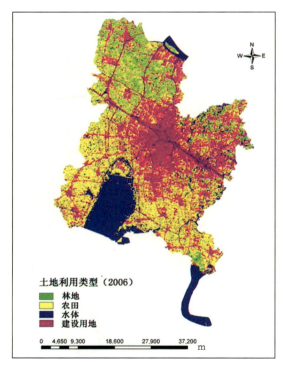

土地利用类型（2006）
- 林地
- 农田
- 水体
- 建设用地

0 4,650 9,300   18,600   27,900   37,200
                                              m

图 4-4　常州市四期土地利用分类图

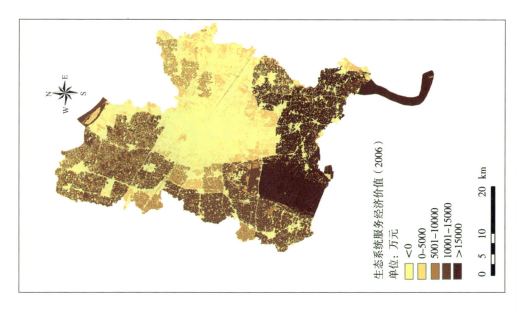

生态系统服务经济价值（2006）
单位：万元
<0
0~5000
5001~10000
10001~15000
>15000

0 5 10   20 km

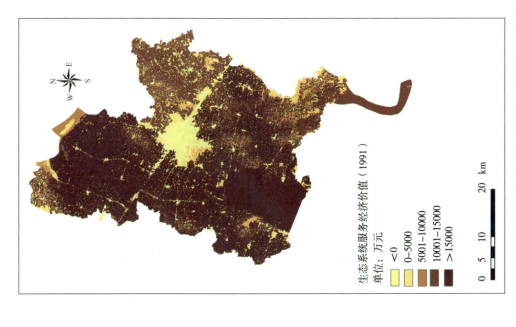

生态系统服务经济价值（1991）
单位：万元
<0
0~5000
5001~10000
10001~15000
>15000

0 5 10   20 km

图 4-17 1991 年、2006 年常州市区生态系统服务经济价值空间分布图

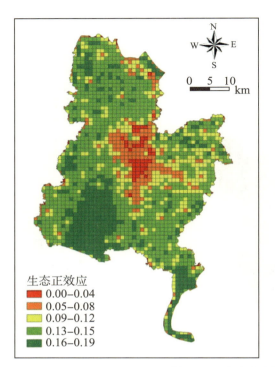

生态正效应
- 🟥 0.00–0.04
- 🟧 0.05–0.08
- 🟨 0.09–0.12
- 🟩 0.13–0.15
- 🟩 0.16–0.19

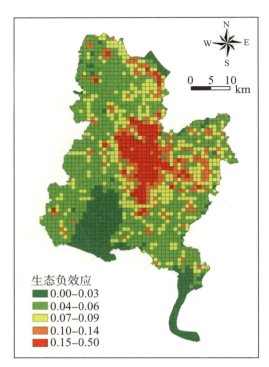

生态负效应
- 🟩 0.00–0.03
- 🟩 0.04–0.06
- 🟨 0.07–0.09
- 🟧 0.10–0.14
- 🟥 0.15–0.50

图 6-13　土地生态服务正负效应评价示意图

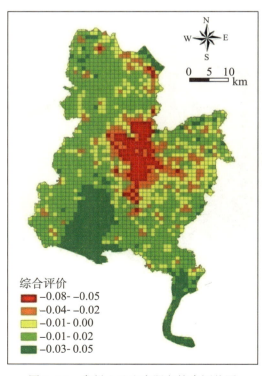

综合评价
- 🟥 −0.08- −0.05
- 🟧 −0.04- −0.02
- 🟨 −0.01- 0.00
- 🟩 −0.01- 0.02
- 🟩 −0.03- 0.05

图 6-14　常州土地生态服务综合评价图

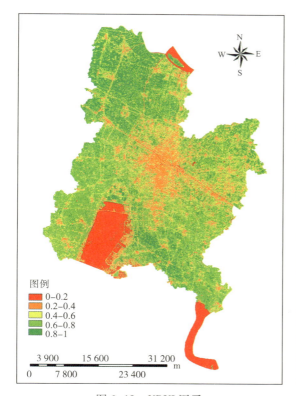

图 6-19　NDVI 因子

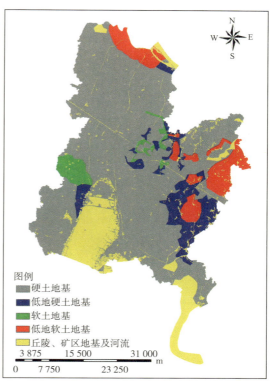

图 6-20　工程地质因子

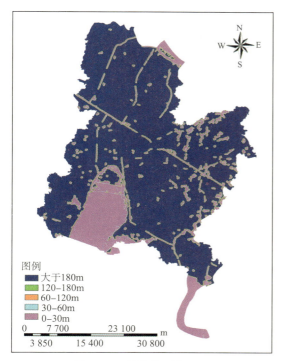

图 6-21　距水体距离因子

图 6-22　生态服务主导功能因子

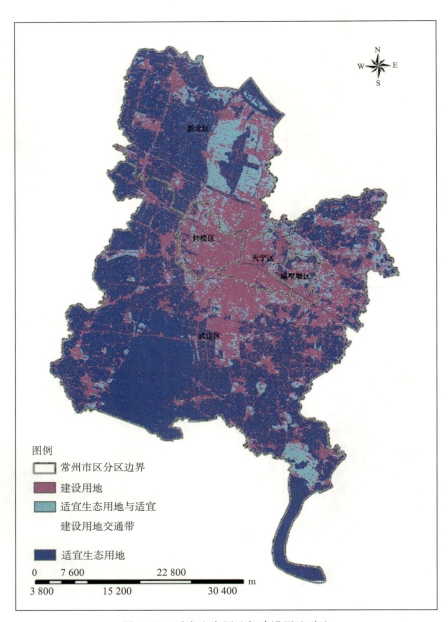

图 6-26　适宜生态用地与建设用地对比

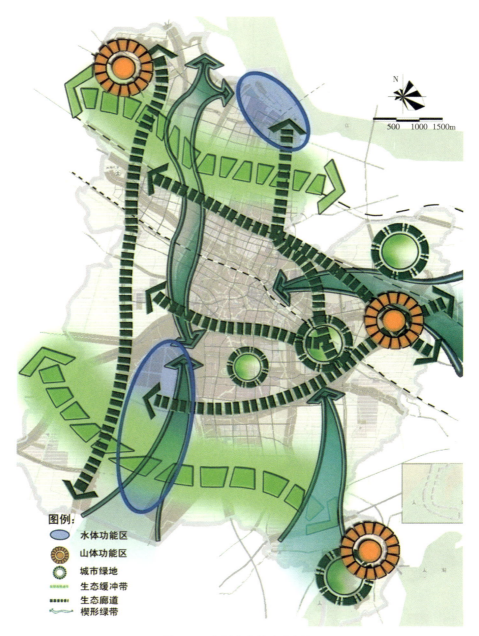

图 7-5　常州市自然生态框架

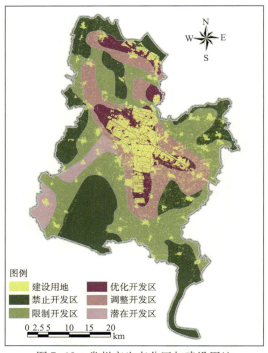

图 7-10　常州市生态分区与建设用地
现状比较分析

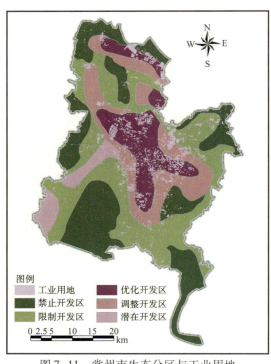

图 7-11　常州市生态分区与工业用地
现状比较分析

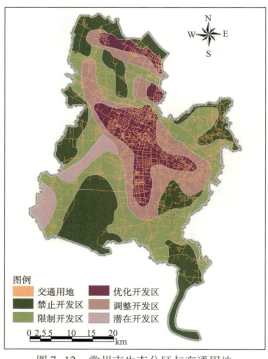

图 7-12　常州市生态分区与交通用地
现状比较分析

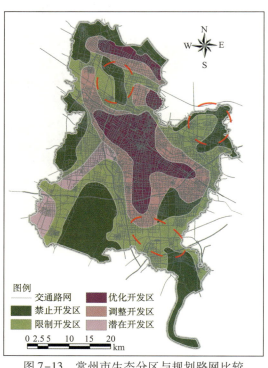

图 7-13　常州市生态分区与规划路网比较

中国科协三峡科技出版资助计划
2012 年第一期资助著作名单

（按书名汉语拼音顺序）

1. 包皮环切与艾滋病预防
2. 东北区域服务业内部结构优化研究
3. 肺孢子菌肺炎诊断与治疗
4. 分数阶微分方程边值问题理论及应用
5. 广东省气象干旱图集
6. 混沌蚁群算法及应用
7. 混凝土侵彻力学
8. 金佛山野生药用植物资源
9. 科普产业发展研究
10. 老年人心理健康研究报告
11. 农民工医疗保障水平及精算评价
12. 强震应急与次生灾害防范
13. "软件人"构件与系统演化计算
14. 西北区域气候变化评估报告
15. 显微神经血管吻合技术训练
16. 语言动力系统与二型模糊逻辑
17. 自然灾害与发展风险

中国科协三峡科技出版资助计划
2012 年第二期资助著作名单

（按书名汉语拼音顺序）

1. BitTorrent 类型对等网络的位置知晓性
2. 城市生态用地核算与管理
3. 创新过程绩效测度——模型构建、实证研究与政策选择
4. 商业银行核心竞争力影响因素与提升机制
5. 品牌丑闻溢出效应研究——机理分析与策略选择
6. 护航科技创新——高等学校科研经费使用与管理务实
7. 资源开发视角下新疆民生科技需求与发展
8. 唤醒土地——宁夏生态、人口、经济纵论
9. 三峡水轮机转轮材料与焊接
10. 大型梯级水电站运行调度的优化算法
11. 节能砌块隐形密框结构
12. 水坝工程发展的若干问题思辨
13. 新型纤维素系止血材料
14. 商周数算四题
15. 城市气候研究在中德城市规划中的整合途径比较
16. 管理机理学——管理学基础理论与应用方法的桥梁
17. 心脏标志物实验室检测应用指南
18. 现代灾害急救
19. 长江流域的枝角类

发行部

地址：北京市海淀区中关村南大街 16 号
邮编：100081
电话：010-62103354

办公室

电话：010-62103166
邮箱：kxsxcb@ cast. org. cn
网址：http：//www. cspbooks. com. cn